カウンセリングを学ぶ
理論・体験・実習　［第2版］

佐治守夫・岡村達也・保坂 亨——著

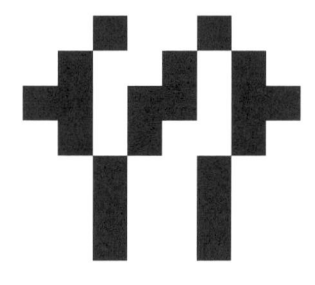

東京大学出版会

Becoming a Counselor :
Theory, experience, and practicum
First published 1996
Second edition published 2007
Morio Saji, Tatsuya Okamura, and Toru Hosaka
University of Tokyo Press
ISBN 978-4-13-012045-6

はしがき

　年長の著者がカウンセリングの学習を始めた40数年前は言うに及ばず、若年の著者らが学習を始めた20年近く前、それどころか10年前に比べてさえ、驚くほどカウンセリングということばは広く通用するようになり、またカウンセラーの職責にある人、カウンセラーになろうとしている人も多い．ところが、このようにその名が知られ、またその活動や社会的期待が活発になっている現在、その本質が十分に理解されているかと言えば、まだまだ不十分であるし、誤解も多い．カウンセリングの学習を志す人はもとより、学習中の人にも、またすでにカウンセラーの職責にある人においてさえそうである．

　こうしたカウンセラーの活動領域は教育、医療、福祉、司法、産業と広いが、どの領域においても、カウンセラーは援助を求めている人々のこころをあずかる者であり、それだけ倫理的責任は重く、その資質が問題となる．資質とは、その人自身のパーソナリティのより一層の統合や成熟に向かう可能性であり、もう一面は、今ある自分のパーソナリティをさらに高めるための学習の、一生を通じての積み重ねである．

　本書において、われわれは、カウンセリングの学習者一人一人がカウンセラーとして、より深くより広くより自由な、自分に根ざした実践の道をどう切り開くかを問うた．そして、カウンセリングの理論と実践、また学習のありように問題を提起しながら、理論と実践の基盤であり、かつ両者を橋渡しするものとしてカウンセラー自身の体験過程、体験学習の重要性をはっきり位置づける形でこの問いに応えた．こうした自分自身を活かしたカウンセリングの実現の構想が、初学者の揺るぎない道標になることを願っている．

　また、本書の構想はかなりの年月を経て少しずつ固まったもので、そのプロセス自体が、われわれのカウンセリング観やそれに基づく実践の成立する道筋でもあった．途中何度も行き詰ったり書き渋ったりもしたし、また議論を楽しんだりもしたが、それはまさしくカウンセリングで援助を求めている人々とと

もに苦しんだり喜んだりするありようと同じであり，本書がわれわれにとって愛着のもてる所以でもある．そのような点で，本書を繙きつつわれわれの歩みの跡をともにすることを通じて，すでにその職責にある人々にとっても自己点検，再教育のよすがとなれば喜びである．

1996 年 10 月

佐 治 守 夫
岡 村 達 也
保 坂　亨

第 2 版のはしがき

　本書は 1996 年の刊行以来，多くの読者の支持を得て 11 刷を重ね，この 10 年でおよそ 2 万部が世に出た．先年より，書肆から改訂の申し出があり，ここに第 2 版を刊行する．

　著者ふたり（岡村，保坂）で相談した結果，初版の際に草稿としてはあったものの，その段階では不十分と判断して見送ったものを再構成して加えた．以下のとおりである．

　　第 1 部 第 2 章 第 4 節　クライアント中心療法の展開
　　　1　カウンセラーのもうひとつの態度条件
　　　2　プリセラピー
　　第 2 部 第 3 章　核としての体験過程
　　　3　養成訓練上の「落とし穴」

　私たちの師であり著者のひとりでもある佐治守夫とはもはや相談できなかったが，これにより，佐治が萌芽として見ていたものを含め，著者らの出立点であるクライアント中心療法の新しい展開をも叙するものとなった．

　加えて，ロジャーズの著書からの引用については，2005 年に再翻訳された『ロジャーズ主要著作集（全 3 巻）』(岩崎学術出版社）にしたがった修正を行い，上記追加部分に合わせた加筆修正を所々にて行い，さらに事項索引を内容索引としても利用できるものとし，より完備したものとした．

　初版同様第 2 版もまた，「カウンセリングを学ぶ」というその名に十分値するものと確信している．

　初版の伊藤一枝さんを引き継ぎ，第 2 版の編集を綿密にしてくださった後藤健介さんに記して感謝の意を表します．

2006 年 11 月

岡 村 達 也

保 坂 　 亨

目次

序章　カウンセリングを学ぶに当たって―1
  1　本書の目的と構成　1
  2　カウンセラーの自己理解　2
  3　学習者の主体性　4

第①部　理論学習編

第1章　カウンセリングの定義―9
  1　援助を求めている人々　10
  2　援助するということ　11
  3　心理的コミュニケーションと聴くこと　14
  4　望ましい固有な対人関係を確立すること　17

第2章　カウンセリングの理論―23
第1節　カール・ロジャーズの生涯とクライアント中心療法―23
  1　臨床心理学者として就職するまで　24
  2　クライアント中心療法の誕生　28
  3　クライアント中心療法の展開　32
  4　パーソン中心アプローチへ　35

第2節　クライアント中心療法の基本的な考え方―39
  1　治療的な過程が起こるための条件　40
  2　この理論で取り上げられなかったもの　48
  3　カウンセラーの必要十分条件が意味するもの　50

第3節　クライアント中心療法の課題―52
  1　純粋性の強調　55
  2　「専門的知識，診断」の否定　58
  3　技法の検討　61

第4節　クライアント中心療法の展開―64

1　カウンセラーのもう1つの態度条件　64
　　　2　プリセラピー　75
第3章　理論の意味するもの ─── 87
　　　1　類型論的見方と現象学的見方　88
　　　2　フィールドワーク　90
　　　3　臨床の知　94

第②部　体験学習編
第1章　体験学習の位置づけ ─── 101
　　　1　学習のタイプ　101
　　　2　あるカウンセラーの学習歴　102
　　　3　学習のヴァリエーション　106
　　　4　学習の焦点　108
第2章　体験学習の実際 ─── 111
第1節　シミュレーション学習 ─── 111
　　　1　シミュレーション学習の位置づけ　111
　　　2　シミュレーション学習のメニュー　116
　　　3　シミュレーション学習の進め方　127
第2節　グループ体験 ─── 137
　　　1　グループ・アプローチの定義と種類　139
　　　2　グループ体験の位置づけ　140
　　　3　セルフ・セレクション　147
第3節　教育カウンセリング ─── 150
　　　1　教育カウンセリングの現状　150
　　　2　教育カウンセリングの意味　151
　　　3　教育カウンセリングを受ける時機　154
第3章　核としての体験過程 ─── 159
　　　1　カウンセリングの学習過程　159
　　　2　体験学習の基礎と心理的条件　160
　　　3　養成訓練上の「落とし穴」　162
　　　4　カウンセラーの必要十分条件再考　166

第③部　実習編

第1章　事　例 ―――――――――――――――――――173
- 第1節　事例を取り上げる意味とその際の注意 ――――173
- 第2節　事例1 ――― 遊戯療法 ――― 175
  - 1　事例の概要　175
  - 2　遊戯療法の流れとセラピストによる振り返り　178
  - 3　プレイセラピストの目標　188
- 第3節　事例2 ――― カウンセリング ――― 191
  - 1　事例の概要　191
  - 2　カウンセリングの流れとスーパーヴィジョン　192
  - 3　スーパーヴィジョンを受ける姿勢　206

第2章　スーパーヴィジョン ―――――――――――209
  - 1　スーパーヴィジョンとは何か　209
  - 2　スーパーヴィジョンの事例　216

第3章　ケースカンファレンス（事例検討会議）――229
  - 1　記録の重要性　229
  - 2　ケースカンファレンスの実際　233
  - 3　ケースカンファレンスのありよう　246

第4章　事例を検討することの意味 ――――――――253
  - 1　事例を記述・検討する3つのレベル　253
  - 2　記録の重要性再考　257
  - 3　カウンセラーの内閉的自罰的反省　259
  - 4　事例検討の目指すもの　260
  - 5　真の事例研究　263

終章　カウンセラーのありよう ―――――――――267

- 引用文献　271
- あとがき　287
- 人名索引　289
- 事項索引　292

〈コラム〉
類型論　20
パーソン中心アプローチ　37
体験過程　43
メンター　117
カウンセリングを学ぶこととカウンセラーになること　149
フォーカシング　161
内省的実践家　163
臨床心理士倫理綱領　176
遊戯療法についてのアクスラインの8つの基本原則　181
スーパーヴィジョンの目的と方法についての考え方　215

序 章　カウンセリングを学ぶに当たって

——自分らしさを活かしたカウンセリングの実現，すなわち，自分自身のカウンセリング観，カウンセリング理論，カウンセリング実践を確立するために——

1　本書の目的と構成

　カウンセリングの学習には，理論学習，体験学習，実習という3本の柱がある．本書はこの考えにそって構成されており，以下の説明が本書の構成ならびにカウンセリング学習の全体像を示すことになろう．
　（1）　第1の柱である理論学習は，カウンセリングについての講義を聴いたり本を読んだりして進められていく．本書では，第1部「理論学習編」がこれに当たる．ここでは基本として，特にロジャーズ（Rogers, C. R.）のクライアント中心療法（client-centered therapy）を取り上げる．しかし，必要最小限の記述にとどめてある．必要に応じて文献に当たることを期待したい．
　この理論学習は，車の運転を学ぶことに譬えて言えば，基本的な車の構造や道路交通法などの知識を教本にしたがって学んでいく部分に当たる．もちろん，これだけで実際に車の運転ができるわけはない．カウンセリングの講義を聴き，カウンセリングの本を読んだからといって，直ちにカウンセリングができるわけはない．しかし，現実には，そのように思い込んでいる初学者がいないわけではない．また，実際そのような無謀なことが起きていないわけでもない．
　（2）　第2の柱である体験学習は，本書で特に取り上げた課題である．理論学習からいきなり実習というのではあまりにも飛躍があり，とても実際的な学習ステップとは言えない．そこで，この体験学習が必要になってくる．本書では，第2部「体験学習編」において，あらためてその位置づけについて検討する．この部分は，形のうえでは大きく2つに分けられる．
　① 1つは，学習者が2人一組になって，一方がカウンセラー役，他方がクライアント役を行うロールプレイ（role play）ないしはロールプレイングに代

表される疑似カウンセラー体験である．本書ではシミュレーション学習と呼ぶことにする．先の車の運転の譬えで言えば，教習所では実際の運転に先立ってシミュレータによる模擬体験があるが，カウンセリング学習でこの部分に当たるのが，この種の体験学習である．

② いま1つの体験学習は，何らかのグループ体験，例えばさまざまなエンカウンター・グループ（encounter group）へのメンバーとしての参加体験と，みずからがクライアントになりカウンセリングを体験する教育カウンセリング（educational counseling；教育分析）である．両者は，カウンセリング学習のみならず，カウンセリング実践に必須の自己理解をキーワードにすれば，同等の位置づけが可能であろう．本書では，これまで，一部でカウンセリング学習という観点から実践され続けてはきたものの，そうした観点からは主題的に取り上げられることの少なかったグループ体験と教育カウンセリングに，それぞれ1節を割いて解説する．

(3) そして，いよいよ第3の柱である実習に入ることになる．ここで初学者にとって特に必要なのは，スーパーヴィジョン（supervision：実践的指導援助）とケースカンファレンス（case conference：事例検討会議）であろう．現実には，初学者のスーパーヴィジョンは，スーパーヴァイザー（supervisor：スーパーヴィジョンをする人）にとってもスーパーヴァイジー（supervisee：スーパーヴィジョンを受ける人）にとっても，実際場面において教育カウンセリングと混同されやすく，また，スーパーヴィジョンやケースカンファレンスの体験をきっかけにして教育カウンセリングに進むことも多い．それだけ初学者のスーパーヴィジョンやケースカンファレンスは難しいとも言える．

本書では，具体的な事例に基づいて，初学者にとってのスーパーヴィジョンとケースカンファレンスのありようを解説する章を置いた．

2　カウンセラーの自己理解

先に，カウンセリング学習のみならずカウンセリング実践に必須，と述べた自己理解について，もう少しふれておこう．この自己理解には，切り口として2つの問いかけがある．

(1)　その1つは，なぜカウンセラーを目指すのか，というみずからへの問い

かけである．これはすぐに答え（応え）が出せるレベルのものではない．たとえカウンセラーの職に就いたとしても，どこかでもち続けてほしい，あるいはもち続けることになるだろう問いかけである．岡村（1993）はこれに関連して，次のように述べたことがある．

　　なにが心理臨床に自分を導いたか，なぜほかならぬ自分が心理臨床をするのか，この問いに真剣に応えようとする志向を欠いた心理臨床家，あるいは，かつて一度も自らに問うたことのない心理臨床家，また，こうした問いを将来とも自分とは無関係とする（若い）心理臨床家を，ぼくは，ぼくの考える心理臨床家としては認めない．「これだ！」という答えがあるのが重要なのではないし，またそれは公言する必要のあるものでもない．（また，ぼくは「問え！」と言っているのではなく，）心理臨床実践をしていればこうした問いに襲われることはあるだろうし，そのとき，その問いが襲ってくることを「ひるまず感知するくらいの感受性と勇気」，願わくは，その問いに取り組んでみる勇気をも心理臨床家の「倫理」として要請したい，ということである．（こうした問いにかつて一度も襲われたことのない心理臨床家，あるいは，なんのためらいもなく答えをいいきれてしまう心理臨床家は，ひょっとすると天性の，よほどの大家か，ズブの素人であろう．）(p. 28)

この点に関して，例えばロジャーズ（1973）は，次のように述べている．

　　振り返って思えば，面接や治療に対する私の関心は，私の子ども時代の孤独から出てきた面が確かにある．社会的に認められた形で，個人と真実親密になり，そして子ども時代に自分がはっきり感じていた渇望を満たすことができるからである．治療面接ではまた，かつて私が体験したのとは異なって，長い時間をかけて苦しみながら徐々に深く知り合う必要なしに，親密になることができる．(p. 34)

少し角度は違うが，人のこころにかかわる職業としてのカウンセラーの姿勢，

ありようについて，無藤（1983）は「畏れ」ということばを使って，次のように述べている．これは先の問いかけにつながる大切な感覚についてふれていると考えられる．

　　……畏れとは，具体的には，人（や自分）の過去の体験を詮索したり，無意識の領域について勝手に推測したりする時には，そういうことをすること自体にいつも疑問をもち，そして，「本当のところはわからない」という感覚を常に大切にすることだと思います．普通のことばでいえば，慎みということに近いでしょうか．（pp. 215-216）

（2）いま1つは，なぜその理論なのか，つまりロジャーズ理論を基本とするならば，なぜロジャーズの考えが自分にピッタリくるのか，というみずからへの問いかけである．人間を相手とする以上，それぞれの理論の根底にある人間に対する見方，すなわち人間観がきわめて重要なことは言うまでもない．おそらくどの理論に惹かれるかは，この人間観の問題とつながっている．したがって，なぜこの理論なのか，という問いかけは，みずからの人間観の点検へと結びついていくだろう（そのためには，第1部第3章「理論の意味するもの」が参考になるだろう）．それを踏まえて，特定の理論，本書で言えばロジャーズの考えを十二分に理解してみずからのものとすることによって，自分自身のカウンセリング観とカウンセリング理論が形成されていく．そうした基盤の形成においてこそ，自分らしさを活かしたカウンセリングの実現，すなわち，自分自身のカウンセリング観，カウンセリング理論，カウンセリング実践の確立があると言える．

いずれにしても，カウンセリングの学習と実践においては，一個人としての自分ないし自己についての問題はどのようなものであるか，自分がどのような人間であるかについての理解が，自覚的に必要である，と重ねて強調しておきたい．

3　学習者の主体性

最後に，カウンセリング学習における学習者の主体性の問題を指摘しておき

たい．これは，とりもなおさず，学習プログラムの柔軟性と表裏一体をなす．

例えば，きわめてカッチリとした柔軟性のない学習プログラムがあったとする．そこでの学習者は与えられたプログラムを受動的にこなしていくことになり，結果として「○○もどき」のカウンセラーが量産されることになる．そこでは，自分らしさを活かしたカウンセリングの実現，すなわち，自分自身のカウンセリング観，カウンセリング理論，カウンセリング実践の確立など，とうてい覚束ないであろう．もちろん，学習のある時期においては，特定の指導者への心酔があること（結果として，後には厳しい対決が要請されるが），場合によってはそれが必要なことはある．ここで言っているのは，そういうことではない．

すなわち，こうした対決を結果するほどの心酔を含め，学習プログラムの柔軟性を前提として，学習者の主体的参加が十二分に発揮されてこそ，自分らしさを活かしたカウンセリングが形づくられていくということである．したがって，当然，本書はカウンセリング学習のある程度の粗い道筋を示すにすぎない．これを参考にして，読者1人1人が自分自身の道を切り開いていくことを願っている．

第①部
理論学習編

第1章　カウンセリングの定義

　カウンセリング（counseling），心理療法（精神療法，心理治療：psychotherapy），こころの癒し（healing）などを，ここではほとんど同一のこととして定義することとする（Rogers, 1942；佐治, 1992a；cf. 岡村, 1996d）．
　カウンセリングは次のように定義できる．

(1)　カウンセリングとは，援助を求めている人々（クライアント：client）に対する，心理的コミュニケーションを通じて援助する人間の営みである．
(2)　その際，援助者（カウンセラー：counselor）は，一定の訓練を通じて，クライアントとの間に望ましい固有な（specific）対人関係を確立することが可能であることを要請される．
(3)　この関係が要因として働き，現存する精神面や身体面や行動面における症状や障害の悪化を阻止し，あるいはそれを除去し，変容させるだけでなく，さらに積極的に，パーソナリティの発展や成長を促進し，より一層の自己実現を可能にし，その個人としてのありよう（a way of being）の再発見ないし発掘を可能にする．

　上述の(1)から(3)に分けて述べたカウンセリングの定義は，(1)において，まずいわゆるクライアントを援助するのにどのような「チャンネル（channel：通路）」（Rogers, 1957a, p. 102）を用いるのかを述べ，(2)において，カウンセラーはどのような人であるのか，(3)において，その人が意図する援助という営みの目標が何であるのか，について述べた．しかし，ここでは大きな枠組みを述べたにとどまり，具体的なイメージを提供してはいない．以下に，より具体的に

考えるためのいくつかの要点を取り上げることとする．

1 援助を求めている人々

いわゆるクライアント，すなわち援助を求めている人々は，情緒的問題をもつ人々であり，意識的・意図的であろうと，あるいは無意識的・無意図的であろうと，基本的にみずからのありように問いを投げかけている人々であり，あるいは，問いを投げかけられたありようにある人々である．それは，子ども，青年，成人，老人を問わない．より具体的に言えば，行動の障害，広くはいわゆる不適応状態，さまざまな心身の症状，神経症（ノイローゼ）状態や心身症，精神的に重篤な障害を示している人たちがあげられるだろう．このような人々の示す行動面や身体面や精神面の障害や症状は，すべて援助を求めているサインなのである（cf. Kanner, 1972　黒丸他訳，1974, pp. 145-149）．神田橋（1989）は次のように書いている．

> 精神療法においては，まずなにより，治療を求めている人が居る．患者，クライエント，障害児など呼び名はさまざまであるが，おおむね生活や心身の状態が十全でなく，助けを求めている人である．行動の異常を主たる表現形としている患者のなかには，自ら助けを求めない人もあるが，そのような場合でも，その異常な行動をじっと見つめていると，その向こうに，不幸せな心身の状態が察しられ，異常と見える行動は不幸せな状態から離脱しようとするその個体の努力として理解できるものであり，その個体が期待している助力イメージに近似した助力が提示されると，容易に，助けを求めている人へと変貌する．これらの人々はみな，不幸せからの離脱を求めている人である．(p. 13)

個体の側からすれば，精神面や身体面や行動面の症状や障害というものは，不十分ではあるが，みずからの問題を解決しようとする試みと見られる．人間がみずからを苦しめる状態に陥ることは，新たな展開，すなわち，みずからのより一層の成長をかちとるための代価であるのかもしれない．みずからのありようへの問いかけは，このような代償や犠牲を払い苦痛を伴ってでも，それを

成し遂げようとする生命有機体固有の尊厳の現れであろう．

　神経症的症状にしろ，精神病的なはっきり異常と周りから受け取られる状態像にしても，それを急激に除去ないし変容させようと働きかけられたとき，強い抵抗や，症状や障害への頑固な固執が見られ，それらが悪化し，ときにパニック状態に陥るのを見ることがある．それは，精神面や身体面や行動面における症状や障害は，その個体がみずからの破滅を防ごうとする必然の試みであるからでもある．それゆえ，援助とは，この場合，単に精神面や身体面や行動面における症状や障害の除去ないし変容のみを考えてはならない．その個体が期待している援助を，ともに模索する辛抱強い努力が必要になってくる．

2　援助するということ

自己実現

　「援助する」「援助を与える」ということばはさまざまな意味をもつ．治療という意味に限定しないで考える必要があることを強調したいので，定義(3)において，パーソナリティの発展や成長を促進し，より一層の自己実現を可能にし，その個人としてのありようの再発見ないし発掘を可能にする，と述べた．

　医学モデルにおける治療を越えた目標をここに設定しているが，もちろん，精神科医の治療が狭い医療ないし治療にとどまっていると考えているのではない．成功裡に終わる心理療法は必ずこのような人間としての発展や成長をもたらすものだ，ということを前提にしてのことである．

　カウンセラーの基本的態度がここに関連してくる．その中核は，クライアントがみずからの内的な資質ないし内的な可能性をみずからの力で展開することへの信頼を含んでいる．相手の潜在的な可能性への信頼，すなわち，望ましい状況が準備されるときに健康な成長力が発動するということへの信頼がカウンセラーの中に揺るがず存在するとき，一方的に片方（治療者）が相手（病者）を治療するとか，病者は治療者のもつ力や方法に頼って治療してもらうという関係は消失する．

　こうした相手の成長可能性への信頼と言うとき，限定された今ここでのカウンセリング関係を中核としてこの哲学（人間観）が存在し発展してきていることは確かである．しかし，このようなカウンセラー−クライアントの面接場面で

なければ自己の内面に向き合うとか，自己と周りとの関係を積極的に問題とすることは生じえない，と言うのではない．場面を問わず，人間の成長や発展全般，否，動植物を問わず生命有機体の成長や発展全般に通ずる基本的な考え方がその基盤にあるのである．

カウンセリングとは，この健康な成長力が発動する望ましい状況の設定にともにかかわることである．それが，定義(2)において，クライアントとの間に望ましい固有な対人関係を確立することが可能であることを要請される，としたことの意味である（この点については本章4「望ましい固有な対人関係を確立すること」で述べる）．

このことがただの観念論で終わらないためには，カウンセラー自身が今までの面接の経験を豊かにもち，その実際に支えられている必要があるし，カウンセラー自身も広く深い人間性を備えていることが望ましい．考えうるすべての知識や教養を身につけるなどは不可能であるのは分かり切っている．が，できるだけ狭い視野に閉じこもることなく自由でありたい（終章「カウンセラーのありよう」参照）．

身につけた知識や体験を活用するといっても，それは，この知見をここで使ってみようといった，固定した何かを相手に当てはめる形では成功しない．以前の体験を思い起こし，使ってみようとしてもダメである．相手との間で今生じている活きた場面の中で，知識にせよ体験にせよ，常に新たに活かし直すことで意味のある援助的交流が生じる．

これを，援助を求めている人々の側から考えてみよう．面接と面接との間の3日間，1週間，2週間の間にも，クライアントが面接室内で生じた展開や気づきを拡大し自己実現に向けて歩んでいる，という事実がある．また，何週間も何ヵ月も同じ話題──例えば，「自分はどもりだから人と思うようにつきあえない．これさえなくなれば思うようにつきあえるようになるはずだ」と語り続けたり，また「両親からひどい扱いを受け続け，幼時から愛情のかけらも受けたことがないので人を信じられず，自分に自信がない．私のこのみじめな人生の償いを父と母に何としてでもしてもらわなければならない」など──を語り続けてきたクライアントが，ある日突然，今まで語り続けてきたことをまったく忘れたかのように，まったく違う口調と表情とで，「自分の力で今から何がやれ

るのかを考えたい」と言い始めたりする．カウンセラーはこのクライアントの内心に何が起きたのか，どのような変化があったのか分からず，ひどく戸惑う．その変化の理由ないし原因やその過程がつかめないことが多い．だが，このクライアントの中に，よりよい方向，建設的な方向に動こうとする力，今まで何らかの原因で抑制されせきとめられていた力が発動し始めていることは明らかに感じ取れるのである．

1人1人の個人の展開は，このように，カウンセラーの眼前で目に見えての漸進的な動きとして現れにくいことが多い．また，カウンセラーの性急な期待やそれに基づいての性急な働きかけで生起するものでもない．そして，望ましい人間性の開花は，日常言われる知的能力やその他の能力の有無とか，病気の有無，その障害の重さの違いといった次元とはまったく異質なところで現れる（らしい）ことを考えておく必要がある．

相互的人間成長の場
　再び援助者の側に戻って論じてみよう．カウンセラーが自分の能力を相手に貸し与えたり，関係を抜きにして個人の力だけで相手に影響を与えて，問題を除去ないし変容してやったりすることが援助になるのではない．このような援助はたとえ一時的に成功することがあっても——示唆や励ましの多くはそうだが——，クライアントの真の自己実現に展開するのは難しい．
　したがって，もし「援助」が，関係の中で相手に何かを与え何かをしてやり，その結果としての相手の治癒ないし改善を期待する働きである，と誤って考えていた読者がいるなら，その考えを放棄したところに「援助的関係」が始まることを銘記したい．援助とは，そのような与えること，してあげること，その結果としての改善への期待を最小限にした活動である．一方的に相手に方向性を与え，教えたり導いたりすることではなく，カウンセラーのありよう，すなわち，クライアントとともに居る場での態度そのものが相互的な人間成長の場をより一層豊かに構築するのである．この場では，クライアントに助けられて，カウンセラーみずからも，クライアントに対してより援助的でありうるように自分自身を高めうるであろうし，カウンセラー自身の全人的成長をももたらす相互の発達ないし成熟の場となりえるのである．カウンセリングとは，そうし

3　心理的コミュニケーションと聴くこと

積極的傾聴――カウンセラーの積極性（その1）――

　ここまで述べてきたことは，カウンセラーが受け身で話を聞いて相手の展開を待てばいい，といった消極的なありようとか，自分からの積極的な働きかけの否定を勧めているのでは，決してない．確かに，実際のカウンセリング場面では聞くということが相手とのコミュニケーションの大部分を占める．そこからどうしても，カウンセラーは受け身，ときとして消極的という誤ったイメージをもたれやすい．しかし，それはただ漫然とことばの意味やその内容を聞いていることではない．もっと積極的な行為，すなわち相手を分かろうとする働きかけとして聴くことを行おうとしているのである．ここにカウンセラーの第1の積極性があり，積極的傾聴（active listening）と言われるゆえんがある．

相手そのものを聴く　従来，カウンセラーは相手の感情を聴く，感情を受容する，ということが強調されてきたきらいがある．が，感情を聴くというだけでもない．基本は，深く相手の話に耳を傾け，そのひと（person）に焦点を合わせ，相手そのものを聴く，ということである．比喩的に言えば，そのことばを発しているそのひとのありよう，感情・思考・態度すべてを含むそのひとの存在（being）に耳を傾けるのである．もとより，手がかりは相手が語ってくれる話の内容であり，そこに伴う感情である．その感情に共感し，それを受容するとき，相手との交流の糸口が開ける．だが，さらに深く，今ここでそのように語り，感じているその個人の存在そのものを聴き取りたい．

　例えば，「母に愛されたことがない．いわば見棄てられた自分がみじめで哀しい．生きる力が自分に湧いてこない」といったことばを多くのクライアントが言う．しかし，その1人1人の今までの生活歴は違うし，同じ母という語も，その1人1人の語るニュアンス，込められる感情の色合いはまったく異なる．もとより，面接の初めから，そのひとの存在の独自性をその独自性の起源から聴き取ることなどできない．それにはそれなりの時間を要する．しかし，そのひと独自のおぼろな感じは面接の初めから受け取れるだろう．そのひとの言う母の匂い，色合い，肌ざわり，ことばの調子，明暗などなどが，こちらにふれ

てくる．それが手がかりとなって，時の流れの中で何度も修正しつつ，そのひとの母についての話を聴くことになる．一般的な，子どもを愛さない母ではなく，そのクライアントが今までの体験の中で，自分の肌に，内臓にしみ込ませてつくり上げてきた母を受け取るのである．そして，そのひとにとって固有な意味をもつ母について語っている，そのひとを聴くのである．

沈黙に居て，聴く　ここにもう 1 つ誤解されやすい点がある．相手の感情と言い，ありようと言っても，それを聴くことができるためには，相手がことばで話してくれなくては聴けない，という常識的な思い込みがある．「相手が黙っているので，どうしていいか分からず，困ってしまう」というのは，確かに体験する事実である．相手の話を聴き，その内容を理解してこそ，その感情もありようも，より精確に伝わってくる．その手がかりが提示されないと，われわれはひどく戸惑う．

しかし，カウンセラーに要請されるのは，文字通りの沈黙はもとより，話ないしことばの行間という沈黙も含めて，沈黙して自分の前に居るクライアントをどう受け取れるか，ということにある．相手そのものを聴くことは，こうしたことを含めた営み，あるいはこうした営みそのものである．

文字通りの沈黙，相手が話さないまま黙っているとき，われわれは重苦しい雰囲気を感じやすい．コミュニケーションが断絶していて，相手との間に何か障害があると感じられる．少なくとも，相手は自分についてことばにして語ってくれようとはしていないのだから，そのことは間違ってはいない．しかし，沈黙そのもの，あるいは沈黙して居るそのひとそのものが，何かをこちらに伝えてくれているはずである．

分かりやすい例からあげると，特に自発来談ではなく無理に連れて来られた人に多いが，はっきり怒っていて，自分がクライアントにされていることに抵抗して黙っている場合がある．また，自分についてじっと思いをめぐらして，こころの中を探索している．その中に沈潜しているので，内面では大きな活動がある．が，自分の前に居るカウンセラーに何か話すことなどまったく忘れている場合もあろう．あるいはまた，少し話はするのだが，これ以上自分の内面を探索することに不安を感じ始めている場合にも，当然その場面への抵抗が生じて，話すのが滞りがちになる．

他にもいろいろな沈黙の場面があるだろうが，ここで言いたいことは，相手の内面を推測する道はいろいろある，ということである．そして，相手の気持ちにピッタリ合ってはいないかもしれないのは当然のこととして，カウンセラーなりの相手のありようの受け取りを言語化できる，ということである．「無理やり連れて来られて，すごく嫌な気分なのかな」，「自分のことなど誰も分かってくれない．そんな気持ちで，私にも怒っているかな」．もちろん，じっと自分について考え始めているクライアントには，何も話しかけないで見守る姿勢が大事でもあろう．話の途中で不安を感じ始めているクライアントには，「何だかよく分からないけれど，自分がおびえている感じかな」などと伝えることが，クライアントの展開の助けになることがあるかもしれない．

カウンセラーの自己表明──カウンセラーの積極性（その2）──

こうした場面においては，相手とのより洗練された関係についてのカウンセラー自身の体験の意識化が要請される．そして，それに基づくカウンセラーの積極的な自己表明が，しばしばいったん行き詰まってしまった相手との新しい交流の芽生えとなることがある（Weiner, 1978）．このように，積極的に相手とのかかわりをもちながら聴くことの他に，ときにカウンセラーの方から積極的に語る場合がある．ここにカウンセラーの第2の積極性がある．

こうした自己表明は，カウンセラーの方からの自分の今ここでの気持ちの提示であり，ときには自分の体験の自己提示であったりする．自分の感情や考えの率直で自由な発言であり，透明で（transparent）真実な（real）自分の気持ちをそのままことばにしての発言である．このとき，カウンセラーは，自分自身としての独自の存在を明示的に相手に提示することになる．みずからの内にある純粋で偽りのない（genuine）透明な自己を示すことが大きな意味をもつ．しかし，この自己表明は，常に相手との関係の中で成立することであり，相手と無関係に，つまり，クライアントのカウンセラーへの今ここでのかかわりや見方を無視して，自分の気持ちのままに勝手に動いてよい，何でも言えばいい，ということでは決してない．

それは，ときにカウンセラーの独白，モノローグに近いつぶやきであったり，より明確な，相手に伝えようとする意図をもった表明であったりする．カウン

セラーは，そのときは，カウンセラーという教科書的な役割や皮殻を脱ぎ捨てている．カウンセラーが皮をかぶっていては，クライアントに「自由な率直な自分を出して，居てください」と望むことができないのは当然である．

以上，クライアントとのコミュニケーションを通じての援助的関係について述べた．カウンセラーからのクライアントの表層的な理解や受け取り，それに対しての，カウンセラーの期待する，型にはまった，クライアントの自分の表出や洞察，このような1対1の直線的な刺激-反応といったやりとりで代表される関係ではないのが，援助的コミュニケーションなのである．カウンセラーは，その場で，今の自分に可能な限りの最大限の努力をしながら──これは力んでいることではまったくない──，しかし，それが相手を窮屈にさせない許容性，ゆるやかさをもちつつ，相対(あい)して居ることが望ましい．

4　望ましい固有な対人関係を確立すること

これまで，前々項「援助するということ」で，援助とは，与えること，してあげること，その結果としての改善への期待を最小限にした活動であり，相互的な人間成長の場の構築となることを述べた．さらに前項で，そのチャンネルとしての心理的コミュニケーション，特に積極的傾聴と自己表明について述べた．これと併せて，カウンセラーとクライアントとが同じ枠組みの中に居て，それを共有していることの重要性を取り上げたい．そこにおいて初めて，援助のチャンネルとしての心理的コミュニケーションが成立するし，望ましい固有な対人関係が確立される．

主観的世界

ロジャーズ（1951a）は，次のように彼の現象学的場の理論を展開し始める．

> 個人はすべて，自分を中心とした，絶え間なく変化している体験の世界に存在している．(p. 483　保坂他訳, 2005, p. 317)

この1人1人の私的な世界は，現象の場などと呼ばれる．この現象の場は，生命有機体が体験するものすべて，生命有機体によって体験されるものすべてを含んでいる．その体験は，意識（awareness）に知覚されているいないにかか

わらず，存在している．「私」という存在はいつも意識されているわけではないが，例えば，ある人と話していて，途中で何となく落ち着かなくなり苛立ってくるとき，それは「私」が体験している何かであることは確かである．「私」がそれについて「何だろう，何か変だ」と考え出したときに，すなわちその体験についての象徴化（symbolization）が生じて初めて意識に上ってくる．このように考えると，意識は「私」の体験のいくつかについての象徴によって成り立っている．「私」の私的世界においては，その体験のごく一部，はなはだ小さい部分だけが意識され，象徴化・言語化されるにすぎない．

　しかし，この体験の多くは，条件が整い，個人がその体験について明確にしようとする場合には，基本的に意識することができる．このことを，ゲシュタルト心理学における「図」と「地」という概念を使って，ロジャーズ（1951a）は次のように説明する．

　　……個人の体験のほとんどは，意識されずに知覚の場の背景となっているが，しかしそれはちょっとしたことで意識に浮かび上がらせることができる……．（p. 483　保坂他訳，2005, p. 318）

個人が図になるのを妨げられている体験を取り上げることは，いわゆる精神分析的に言えば，抑圧や抵抗という内容にふれることになる．
　ところで，この個人の現象的世界に関して，最も誤解されやすい一方で，最も重要な真理は次のことである．

　　この個人の私的世界に関する一つの重要な真実は，本来の意味で，その世界はその個人によってのみ知られうるものである．（p. 483　保坂他訳，2005, p. 318）

どのような体験にしても，その個人がどのように受け取ったか，どのように知覚したかは，その個人によってしか分からない．その人とどんなに長く深い接触を保っていたにしても，その人の体験を鮮明に純粋にその人の体験したままに知ることは，他人である私には絶対に分かりえない．それゆえ，体験の世

界はそれぞれの個人にとって，きわめて重要な意味で私的世界なのである．

客観的知と間主観的知

　誤解されやすいのは，まさにこの点においてである．心身が強く障害を受けている人や心理的に健康でない人は，自分について知ることなどできないはずだ．それよりも，その人の周りにいる知的，知覚的に健康な人，あるいは，その領域の専門家である精神科医やカウンセラーの方が正しい認識をもちうるのではないか，という反論が当然生ずる．このことに対して，次のように考えると，この反論は成立しなくなる．

　普通，人が他人を見る見方はどのようなものだろうか．いわゆる専門家や，常識的に健康な判断を下すことができると考えられる人がもっている他人に対する見方は，相手を対象化した見方で，カウンセリングの場でのカウンセラーの，その相手の「内側からの視点（internal frame of reference）」（Rogers, 1951a, p. 32　保坂他訳，2005, p. 34：第2章第2節1「治療的な過程が起こるための条件」脚注 p. 40 参照）に立っての見方とは異なった，一般的・客観的な見方である．この見方，すなわち客観的知とは，いわゆる科学的正確さを前提にする見方で，例えば，カウンセリングによるパーソナリティ変化，あるいは，建設的な方向への改善などを測定する際には，当然必要とされる見方である．もっと分かりやすい例で言えば，実験心理学における実験は，同じ手続きで実験をして，同じ結果が生じるとき，この事実は公共客観性をもつ科学的事実と認められる．臨床の場において客観的に知る方法の1つは，精神科医が患者の診断や治療に当たって用いる類型論的な分類や診断の方法である．類型論的な病理の区分，防衛機制の型，ある類型の患者に特徴的な対人関係のもち方や治療関係・転移の特徴など，この視点から研究されてきた．その意味で，この客観的科学的研究方法は，臨床においても正当な存在理由をもつ（コラム〈類型論〉参照）．

　しかし，カウンセリングの場でのカウンセラーは，実験心理学者が被験者の内的世界に主観的にみずからかかわることはしないのとは異なって，自分自身が相手の内的世界に関与する．ここには，上に述べた客観的知とはまったく異質の知，すなわち間主観的（intersubjective）知がある．この両者は，一方を他方に還元することも，また一方を他方で代替することもできないそれぞれなりの

> ─── コラム〈類型論〉───
>
> 　類型論（typology）と呼ばれる考え方の歴史は古い．性格の個体差について，いくつかの典型的な類型で代表させて，その特徴や構造を明確に規定しようとする理論である．ヒポクラテス（Hipocrates）が古代ギリシャ時代，胆汁質・黒胆汁質・多血質・粘液質に4大別した昔まで遡ることができる．
>
> 　生物学的・精神医学的類型として有名なのはクレッチマー（Kretschmer, E.）の類型論であろう．彼は，躁うつ質（循環気質）・分裂気質・てんかん気質という3つの性格（気質）類型を唱え，それぞれを肥満型・やせ型・筋骨型という体格型類型と結びつけたことで知られる．
>
> 　フロイト（Freud, S.）は，こころをエス・自我・超自我の3つの機能の力動的統一体として捉え，この3つの領域のどの部分の要求が最も支配的であるかによって性格の分類を考えている．その際，性的欲求の発達段階に応じて，口愛性格・肛門性格・前性器性格・性器性格を想定しているが，これも一種の類型論的な捉え方と言えよう．
>
> 　ユング（Jung. C. G.）による外向・内向の分類もよく知られている．彼は，心的エネルギーが主として外部に向かい，外部の刺激に影響されやすいタイプを外向型，反対に心的エネルギーが内側に向かい，関心が内面に集中するタイプを内向型と名づけた．
>
> 　カウンセリング場面での個人を理解する1つの目安として，類型論は役に立つ．だが，その一方で粗っぽい表面的な見方に誘われがちとなり，個々人の独特のありように接近することの大切さが失われることになる恐れがある（第3章「理論の意味するもの」参照）．
>
> 　より詳しくは例えば佐治（1992a, pp. 69-72）など参照．

根拠と正当性とをもっており，そもそも次元を異にし，ときには相補的ですらある（詳しくは第3章「理論の意味するもの」参照）．

間主観的知の営みとしてのカウンセリング

　当の個人にしかその個人の体験は知覚できないと述べたが，それは，常にその人がみずからの体験の知覚を十分にできるということではない．これは，望ましい条件，すなわち，完全に自由であり，自分自身に対して透明ないし真実であることが許される安全な場に居り，そのことを自分で知覚できる条件のもとで，少しずつ可能になるのであり，個人が日常で一般的に機能している条件のもとでは，多く当てはまらない．

しかし，条件が整っているとき，他のどの人にも知覚されることのない現象学的場の体験が，限りなく豊かに知覚されることは，否定しがたい事実なのである．その個人の全体的な現象の場についての知覚は限られている．しかし，可能性として，その個人はそれを知ることのできる唯一の人間なのである．

このことに関連して，重要な系が生じる．すなわち，ある人の

> 行動を理解するためのもっとも有利な視点は，その個人自身のもつ内側からの視点（internal frame of reference）によるものである．（Rogers, 1951a, p. 494　保坂他訳，2005, p. 327）

というのが，それである．

個人の行動の理解にも同じことが言える．私がある個人の行動を，私の価値観から離れて，その人が自分自身で知覚しているままに，つまりはその人の内側からの視点（internal frame of reference）のままに受け取るとき，普通に見ているときには無意味で奇妙であったり異様な感じを与えたりする行動も，意味のある，その人にとってはその行動しかありえない必当然的な行動として受け取り直すことができる．

もうすでにその含意は明らかであろう．カウンセリングにおける望ましい固有な対人関係とは，以下のように述べることができる――クライアントが，みずからの私的世界についての知覚，自己にとって実在であるその場についての情報をカウンセラーに伝え，カウンセラーは，それを相手の内側からの視点のままに受け取り，その枠組みをともに検討することを可能にするような関係のことである．カウンセリングとはまさにそのような関係が可能な場を開くことである．そして，そこでは，カウンセラーがクライアントの私的世界への共感的理解を精確に伝達できる程度に応じて，その関係の質の高さが決まってくる．

こうした関係において，クライアントは，みずからを防衛する必要を感じることが少なくなり，理想的には必要最小限に近づく（いわゆる防衛がまったくなくなることなどありえない．今ここでこうして居るのに必要最小限の防衛が，そのままに，自分自身のありようとして感じ取れることが1つの極限であろう）．そして，他のどの場面より自分が理解されていると感じ，みずからについての

探求を安心して，喜んで進めようとする．例えば，不安なら不安である自分自身を，より安心して感じ取り探求する．このようにして，クライアントの自己理解，今まで埋もれていた領域の探求が進む．

　援助とは，その個人がみずからの（本来の）存在，ありようを，そのまま歪曲・否認しないで示す対人関係の場ないし対人的かかわりの場を，クライアントとともに開こうとするカウンセラーの営みである．定義(3)で述べた，関係そのものが援助的要因である，という意味がここにある．

　このことができるために，カウンセラーは，何をクライアントとの面接の場で行おうとしているのか，どのようにあろうとしているのか，前項「心理的コミュニケーションと聴くこと」にもう一度戻って考えたい．

　なお，定義(2)で述べた「一定の訓練」については，第2部「体験学習編」で述べていく．今までの多くのカウンセリングの教科書，あるいは，カウンセリングの論説においては，カウンセリングの学習，特に体験学習に関してほとんどふれられていないか，もしあっても十分にその根拠が問われることがないままであった．体系づけられてもこなかった．本書では，知的，理論的学習（第1部）と実習（第3部）との間に，体験学習（第2部）という大事な1つの柱を挿入することで，その学習のプロセス，意味などを論じることを試みた．

　そして，以上，本章では，われわれの考えるカウンセリングの定義を示すことによって，われわれの基本的な立場を明らかにした．われわれの実践の中で培われてきた考えを，なるべくわれわれなりのことばで述べてきたつもりである．言うまでもなく，こうしたわれわれの立場は基本的にはロジャーズの創始したクライアント中心療法をその出立点にもっている．続く第2章「カウンセリングの理論」ではこのクライアント中心療法について概説する．

第2章　カウンセリングの理論

第1節　カール・ロジャーズの生涯とクライアント中心療法

　人間のこころにかかわるカウンセリングの領域においては，他の諸領域に比べて，「人＝個性」と「思想＝理論」との結びつきがきわめて強い．したがって，個性的なカウンセラーの思想・理論と，彼（女）の人格やその生涯，生活史との間には，必然的とも思われる密接なつながりが見出される（e.g., Atwood & Stolorow, 1993）．そうした観点から，本節では，ロジャーズのカウンセリング理論の解説に先立って，彼の思想の歴史的位置づけとその生涯についてふれておきたい．

　カウンセリングということばが使われる以前からのこの領域を歴史的に見れば，原始治療からメスメル（Mesmer, F. A.）の動物磁気，催眠を経て現代の精神分析へとつながる一連の流れがある．その流れの中で，20世紀に至ってフロイトが精神分析を1つの理論体系として構築した（Ellenberger, 1970；佐治，1992a）．その精神分析は，フロイト以降，古典的な生物主義・本能論・リビドー論を修正しつつ，より現実的で普遍的包括的なカウンセリング関係における対人関係を見直す方向へと発展してきた（e.g., 岡村，1996a）．

　ロジャーズの理論と実践は，このカウンセリング関係そのものの科学的・実践的解明に多くの努力が向けられた．そして，その際の彼のコペルニクス的発想転換は，カウンセリング関係における「クライアント中心」，すなわち，カウンセリング場面での方向はすべてクライアントの自由で自主的な決定に委ねられ，この方針ができるだけ十分に実現するときにクライアントの自己実現が生ずるということにある．後年，プラウティ（1994：第2章第4節2「プリセラピ

ー」参照）は，ロジャーズを「20世紀のルター」(p.4　岡村他訳，2001, p. 27)になぞらえている．

　これに関連して，ロジャーズは自分の考えを述べるに際して，病める人を意味する患者ということばは不適切であると判断し，法律相談をするのと同様に専門的な援助を求めて来た人という意味で，クライアントということばを使った（ちなみに，これは1940年の講演の中で初めて使われ，1942年の『カウンセリングと心理療法』(Rogers, 1942) によって広く使われるようになった．Rogers, 1951a, p. 7　保坂他訳，2005, p. 23 も参照）．このことはロジャーズの基本的な態度を象徴している．もちろん，精神分析においても被分析者の自律性について言及されなかったわけではない．しかし，一方で分析者の主導的な立場が自明のものとして認められていたことも事実である．こうした従来の医学モデルと同一線上にある，いわば縦のカウンセリング関係に対するアンチテーゼとして「クライアント中心＝より対等な横の関係を目指すこと」を強く打ち出したのがロジャーズである．それでは，こうしたロジャーズの思想はどのような生涯を背景として生まれてきたものなのかを見ていくことにしよう．

1　臨床心理学者として就職するまで

　カール・ランサム・ロジャーズ（Carl Ransom Rogers）は，1902年1月8日，アメリカ合衆国イリノイ州のシカゴ郊外にあるオークパークで，当時としてはきわめて高学歴の両親のもとに，6人兄弟の第4子（三男）として生まれた．両親はともに厳格なプロテスタントであり，一家は家族だけで一緒に過ごす傾向が強く，近所とのつきあいはあまりなかった．また，両親は働くことに大きな価値を置いており，子どもたちそれぞれに家庭内の仕事を割り当てていた．ロジャーズ (1961) 自身に言わせれば，「彼らはまた，さまざまな巧妙で愛に満ちた仕方で，私たちを強くコントロールしていました」(p.5　諸富他訳，2005, p. 12)．ロジャーズは非常に優秀な生徒であったが，家庭内の仕事のために，学校が終わるとすぐに帰らねばならず，友だちとつきあうこともままならなかった．後に妻となる幼なじみのヘレン（Helen Elliott）もロジャーズのことを，外で友だちと遊ぶことよりも本を好む，内気で繊細で非社交的な少年であったと記憶している（Kirschenbaum, 1979, p. 7）．ロジャーズ自身も次のように回想し

ている．

> 親友は本当に1人もいなかった．……同年齢の子どもたちの家を訪れたこともなく，彼らもまたわが家を訪れなかった．……
> 一言で少年時代を語るなら，今日私が，他者との親密でコミュニケーションのある対人関係だとするものが完全に欠如していたのがこの時期である．家庭外の人々に対する態度は，両親から取り入れられた，距離を置いた超然としたものだった．（Rogers, 1973, pp. 28-29）

さらに，両親は子どもたちを都会生活の誘惑から遠ざけたいと考え，ロジャーズが12歳のとき，農場を買って引っ越す．その結果，ロジャーズの孤立傾向は一段と強まることとなった．

> 今になって分かるのは，自分は一風変わっており，孤立者であり，人の世に非常に小さな居場所しか持たなかったし，あるいは非常に小さな居場所を持つ機会しかなかったということである．表面的な接触しかもてない，社交性のない人間だった．この時期に抱いていた空想ははっきり言って奇妙だったし，診断を受けていたら十中八九シゾイドと分類されていただろう……．（Rogers, 1973, pp. 29-30）

こうした生活の中で蛾の飼育や農場経営に関心をもったロジャーズは，1919年，ウィスコンシン大学農学部へと進学する．その大学生活の前半，もっぱら精力を注いだのはさまざまな課外活動であった．そして，それまでとはまったく違った他者との交流関係を体験し，「初めて同志や友人をもつ意味を発見する」（Rogers, 1973, p. 30）．また，ヘレンとの交際も始まり，これらを通して精神的に大きく成長していった．

こうした新しい体験の中で，宗教への関心が強まったロジャーズは，牧師になることを決意し，そのための準備として専攻を歴史学へと変更した．そのロジャーズのもとに，世界学生宗教会議のアメリカ代表の1人として6ヵ月に及ぶ東洋旅行に出かけるチャンスが訪れた．この一行にはさまざまな背景をもつ

優秀な学生たちと学者や宗教界のリーダーたちがそろっており，彼らとの交流を通じて「宗教的にも，政治的にも急速に自由になっていった」(Rogers, 1967b 村山訳, 1975, p. 205).

ロジャーズはこの旅行中ずっと日記をつけ，その写しを手紙として家族に送っていた．その中に自分の中に生まれてくる新しい考えを次々に記していたが，それは次第に家族の考えとは相容れないものとなっていった．そして，2ヵ月後には，「家族たちの反応が私に届いた頃には，私が家族から分離する見通しはまったく確立していた．かくて最小限の苦痛で私は家族との知的，宗教的絆をたち切った」(Rogers, 1967b 村山訳, 1975, pp. 205-206) という事態が生じた．そして，帰国したときにはロジャーズと家族との間には大きな溝が生まれていたが，ロジャーズ自身は，「心理学的にいえば，この時期は私が家族から独立宣言をした最も重要な時期であった」(Rogers, 1967b 村山訳, 1975, p. 205) と述べている．

しかし，帰国後間もなく，十二指腸潰瘍で入院と1年間の休学を余儀なくされる．後年ロジャーズ家の6人兄弟のうち3人までもが潰瘍に罹ったという事実は，「ある種の抑圧的な家庭的雰囲気」(Rogers, 1967b 村山訳, 1975, p. 207) によるものとロジャーズ自身は考えている．やがて大学に復帰し，1924年，歴史学の学士号を取って卒業し，ヘレンと結婚してニューヨークのユニオン神学校へと進学した．

ユニオン神学校での学生生活は非常に刺激的で素晴らしい体験であった．心理学へと眼が開かれ，人間に取り組むことが1つの専門でありえること，援助的な関係の中で個人を取り扱うことが職業となりえることを知って，宗教以外に生きる道を見出すことになる．そして，ロジャーズはその生き方とかかわる貴重な体験をする．それは，学生たちがまったく自主的なセミナーを企画したことから始まった．学校側はそれに対して，若い教師を参加させるが，学生が要望しない限り関与しないという条件で許可を与えた．このセミナーが，ロジャーズにとって2度目の進路変更の直接のきっかけとなる．ロジャーズは次のように述べている．

　　……重要だったのは，セミナーに関して疑問や個人的な問題を分かち合

い始めたことである．私たちは相互に信頼し合う集団になり，深い問題を語り合い，理解し合い，そして私たちの何人かは人生を変えていった．（Rogers, 1973, p. 32）

　その当時宗教的仕事を離れる決心をした私自身の理由は，私は人生の意味や個人の生活を建設的に改善する可能性に深い関心を持っていたが，特別な宗教的原理を信ずることを要求される分野で働くことはできなかったからである．私自身の考えがこれまでにとてつもなく変化していたし，これからも変わり続けていくだろうと思った．ある地位を維持するために，一連の信条を信奉しなければならないことは，私にはたいへん恐ろしいことに思われた．私は自分が自由に思考できる分野を見つけたいと思った．（Rogers, 1967b　村山訳, 1975, p. 212）

　1926年，ついにロジャーズはユニオン神学校を中退し，コロンビア大学教育学部に移って臨床心理学と教育心理学を専攻することにした．そこで統計学などの科学的手法の訓練を受ける一方で，実際に子どもたちと臨床的に接触していくことを学んだ．そして翌年からは，当時創設されたばかりのニューヨーク市の児童相談施設の研究員となった．このとき，ロジャーズは，心理学者の研究奨学金が精神科医の半額であることに抗議して，同額を認めさせている．後にロジャーズが展開する精神科医との職業領域での闘いを考えると，きわめて象徴的なエピソードと言えよう．また，ここで精神分析を学んだが，それは当然大学での厳密な科学的・客観的・統計的立場とは相容れないものであった．
　こうした中で臨床活動と博士論文作成の作業を進めていたが，結局1928年，ニューヨーク州ロチェスターの児童愛護協会児童研究部に心理学者として就職する．そのときのロジャーズにとっては，大学からも離れ，職業的には袋小路で給料も決してよくないことなどは関係なく，自分がやりたいことがやれるということだけが重要であった．
　ここまでのロジャーズの生活史を見てくると，両親の庇護のもと孤立傾向の強かった児童・思春期から，大学入学とともに親元から離れ，さらには6ヵ月の大旅行を1つの頂点として，青年期の自立が達成されていく過程がはっきり

と浮び上がってくる．そして，このロジャーズ個人の青年期の自立過程そのものの中に，クライアント中心療法の原点，思想としての人間観の源があるように思われる．すなわち，シゾイドと診断されそうなほどの少年が，大学というモラトリアム期間と対人関係に恵まれた環境の中でみずから成長していく姿は，まさに実現傾向の発露と呼ぶに相応しい．しかし，同時にこの自立に伴う葛藤・緊張は心身症（十二指腸潰瘍）となってロジャーズを悩ませ，学生生活を通じて入院・休学・手術を余儀なくされている．この事実は，よく知られているフロイトの神経症症状やユングの統合失調症様体験と並んで，臨床家ロジャーズの特質を論ずるに当たって興味深い視点を与えてくれる．こうした点を踏まえて，さらに彼の生涯を，クライアント中心療法を誕生させ発展させた時期に焦点を当てて追ってみたい．

2　クライアント中心療法の誕生

ロチェスター時代のロジャーズの仕事は，裁判所などさまざまな機関から送られてくる非行少年や恵まれない子どもたちと面接を行い，診断と処遇計画を立案するというものであった．当時のそうした子どもたちへの対応は，治療面接と環境療法（主として，施設に措置したりする環境転換，学校や家庭に働きかける環境調整）とであった．ロジャーズは環境療法の力を大いに認めていたが，次第にその関心は治療面接へと移っていった．そして，実用主義的に治療効果があるかどうかだけに焦点を当てた臨床実践に没頭していった．

さまざまな治療法を試みた結果，ロジャーズは，子どもたちが自己洞察に導かれ，治療者との間に強い情緒的関係が生まれるものとそうでないものとがあることに気づき，前者には精神分析やランク（Rank, O.）派の関係療法が含まれると考えた．しかし，精神分析については，時間と費用がかかり過ぎて実用的でないこと，過去を重視して現在の環境を軽視しがちであること，その方法を評価的に検討することに積極的でないこと，などからあまり賛成できなかった．

ちょうどこの頃，ロジャーズは研究所のスタッフを通じてランク派の考えに親しみ，ランクを囲む定期的なセミナーに出席する機会をもった．そこで，彼らの理論というよりは実践において，自分が気づき始めていることが重視されていることを知って自信をもった．それは，個人の中に成長への志向があると

強調されていることと，治療関係の中で自己洞察や自己受容に焦点が当てられていることとである．そして，これは，遡れば，ロジャーズが以前に親しんだデューイ（Dewey, J.）やキルパトリック（Kilpatrick, W. H.）の思想につながっていくものであった．

　この時期はロジャーズにとって，まさに実験的な実践の日々であった．そうした中で次第に，臨床的な人間関係においては強制的あるいは強い解釈的なアプローチは表面的な効果しかあげえないことや，クライアント自身が進むべき道を一番よく知っていることなどに注目し始めていた．特に後者は，ロジャーズの考えがクライアント中心療法に進む「決定的な学習体験」（Rogers, 1973, p. 37）となった次のようなエピソードが土台となっている．

　　私は乱暴者の少年をもつ知能のすぐれた母親と取組んでいた．問題は明らかに，彼女が少年の幼児期に拒否したことにあったが，面接を重ねても，このことを洞察させることができなかった．……私は彼女にわれわれ2人は一生懸命やってみたがどうも失敗したようだ．面接をやめてもよいのではないかといった．彼女は同意した．そこで面接を終了し，握手をし，彼女は面接室のドアへ歩きかけた．その時，彼女はふりかえり，「先生は，ここで大人のカウンセリングをやられたことがありますか」とたずねた．私があると答えると，彼女は「それじゃ私お願いしたいのです」といった．彼女は立去りかけた椅子に戻り，彼女の結婚生活，夫との関係，失敗と混乱など彼女の絶望感を述べ始めたが，それらは以前彼女が話した不毛の「生活史」とはまったく異なっていたものだった．その時から本物のセラピィが始まり，ついに大成功――彼女にとっても息子にとっても――に終わった．（Rogers, 1967b　村山訳，1975, p. 219. cf. Rogers, 1942　末武他訳，2005, p. 216；Rogers, 1961　諸富他訳，2005, pp. 16-17）

そして，このことから学んだことを，次のように述べている．

　　……何が傷つき，どの方向にいくべきか，どんな問題が決定的か，どんな経験が深く隠されているかなどを知っているのはクライエントだけであ

るという事実である．(Rogers, 1967b　村山訳, 1975, pp. 219-220. cf. Rogers, 1961　諸富他訳, 2005, p. 17)．

1939年，こうした考えをまとめたロジャーズの最初の著書『問題児の治療』（Rogers, 1939　堀編, 1966）が出版されたが，ここにすでに後のクライアント中心療法の考え方と，ロジャーズの科学的実証主義との2つの面が示されている．特に前者に関して，ロジャーズは，さまざまな治療に共通する要素として4つの「セラピストの適性」をあげている（pp. 290-294. cf. Rogers, 1942　末武他訳, 2005, pp. 230-231）．「客観性（受容，関心，深い理解を含む）」「個人の尊重」「自己理解」および「心理学的知識」がそれである．第1の特性はサリヴァン（1953）の「関与しながらの観察（participant observation）」（p. 11；第3章「理論の意味するもの」参照）の考え方を思わせて興味深い．

これより以前，ロジャーズが責任者である児童研究部が中核となって新たにロチェスター・ガイダンス・センターが設立されることが決まり，精神科医を所長にすべきだとする動きが起こった．これは，ロジャーズの仕事に問題があるというのではなく，そうした機関の責任者は医師であるべきだとする考えに基づくものであった．結局1年あまりの論争の末にロジャーズが初代所長となったが，すぐにその著書が認められて，1940年，オハイオ州立大学に迎えられることになった．

ロジャーズはオハイオ州立大学で大学院生のカウンセリングの臨床実習を指導したが，これが大学という場で行われた最初のスーパーヴィジョンに基づいた臨床訓練であったと言われている（Rogers, 1967b　村山訳, 1975, p.24；この院生たちの中には，後年遊戯療法（play therapy）で有名になるアクスライン（Axline, 1947）や，親業（parent effectiveness training）の創始者となるゴードン（Gordon, 1970）らがいた）．この頃ロジャーズは，自分が新しい立場を発展させていることに気づき始め，1940年12月11日，ミネソタ大学での講演の折にその考えをまとめ，「心理療法における新しい概念」と題して発表した．そして，この日がクライアント中心療法誕生の日とも言われている（Kirschenbaum, 1979, p. 112）．

ロジャーズはこの講演で，情緒や感情を重視すること，過去を取り上げるの

ではなく，今ここでのその人のありよう，現在に焦点を合わせること，成長体験がカウンセリング関係の中で得られること，を明確に述べた．しかし，ミネソタ大学がウィリアムソン（Williamson, E. G.）を代表とする指示的（directive）アプローチの中心地であったため，反応は強烈であり，すぐにロジャーズは賛否両論の渦の中に投げ込まれることになった．そこで，自分の考えを本にまとめることを決意し，1942年，『カウンセリングと心理療法』（Rogers, 1942）が出版された．

　　……その目的は，ある特定の問題を解決することではなく，個人が現在の問題のみならず将来の問題に対しても，より統合された仕方で対処できるように，その個人が成長するのを援助することである（p. 28　末武他訳 2005, p. 32）．

　この本はロジャーズの基本的な考えに貫かれているにせよ，内容的には指示的カウンセリングや精神分析に対するアンチテーゼの色彩が強く，明らかに技術志向的であった．そして，その中に「指示的アプローチと非指示アプローチ」という章があったために（pp. 115-128　末武他訳，2005, pp. 105-117），非指示的（non-directive）という名称が有名になってしまったが，その背景には当時のロジャーズの技術志向があった．しかも，この名称は，技法として指示を与えないやり方として受け取られやすく，ロジャーズのカウンセリング理論から離れて独り歩きし始め，多くの誤解と批判を受けた．

　一方，この本の最大の功績は，ロジャーズ自身が後に「今までの職業生活の中で私がなしえた最も意義あることの1つ」と述べているように，面接の中のナマのままの言語的交流をそのまま活字にしたことである．実証的研究を重視したロジャーズは，当時誕生したばかりの録音技術に着目し，早くから装置を整えて，自分の面接や大学院生の教育に利用していたが，その成果の1つとして「ハーバート・ブライアン（Herbert Bryan）のケース」（Rogers, 1942, pp. 259-437　末武他訳，2005, pp. 236-401）が誕生した．クライアントのプライヴァシィを守らなくてはならない守秘義務と，独善主義に陥りやすいカウンセリング関係を白日のもとに示す意義をどのように両立させるのか．この問題はロジャ

ーズの科学的実証的解明の重要さに対する認識と決断によって，また，もう一方でクライアントとの信頼関係への確信によって，1つの方向性が与えられた．

　クライアント中心療法誕生までのロジャーズの経歴を見れば，ロジャーズの独自性は，不適応を起こした子どもたちとその親に対する実践から生まれてきたことは間違いない．卓越した臨床家がどのような人間を相手とする実践からその独自の理論を生み出したのかは，きわめて重要な要因と言えよう．したがって，ロジャーズの理論を理解するうえで，このことはきちんと押さえておきたい．

　また，ロジャーズがその理論形成において影響を受けたものとしてあげられるのがランク派の考えであることも確かであろう．ランクが唱えた意志（will）という概念が，基本的にロジャーズの言う自己実現の源流と見なすことができよう．

3　クライアント中心療法の展開

　1945年，ロジャーズは新しくカウンセリングセンターを設立することになったシカゴ大学に移り（この夏，最後の潰瘍の手術を受けている），そこで，生涯で最も生産的な12年間を過ごすことになる．この時期において，それまでの「技法としての非指示的カウンセリング」から「カウンセラーの態度としてのクライアント中心療法」への理論的展開が見られる．すなわち，1951年に発表された『クライアント中心療法』（Rogers, 1951a）において，前著の技術志向が訂正され，非指示といった技法ではなく，クライアントの主体的に成長する力を尊重するカウンセラーの態度に焦点が当てられた．さらに，1957年の「治療により人格変化が生じるための必要かつ十分な諸条件」（Rogers, 1957a）では，そのカウンセラーの態度条件が明快に整理されたが，この論文は彼のカウンセリング理論の結実とも言える位置をもっている．

　この理論的展開の最大のポイントは，カウンセラーの態度としての一致（congruence）または純粋性（genuineness）が取り上げられたことにある．これはシカゴ大学カウンセリングセンターにおける彼の実践と，同僚たちとの豊かな議論の中で見えてきたことであり，さらには彼自身の「不適応の期間」（Rogers, 1967b　村山訳, 1975, p. 231）が大きな転回点になったと言われている．少し長

くなるが，これに関しては彼自身のことばを以下に直接引用したい．

　　オハイオ州立大学の頃に接触したことのある重症なクライエント（おそらく分裂病とみなしてよいが）が，シカゴ地区に移転してきて，私とまた治療的接触をもった．現在，私にはわかっているが，彼女との接触の仕方が悪かったと思う．私は動揺して，彼女と温かくリアルに接したり，あるいは彼女の精神病的な深い混乱に私が恐ろしくなった時「職業的」になり，よそよそしくなったりした．このため彼女は非常に強い敵意（依存と愛情をともなった）を持つようになり，それは私の防衛を突き破った．私はセラピストとして当然彼女を援助できるはずであるし，彼女との接触が治療的な意味を失い，私にとってただ苦痛になったあとでも，彼女との接触が許されるべきだと信じていた．彼女の洞察は私のそれよりも健全であることを認めたが，そのため私は自信を失い関係の中で私の自己を放棄してしまった．……

　　だんだんと私自身が完全にまいってしまいそうになっているのがわかり，この気持ちが緊急なものに高まってきた．私は逃げなければならなかった．私は当時のシカゴ大学カウンセリングセンターで仕事をしていた若い有望な精神科医，ルイス・チョールデン博士に今でも感謝の気持ちを抱いている．彼はクライエントと1時間の問診を心よく引受けてくれた．彼女はその時期に妄想や幻覚があらわれ，精神病になってしまった．私はといえば，家に帰りすぐ逃げ出さなければならないと［妻の］ヘレンにいった．今でこそ，静かに，「逃走旅行」として説明できるが，当時は1時間以内に自動車で出発し，2，3ヵ月留守にした．ヘレンが冷静に私がこの混乱から立ち直れると元気づけてくれたり，私が事件を話せるようになった時に喜んで聞いてくれたことはたいへん助かった．しかしながら，われわれが家に戻った時には，私はまだセラピストとしてかなり不十分な状態にあり，人間としても値打ちがないし，心理学者として，あるいはサイコセラピストとしてはもうやっていけないのではないかと感じていた．

　　家を離れる前に，私はスタッフの1人からセラピィを受けていた．私が戻った時，私は自分の問題が深刻であり，スタッフに援助を頼むことは恐

ろしいように思われた．私はわれわれのグループの1人にたいへん感謝している．彼は，私が深い問題にぶつかっていることは明らかだし，だからといって私や私の問題を恐れることはないし，よければセラピィ関係を持ってもよいと申出てくれた．私はやけくそでこの申出を受け入れ，だんだんと自分を価値ある人間，自分自身を好む人間というところまで回復した．私のクライエントとのセラピィもその時以来一貫して自由になり，自然になった．（Rogers, 1967b 村山訳, 1975, pp. 231-233）

この体験を通して，彼が自分の中に次々と流れてくる感情を信頼することを学んだことが，一致または純粋性というカウンセラーの主体性の強調となったと言えよう．

こうしたロジャーズの考えを発展させる場を提供したのが，シカゴ大学カウンセリングセンターであった．そこでは，彼が目指す民主的な運営のもと，グループ中心的な組織がつくられ，リーダーシップの共有と分散が柔軟に行われていた．「スタッフ・ミーティングやスタッフの人間関係では（否定的であれ，肯定的であれ）できるだけ自由に対人感情を表現する点で実験的であり」（Rogers, 1967b 村山訳, 1975, p. 227），それによってスタッフチームはきわめて親密性の高い集団へと成長していった．ロジャーズの「不適応の期間」になされた同僚たちの援助は，こうしたことが土台にあったがゆえに可能となった．

このスタッフチームの親密性が高まったもう1つの理由として，ロジャーズは精神医学との闘いをあげている．と言うのも，当時のシカゴ大学の精神医学部長の誰1人としてカウンセリングセンターに協力しようとしなかっただけでなく，ついには大学理事会に対してロジャーズらが免許なしに医療行為（つまり心理療法）を行っているとの理由でセンターの閉鎖を要求してきたのである．このときロジャーズは，「自分が見出してきたあらゆる証拠を用いて痛烈な反撃」（Rogers, 1974, p. 54）を行い，学長の公平な判断もあって，この闘いに勝利を収めた．

この時期ロジャーズは，1947年にアメリカ心理学会会長に選ばれたのをはじめとして，社会的に華々しく活躍している．1954年には大規模な心理療法に関する研究成果として『心理療法とパーソナリティ変化』（Rogers & Dymond, 1953）

が公刊され，これによって科学研究に対する特別貢献賞を授与された．また，1956年にはアメリカ心理学会のシンポジウムにおいて，行動主義を代表するスキナーと討論を行ったが（Rogers & Skinner, 1956），この記録は心理学の世界において最も版を重ねたものと言われている．彼らはその後も数度にわたって論争を行っているが，その基本的な違いは人間観にあると言ってよい．1957年には実存哲学のブーバーと対話を行ったが（Rogers & Buber, 1960），この頃から彼はみずからの立場を実存主義的グループに位置づけ始め，やがてその中から人間性心理学（humanistic psychology）が形成されていった．当然この派の考え方は，スキナーらの行動主義の立場とはその根本から対立していった．

こうしたシカゴ時代の活躍の背後にロジャーズ自身の「不適応の期間」が存在した事実は，ロジャーズみずから先のように述べているにもかかわらず，意外に知られていない．このいわば「中年の危機」を経て，クライアント中心療法はロジャーズの手による一応の完成を見たと言ってよい．このことは「フロイトもユングも強烈な中年の危機を体験している」こと（河合，1983, p. 32）と比較しても興味深い．小此木（1983）は，「フロイトにしてもユングにしても，現代における精神の科学の源流となった人々が，いずれもこの中年の危機の最中で，人生を死との出会い視点からとらえ直す体験を起点にしている事実にわれわれは注目せねばならない」（p. 221）と述べているが，ロジャーズは何と出会ったのであろうか．

ロジャーズは成長（実現傾向）とは逆の病理傾向（それは極端に言えば死の本能へとつながっていくものとも言えよう）と遭遇したのではないか．そして，この危機を脱するに当たって同僚たちの援助を受けたということが，まず第1にロジャーズらしい．またこの危機を乗り越えた後，積極的に自分の感情を表明することが強調されたことは，本来内向的なロジャーズの資質から言えば，補償作用の発揮とも思えて興味深い．カウンセラーの第1の態度条件「一致または純粋性」は，こうした体験を踏まえてその重要性が次第に増してきた概念であろう．ここからロジャーズはさらなる前進を図って挑戦を始める．

4　パーソン中心アプローチへ

1957年，ロジャーズは心理学と精神医学の併任教授として母校ウィスコンシ

ン大学へと移る．この時期の彼の研究上の展開は，①統合失調症入院患者へのアプローチ，②過程理論の展開，③日常における援助的関係への展開，の 3 点にまとめられる．このうち過程理論の展開は，カウンセリングの中でクライアントにどのような変化が起こっているのかという点に注目していった研究であり，後にジェンドリンの体験過程療法，フォーカシング（focusing；Gendlin, 1978）へと発展していった．また，日常における援助的関係への展開は，クライアント中心療法の知見を教育や集団などの日常関係へと広げていったものである．後にロジャーズはこの領域を活動の中心にしていくが，この時期の最大のポイントは統合失調症入院患者へのアプローチにある．ロジャーズはみずからの理論がすべてのクライアントにおいて本質的なものであるとの仮説を検証するために，この研究プロジェクト（ウィスコンシン・プロジェクト）に取りかかった．

しかし，このために組織された研究チームはさまざまな障害により上手く機能せず，多くの摩擦や無駄を重ねる結果になってしまった．そのまとめはようやく 1967 年になって『治療関係とそのインパクト』（Rogers, Gendlin, Kiesler & Truax, 1967）として出版されたが，研究チームの混乱を反映してか，その豊富な資料の分析には一貫性がなく，十分な評価を得るには至らなかった．にもかかわらず，この中ではカウンセラーの態度条件の評定，成功・失敗事例の分析，過程尺度の評価などから「必要十分条件」（Rogers, 1957a）の枠組みが再検討されている．ここからクライアント中心療法のさらなる展開の方向性を読み取ることが可能だが（第 3 節「クライアント中心療法の課題」参照），その後のロジャーズの実践は主にエンカウンター・グループに移ってしまったため，ロジャーズ自身による理論的展開はここで止まってしまったと言ってよい．

1964 年，ロジャーズは不自由な大学に失望して，自由な組織であるカリフォルニアの西部科学行動研究所に移り，さらにそこから人間研究センターをつくって独立する．これ以降彼がその活動の中心としていったのがベイシック・エンカウンター・グループ（basic encounter group）である．1968 年には自分がファシリテータ（facilitator：促進者）を務めたグループの記録映画『出会いへの道』（McGaw, 1968　畠瀬監修, 1977）が制作され，アカデミー賞長編記録映画部門の最優秀作品賞を得ている．そして，こうした活動に関する考えをまとめて広

第2章　カウンセリングの理論

コラム〈パーソン中心アプローチ〉

　ロジャーズ（1980）は語る——自分が他のカウンセラーとまったく異なった仕方で個人を考え，個人とかかわっているという気づきから生まれた『カウンセリングと心理療法』（Rogers, 1942）では，まだ広範な適用可能性についてまったく提案しなかった．しかし，10年後の主著『クライエント中心療法』（Rogers, 1951a）には，カウンセリングの原理を他の分野にも適用するという認識が盛り込まれた．そして，そのまた10年後の論文集『ロジャーズが語る自己実現の道』（Rogers, 1961）への反響によって，自分が語ることに関心があるのは心理療法家だけだという狭い視野から抜け出した．すなわち，カウンセラーとクライアントとの関係で真実である事柄は，結婚，家族，学校，管理，異文化間，国家間でも真実であるという認識である．かくて，「私はもう心理療法についてだけ語っているのではなく，人間や集団やコミュニティの成長を目的の一部とするどんな場にも相応しい，ものの見方，哲学，生への取り組み方，1つのありようについて語っているのである」(pp. vii–ix)．

　そして，自分の全職業生活の第1の主題に対してこれまで与えてきたさまざまなラベル，すなわち非指示的カウンセリング，クライエント中心療法などを思うと微笑んでしまう．適用分野が広がった今はパーソン中心アプローチというラベルが最も適切な表現のようだと言う（Rogers, 1979, pp. 114–115）．

　カウンセリング関係においてカウンセラーに必要とされるのは，クライアントとの瞬間瞬間のやりとりの中で起こる自分自身の考え，感情，感覚，直観に最大限に注目し，かつそれらを意識化していることである．クライアントとふれあうのと同じくらい，それを受け止める自分自身とふれあうこと，そして2人の関係を絶えずチェックすること，このようにして，援助を求めているひとに，ひととしてかかわるかかわりを，「パーソン中心」は表現している（Mearns & Thorne, 1988, pp. 1–2）．

く一般向けに『エンカウンター・グループ』（Rogers, 1970）を出版し，人々に大きな影響を与えた．

　一方，コロンビア大学で学んだデューイの教育哲学以来続いていた教育への関心は，この時代，もう1つの社会的活動として花開くことになる．1960年代のアメリカ教育界では，イギリスのオープンスクールが紹介されて自由教育が注目を集めると同時に，エンカウンター・グループを底流とする人間性回復運動（human potential movement）の影響が及び始めていた．こうしたことが背景となって，彼をはじめとする人間性心理学の考えが教育界の人々から注目され，

彼が発言する機会が多くなっていった．1969 年，そうした中で『創造への教育』（Rogers, 1969）が出版され，教育界に大きな影響を与えた．

さらに，それまでのエンカウンター・グループを発展させて，1975 年からパーソン中心アプローチ（person-centered approach；PCA）のワークショップを始めた．この PCA ということばは，彼がその人間観をより広い範囲へと広げて，人間コミュニティへの信頼にまで発展させていった活動を表現している（コラム〈パーソン中心アプローチ〉参照）．彼はこの活動を国内にとどまらず世界各国にまで広げ，ブラジル（1976 年），日本（1983 年；畠瀬・畠瀬・村山，1986），旧ソ連（1986 年：Rogers, 1987b）などで大規模な PCA ワークショップを行った．1977 年には『人間の潜在力』（Rogers, 1977）を出版し，この PCA のインパクトを「静かなる革命」（p. 1）と呼んだ．

また，その名に相応しい活動として，彼は国際平和にも目を向け始めた．1972 年，アイルランド紛争をめぐる両派のメンバーからなるエンカウンター・グループ（McGaw, 1973　畠瀬監修，1999；Rogers, 1977, pp. 129-133；Rice, 1978　畠瀬他訳，2003），1982 年，南アフリカの黒人と白人の対立（人種差別）解消を目指すエンカウンター・グループ，1985 年，中米の政治紛争中の 13 か国の政府高官を含めたエンカウンター・グループ（ウィーン・ピース・プロジェクト：Rogers, 1986b），など，世界的規模のプロジェクトを次々と計画し実施していった．

1982 年のアメリカ心理学会の調査において，最も影響力のある心理療法家の第 1 位として選ばれたほどのロジャーズは，こうした社会的活動の一方で，数多くの専門家への講演やデモンストレーション面接を行った．特に，事実に基づいた討論資料の提供ということを重視してデモンストレーション面接を積極的に行い，『グロリアと 3 人のセラピスト』（Shostrom, 1965　佐治他訳，1980）をはじめ，多くの映像や記録を残すことに努めた．

1985 年 12 月，アリゾナ州はフェニックスで行われた「心理療法の発展会議」での招待講演「ロジャーズ，コフート，エリクソン——ロジャーズからみた相違点と類似点の考察——」（Rogers, 1987a）の出版がその活動の最後となり，1987 年 2 月 4 日，85 歳でロジャーズはその生涯を閉じた．

第2節　クライアント中心療法の基本的な考え方

　前節においてその生涯を紹介したロジャーズのクライアント中心療法の基本的な考え方の中心にあるのは，人間の中に実現傾向（actualizing tendency）を認める点である．彼は，人間を，みずからの基本的潜在能力を最大限に発展させようと努める存在である，と捉えている．つまり，人間を基本的によいもの，能動的なものと考えており，この点，精神分析や行動主義のような受動的決定論的見解とは一線を画している．同時に，人間の全体性・統合性の強調という点でも，人間を葛藤や刺激−反応へと還元する精神分析や行動主義とは明らかに異なっている．この点において，クライアント中心療法は，精神分析や行動主義に対するアンチテーゼとして登場し，それがゆえに現存在分析，実存分析などとともに，第三勢力とも呼ばれた．

　こうした考え方は，基本的に，人間に対する見方，人間観とも言うべきもの，すなわち1つの哲学（思想）であり，カウンセリング実践において，ないしは援助に限らず人間にかかわるすべての領域において，根底となる基盤を形成すると考えられる．第1章「カウンセリングの定義」で述べたのは，こうした考えに基づいた，われわれなりのカウンセリングの定義である．

　こうした考え方を基盤としたロジャーズの，カウンセリングとパーソナリティ変化についての理論は，『カウンセリングと心理療法』第2章「カウンセリングと心理療法における新旧の見解」（Rogers, 1942, pp. 17-47　末武他訳，2005, pp. 24-48；口頭発表，1940），『クライアント中心療法』第2章「カウンセラーの態度とオリエンテーション」（Rogers, 1951, pp. 19-64　保坂他訳，2005, pp. 24-65；Rogers, 1949の改訂拡大）を経て，「クライアント中心の立場から発展した治療，人格，対人関係の理論」（Rogers, 1959：執筆，1953）でいったん公式化され，「治療によりパーソナリティ変化が生じるための必要かつ十分な諸条件」（Rogers, 1957a）において結晶化された．ロジャーズは援助的関係について，この論文において，有名なカウンセリングの6条件をあげて公式化を行った．「ロジャーズはこの論文を自分の一番よい論文と見ていたと言われており」（Kahn, 1991, p.161），彼自身は「いささか生意気な論文だった」と回顧しているが（Rogers,

1973, p. 38), そこには自信のほども窺える. 実際よい論文に違いない. 彼の文献から1つしか読まないならばこの短い論文に限ろう. 以下, 主にこの論文を中心に解説していく (cf. 岡村, 1999a).

1 治療的な過程が起こるための条件

建設的な方向にパーソナリティが変化するのに必要なのは, 次のような条件 (conditions：状態) が存在することであり, かつ, それらが然るべき間存在し続けることである.

1. 2人の人間が心理的に接触している (in psychological contact).

2. 一方の人間は, クライアント (client) と言うことにするが, 不一致 (incongruence) の状態, すなわち, 傷つきやすく (vulnerable), 不安の (anxious) 状態にある.

3. もう一方の人間は, セラピスト (therapist)＊と言うことにするが, この関係の中で, 一致している (congruent), あるいは統合されている (integrated).

4. セラピストは, 自分が無条件の積極的関心 (unconditional positive regard)＊＊をクライアントに対してもっていることを体験している.

5. セラピストは, 自分がクライアントの内側からの視点 (internal frame of reference)＊＊＊を共感的＊＊＊＊に理解していること (empathic understanding) を体験しており, かつこの自分の体験をクライアントに伝えようと努めている.

6. クライアントには, セラピストが共感的理解と無条件の積極的関心を体験していることが, 必要最低限は伝わっている (communication).

これ以外の条件は必要ない. もしこれら6条件が存在し, かつ, それらが然るべき間存在し続けるなら, それで十分である. 建設的な方向に人格

＊治療者の意. 本書ではカウンセラーと同義.
＊＊positive は肯定的, regard は配慮, 好意などとも訳され, これらの組合せでさまざまな訳語がある.
＊＊＊これまでは「内的照合枠」が定訳であったが, 本書では Rogers (1951a) の保坂他訳 (2005) に従う.
＊＊＊＊empathic, empathy を, 感情移入的, 感情移入と訳す者もある.

が変化する歩みが，結果として生じる．（Rogers, 1957a, p. 96）

第1条件――関係――

第1の条件は，関係を明示している．最低限の関係，すなわち，心理的な接触が存在しなければならないことを述べており，これに続く諸条件に対しての前提とも言うべき位置づけにある（cf. 岡村，1996d）．

第2条件――クライアントの状態――

また，第2条件は，クライアントの状態を表している．われわれなりの見方はすでに述べてある（第1章1「援助を求めている人々」）．また，別にロジャーズ（1951a）は，『クライアント中心療法』11章「人格と行動についての理論」（pp. 481-533　保坂他訳，2005, pp. 316-359）において，パーソナリティの構造を表現し，緊張状態にあり不安定な状態にある様相について述べている．個人の自己構造（self-structure；自己概念 self-concept）と体験との不一致という考え方である（簡潔には，e.g., 佐治，1992a, pp. 148-154；岡村，1992）．

そして，第3から第5の3条件がカウンセラーの基本的な態度として取り上げられる．これらが上に述べた人間観（思想）を具現化するカウンセラーのありように他ならない．以下，ロジャーズの他の論文も引用しながら解説していく．

第3条件――セラピストが純粋で偽りのない姿で関係の中に居ること――

第3の条件は，後に透明であること（transparent）ということばを用いて，以下のように説明された．

> 第1の要因は，純粋で偽りのない姿で居ること，真実で（real）居ること，一致して居ること，である．セラピストが関係の中で自分自身であり，専門家としての仮面や，個人としての仮面をつけていなければいないほど，クライアントが建設的な変化成長を遂げる可能性も増す．セラピストがその瞬間に内部でうごめいている感情や態度のままに居るということである．「透明」ということばがこの状態（条件）の雰囲気を伝えている．すなわち，

セラピストは自分自身をクライアントに対して透明にする．したがって，クライアントは，関係の中でセラピストがどう居るかを見透すことができる．つまり，クライアントは，セラピストが何かを隠しているとは体験しない．一方セラピストは，自分が体験しつつある事柄を意識することができ，その体験のままに関係の中に居ることができ，適切ならばそれの体験を伝えることができる．このように，内奥で体験されつつある事柄と，今意識されている事柄と，クライアントに表明される事柄とが，よく調和している，あるいは一致している．（Rogers, 1979, pp. 115-116）

また，ロジャーズは，純粋で偽りのない姿であること（genuineness）ということばを好んで使い，次のように簡潔に説明している．

　……それがまさに意味することは，彼［＝セラピスト］が，自分の経験しているいろいろの感情を自分自身に否定しないということ，および，彼が，進んで，その関係において存在するどのような持続的な感情でも，すきとおって見えるほど（transparenly）それらの感情でいて，もしも適切ならば，彼のクライアントにそれを知らせるということ，なのである．（Rogers & Truax, 1967　手塚訳, 1972, pp. 178-179）

すなわち，カウンセラーが面接中に自己の体験過程（experiencing）との照合（refer）作業をし続けることを意味すると考えられる（コラム〈体験過程〉参照）．さらに言えば，ここには，関係を促進させる基本的な態度次元としての体験過程の意識化と，関係を発展させるより高度な発展的次元としての体験過程の現実化，すなわち自己表明との2つが含まれている（小谷, 1972）．ロジャーズのことばで平易に述べるならば，次のようになる．

　……もしも私が，自分はこのクライエントとの接触によってどうもつまらない感じがしている，と感じて［＝体験過程の意識化］，この感じが続くならば，私は，彼のために，およびわれわれの関係のために，この感じを彼とともにわかたなければならない［＝体験過程の現実化］と思うのであ

コラム〈体験過程〉

　意味あるパーソナリティ変化が起こるには，単に知的，行為的な働きのみならず，強力で情動的な内的に感じられた過程が起こることが必要である．それまでしっかり向き合い，ふれることのできなかった感じや感情にふれる体験である．その際，まずそうした感情の存在を感じるという新しいかかわり方の出現，未知の感覚が心身の内に感じられることへの気づきが必要である．それは，最初間違いなく自分にとって重要な何かが確かにそこにあるらしいという直観的具体的感覚である．が，その内容が何であるかはまったくつかめない．そのような，概念によって1つの構造に型はめされる以前の段階にあるナマの体験，暗黙のうちに心身のどこかに漠然とではあるが確かに感じている体験の流れが体験過程である．
　ジェンドリン（1961b　村瀬訳, 1981）は，その特質を次のようにまとめている——それは，(1)感情の過程である．(2)今この瞬間に生じている体験である．(3)直接無媒介に注意を向け，それに言及することができる．(4)感じていることを概念化し明瞭なものにしていく際のよりどころ，道しるべとなる．(5)豊かな意味を暗に含んでいる．(6)前概念的，有機体的過程である．(p. 29)

る．(Rogers & Truax, 1967　手塚訳, 1972, p. 179)

　われわれは面接中，普通に考えれば望ましいありようから遠い体験をすることがある．例えば，「今私は自分のことに注意が向いていてクライアントの話を聴くことができない」，あるいは「この人が恐くて一緒に居たくない」といった体験である．こうした体験を自分の意識に否定しないで居られるならば，すなわち体験過程の意識化ができているならば，まずはこの条件は満たされていると考えてよい．
　この先にある，カウンセラーがどこまで自分の感じをクライアントに伝えるかという体験過程の現実化，すなわち，自己表明の問題は，実際の面接においてはきわめて難しい問題である．すでに述べたように，本来カウンセラーの自己表明は，常に相手との関係の中で成立することであり，相手と無関係に，すなわち，クライアントのカウンセラーへの今のかかわり方や見方を無視して，自分の感情のままに勝手に動いてよいということではない（第1章3の内「カウンセラーの自己表明」参照）．この問題は，精神分析で言えば，逆転移の体験とその表明，すなわち，逆転移の活用という技法上の大きなテーマにつながる

ので，次節の3「技法の検討」で議論することとする．

また，カウンセラーが，その生活全体においてこのような純粋性を示す模範的人間であることが要求されているわけではない．もとよりそれはまったく不可能なことであろう．この条件は，面接中のクライアントとの関係の，今この瞬間瞬間において，自分の統合がなされているよう努めることを要請しているのである．

ともあれ，第3条件は，操作的に述べれば，この瞬間に体験している事柄が意識の中に存在し，この意識の中に存在している事柄がコミュニケーションの中に存在し，これら3つの水準，すなわち体験（過程）－意識（化）－コミュニケーションのそれぞれが一致していることを示す．それは，何より，カウンセラーが自分の体験過程との照合作業をし続け，その意識化を図るということ，そして，自分自身をもクライアントをも，カウンセラー自身の体験について欺かないことだ，ということを強調しておきたい．

第4条件──無条件の積極的関心──

第4の条件について，ロジャーズ（1957a）は次のように述べている．

> セラピストが，自分がクライアントの体験の1つ1つをそのクライアントの1つ1つの姿として温かく受容していることを体験しているとき，彼は無条件の積極的関心をまさに体験している．……それは，受容について何も条件がないこと，すなわち「私があなたを好きなのは，あなたがかくかくしかじかだからこそだ」という感情がないことである．それは，一個の人間であることを「たたえること」……である．それは，選択的評価的態度，すなわち「あなたはこういう点は悪いが，こういう点は良い」の対極にある．それは，クライアントが否定的な感情，「悪い」感情，苦痛の感情，恐怖の感情，防衛的な感情，異常な感情を表現しても，「良い」感情，肯定的な感情，成熟した感情，自信のある感情，社会的な感情を表現したときと同じように，その表現を受容しているという感情であり，また，クライアントが不一致のありようをしていても，一致のありようをしているときと同じように，そのありようを受容していることである．それは，ク

ライアントを大切にすることであるが，しかし，自分の思い通りにするために，すなわち，セラピスト自身の欲求が満たされるから大切にするということではない．それは，クライアントを一個の独立した人間として，自分自身の感情，すなわち，自分自身の体験があって然るべきものとして大切にすることである．(p. 98)

　すなわち，カウンセラーは，クライアントの話すどのような内容に対しても，またクライアントが感じつつあるどのような感情に対しても，さらにクライアントの示すどのような態度に対しても，決してその一部だけを取り上げたり，その一部を否定したり歪曲したりすることなしに，まったく同じように理解し，そのまま受け取ろうと，自分自身のありようを模索する．面接中のクライアントの態度が，どんなに否定的であろうと肯定的であろうと，あるいはどのように矛盾していようと，そのこととは関係なしに，その瞬間瞬間の相手をそのまま受け取ろうと，自分自身のありようを模索する（第2部第3章4「カウンセラーの必要十分条件再考」参照）．そしてこの際には，カウンセラーには，ある種のアスケーゼ（禁欲）と，クライアントを1人の価値ある人間としてまるごと受け取ることとが要請されている．

　受容，すなわち，そのまま受け取ることは，カウンセリングにおけるアルファでありオメガである．しかし，クライアントをそのまま受け取り，かつ，体験過程との照合作業とその意識化をし続けるという意味で，純粋で偽りのない姿で居ることは，必然的にそこに何らかの対決が生じてしまうという議論がある（河合，1977 a）．これによれば，対決を生まない受容，純粋性が問題にならない受容は誤解であると断ぜざるをえないが，この点については次節1「純粋性の強調」において論ずる．

第5条件──共感──

　第5の条件は，セラピストが，クライアントが自分自身の体験の何をどう意識しているかを，正確に共感的に理解していることを体験していることである．クライアントの私的世界を，あたかも自分自身の私的世界であ

るかのように感じ取ること，しかし決して「あたかも……かのように」という感覚を見失わずにそうすること，これが共感であり，治療に不可欠と思われる．クライアントの怒りや恐れや混乱を，あたかも自分自身のものであるかのように感じ取ること，しかし決して自分自身の怒りや恐れや混乱と混同しないこと，これが，われわれが述べようとしている条件である．（Rogers, 1957a, p. 99）

これは，クライアントの体験しつつある過程に，カウンセラーが正確な共感的理解を体験しようと，自分自身のありようの模索に努めることに他ならない（第2部第3章4「カウンセラーの必要十分条件再考」参照）．この共感的理解の度合いが広くかつ深くなり，正確さと精密さが増すならば，クライアントが，体験しながらほとんど意識できていない意味をも，言語化（象徴化）して伝えることができるようになっていく．

ところで，ロジャーズは，1953年に執筆された論文では，共感を次のように定義している．

　　共感という状態（state），あるいは共感的であるとは，相手の内側からの視点を，正確に，かつそれ固有の情動的要素（emotional components）や意味（meanings）とともに知覚する（perceive）ことであり，その際，自分があたかも相手であるかのように，しかし決して「あたかも……かのように」という質を失わずに，知覚することである．（Rogers, 1959, p. 210）

1975年に出版された「共感的」と題された論文では，共感は「過程（process）であって状態ではない」（Rogers, 1975, p. 142）とした上で，次のように述べている．

　　それは，相手の私的な知覚世界に入って，その襞にまで通じる（thoroughly at home in）ようになること，を意味する．それは，その相手の内部で流れている瞬間瞬間に感じ取られている意味（the changing felt meanings），また相手が体験しつつある恐れ，怒り，優しさ，混乱などどんな［情動］で

も，それらをそのつど感じ取ること（being sensitive, moment by moment, to），である．（Rogers, 1975, p. 142）

まず指摘したいのは，ロジャーズがその要所要所において注意深く，共感ではなく，共感的理解，共感的ということばをますます使うようになっていることである．次に指摘したいのは，初期よりそれは相手の世界の情動と意味との共感的理解であったが，後期ではその記述の優先順位が逆になっており，さらにはそれらを知覚することから，それらを感じ取ることを含みつつ，その襞にまで通じることへと，表現が変わってきていることである（cf. 小林, 2004）．したがって，ロジャーズが共感という場合，正しくは共感的理解という過程であり，感性と知性とを含む統合的な精神的態度にして働きかけなのであり，すぐれて知的な作業でもあると言えよう．

第 6 条件——クライアントがセラピストを知覚していること——
　最後の第 6 条件は，カウンセラーについてのクライアントの知覚を問題にしている．クライアントが最低限度，カウンセラーがそのクライアントに対して体験している無条件の積極的関心と共感的理解とを知覚しているということである．より具体的には，クライアントがカウンセラーの態度，具体的には行動や言語から，「この人は私を認めてくれている」とか，「この人には分かってもらえている」と認知できているということになろう．

　この最後の条件は，後にロジャーズらが統合失調症入院患者とのカウンセリング関係に取り組んだ際に，特に重要な意味をもつことになった．すなわち，統合失調症入院患者の中には，カウンセラーがいかに無条件の積極的関心と共感的理解とをみずからに体験し，それを伝えようとしていても，伝わらない，つまり，そのことを受け取ろうとしない（ないしは，受け取れない）人たちがいたのである．カウンセラーがいかにカウンセラーの 3 条件を満たしているような気になっていても，相手にそれがそれとして知覚されていなくてはならない．その事実を踏まえて，6 条件が再検討されることになる．これについては，第 3 節「クライアント中心療法の課題」と第 4 節「クライアント中心療法の展開」で取り上げる．実践的には見落とすことのできない点であるにもかかわら

ず，従来ややもすればあまり強調されてこなかったきらいがあるので強調しておきたい．

2 この理論で取り上げられなかったもの

カウンセリングの6条件をあげたロジャーズ（1957a）は，同論文の中で続けて，次のように述べる．「治療の必要条件に関するここまでの記述には，書かれてあって然るべき事柄が書かれていないといって，驚かれるかもしれない」（p. 100）．実際，臨床実践においてカウンセラーはこれらの条件の他にも不可欠の多くの条件があるかのように動くが，そうではない，として，以下5点をあげている．

（1）「これらの条件はかくかくしかじかのタイプのクライアントに適用される．その他のタイプのクライアントが心理療法で変化するためにはまた別の条件が必要である，とは述べられていない．」（Rogers, 1957a, pp. 100-101）

神経症者にはある条件や方法，精神病者にはそれとは異なった条件や方法が必要である，というのが，それまでの，また今日の臨床分野に一般的な考えであろう．しかし，ここではそれとは反対に，どのようなクライアントにも不可欠のただ1組の条件がある，という考え方が提示されている．しかし，後に見るように，クライアントによっては条件つきの（conditional）関心が要求されるという検討が後に行われている．

（2）「これら6条件はクライアント中心療法にとって不可欠な条件である．他の心理療法にはまた別の不可欠な条件がある，とは述べられていない．」（Rogers, 1957a, p. 101）

種々のカウンセリングが種々の異なったタイプのパーソナリティ変化を産み出し，それぞれのカウンセリングにはそれぞれ1組の他のカウンセリングとは異なった必要条件がある，という考え方もありえる．しかし，それが証明されるのでなければ，効果的なカウンセリングはそれがどのようなものであろうと，パーソナリティや行動の同じような変化をもたらすものであり，そのためのただ1組の不可欠な条件がある，と主張されている．

ここに学派統合を目指す視点を読み取ることができるかもしれないが，それはともかく，彼の業績は臨床各学派のどこにおいても，ロジャーズやクライア

ント中心療法を意識しているにせよしていないにせよ，重要な根底として受け入れられていると言ってよい（cf. Miller, Duncan, & Hubble, 1997）．ロジャーズ（1957a）は次のようにも述べている．

　　……さまざまな療法のさまざまな技法は，それらが以上述べた条件のどれかを実現するためのチャンネルとして，どの程度役立つかという点でのみ重要である．（p. 102）

（3）「心理療法は特殊な関係である．他のどんな日常生活に見られる関係とも違う，とは述べられていない．」（Rogers, 1957a, p. 101）

例えば，すぐれた友情関係など，日常見られる援助的関係においても，たとえ短い期間にせよこれらの条件が満たされてこそ援助的でありうる．一部他の日常的な人間関係にも本来存在している建設的な性質を質的に高め，かつ時間的に拡大したものがこれらの条件である，と主張されている．

すでに見たように，このことは，翌年の論文「援助的関係の特徴」（Rogers, 1958）で，カウンセリング的人間関係の本質を個人の成長を援助する関係として一般化しようと試みられ，その後のロジャーズの幅広い活動の核心にして確信となった（第1節4「パーソン中心アプローチへ」参照）．

（4）「特定の概念化された専門的知識――心理学，精神医学，医学，宗教学など――をもっていなければセラピストとは言えない，とは述べられていない．」（Rogers, 1957a, p. 101）

特殊な専門的知識の獲得は，カウンセラーであるために不可欠な条件ではない．ここでカウンセラーに要求されている第3，第4，第5の条件が述べているのは，カウンセラーがもっているべき知識についてではなく，カウンセラーの体験の特質についてであり，それらは知的な学習によって獲得されるものではなく，体験的な訓練によって習得されるものであろう．ここにカウンセリング学習における体験学習の根拠の1つがある（第2部「体験学習編」参照）．

しかし，受容，すなわち，ありのままに受け取ることや，共感的理解自体が大変難しいことであり，それをするためには理論が必要となってくるという一面も見のがすことはできない（河合，1970b）．このことは次のこととつなが

る．

(5)「心理療法には，セラピストが正確な心理的診断をクライアントについてもっていることが必要である，とは述べられていない」(Rogers, 1957a, p. 101)．

しかし，次節に見るように，またこの時点においてさえ，ロジャーズは決してどんな場合にも診断や評価が無用と言っているわけではない．診断による知識をもっていることによって，カウンセラーが安心して関係の中に居ることに役立つことがある．例えば，もし自殺の衝動があることを前もって予知できるなら，それを知らない場合よりも，共感しやすくなるだろう．したがって，ある安定をカウンセラーに与え，それゆえに援助を促進するものとしての診断の正当性は主張しうる．

しかし，そうした場合においても，「診断なければ心理療法なし，というわけではない」(Rogers, 1957a, pp. 101-102) というのがロジャーズの主張なのである．ロジャーズが，診断はカウンセリングが展開する不可欠の条件ではないと言うのは正論だが，さまざまな未知のクライアントの内界に直面せざるをえないことを考えると，ある種の診断学的認識とそれに基づいた相手の現象的な場の構築が，正確な共感的理解に役立つだろう．このような構造的把握という知的作業は，それがクライアントから遊離した趣味や遊びに堕さない限り，有機体的な共感性を妨害するはずのものではなかろう．この点については，次節の2「『専門的知識，診断』否定」の問題であらためて取り上げる．

3　カウンセラーの必要十分条件が意味するもの

ロジャーズの主張は，カウンセラーとクライアントとの関係こそがカウンセリングの成否を分かつ要因であること，また，その際のカウンセラーの体験の特質を明瞭に定式化した点で，きわめて意義深い．そして，すでにふれたように，それは最早クライアント中心療法においてのみ認められるものではなくなっており，広く臨床各学派においても，ロジャーズやクライアント中心療法を意識するにせよしないにせよ，重要な本質的な考え方として受け入れられている，と言ってよい（cf. Miller, Duncan, & Hubble, 1997）．

しかし，一方で，ロジャーズの言っていることは理想論にすぎないという批判があることも事実である．特に先の第3，第4，第5のカウンセラーの3条件

に対して，次のような批判がある．「ロジャーズの言っていることは間違っていない．しかし，それだけではどうしていいかわからなくなってくる」(河合，1970b, p. 191)．同じく，その巧みな比喩を借りれば，次のようになろう．「[ロジャーズの言っている条件は，野球を例に取って述べれば，]ヒットを打つために必要な条件は，確実にミートする，力いっぱい振る，野手のいないところに打つ，の3条件であり，『これさえできれば，誰でもすぐにプロ野球の選手になれる』……にやや近いところがある」(pp. 190-191)．

より具体的に批判するならば，その3条件を満たすためには，カウンセラーはいかなる機能を果たしていけばよいか，またいかなる行動ないし技法によって，どのような関係を形成していくのかという観点からの，技法的展開が検討されていないということになろう（小谷，1976）．

われわれもこうした批判には同意するものがある．すなわち，その3条件を満たすべく，1人1人のカウンセラーがいかにカウンセラーとしての自分自身のありよう，ないし自分自身の技法を形成していくかという観点からの，すなわち，カウンセラー形成論的ないしは技法形成論的観点からの検討が十分なされていない．本書の主題に即して言えば，1人1人のカウンセラーがいかに自分らしさを活かしたカウンセリングを実現していくか，すなわち自分自身のカウンセリング観，カウンセリング理論，カウンセリング実践を確立するかということについて，その方法と過程とがまったく定式化されていない．

そもそもロジャーズの提示したこれらの条件は，精神分析における自由連想法のような固有の具体的な技法とその展開をもたない，カウンセラーの基本的姿勢ないしはその体験の特質を示すにとどまるものである．ロジャーズ（1986a）は死の前年に出版された論文で明快に言う．

> パーソン中心アプローチは……何よりもまず1つのありようであり，それはさまざまな態度や行動として表現されて，成長促進的風土を産み出すような1つのありようである．それは1つの基盤となる哲学であって，単なる一技法でもなければ一方法でもない．(p. 138)

そしてもう一度引用するが，ロジャーズ（1957a）は，技法について次のよう

に言う.「さまざまな療法のさまざまな技法は,それらが以上述べた条件のどれかを実現するためのチャンネルとして,どの程度役立つかという点でのみ重要である」(p. 102).

逆に言えば,ロジャーズの提示したものが基本的姿勢ないしは体験の特質にとどまっているがゆえに,学派を越えて広く基本的なものとして,認識されているとも言えよう.したがって,技法的展開は各学派固有のありように,さらに言えばカウンセラーとしての各個々人のありように任されていると考えることができよう.ここにまた,第2部「体験学習編」で取り上げる体験学習の意義を見出せる,とわれわれは考えている.

第3節　クライアント中心療法の課題

シカゴ時代までのロジャーズは,みずからの主張するクライアント中心療法を,限られたアプローチであると考えていたようである.例えば,次のように述べている.

> ……ある人の混乱があまりに大きくて,クリニックの場面で扱うことができないことがはっきり致しますと,わたくしたちは,最初にどこか[＝入院させることができる精神科医]に委託するのです.したがいまして,この点においては,そこにある程度のふるい分けがあるのであります…….（Rogers, 1952　伊東訳, 1967, p. 305）

また,次のことを認めている.

> クライエント中心療法はその発端における状況のために,大部分は,混乱した,神経症的な,入院していない人で,援助の必要をいくらか意識しており,また援助を求めて自分からセラピストやクリニックにやってきた人に対して用いられたアプローチであった.（Rogers, 1960　伊東訳, 1967, p. 142）

第2章 カウンセリングの理論

　しかし，前節にあげたように，次第にその条件がすべてのカウンセリングおよびすべてのクライアントにおいて本質的なものと考えるようになり，その仮説を検証するために統合失調症入院患者へのウィスコンシン・プロジェクトに着手した．

　すでに第1節4「パーソン中心アプローチへ」で述べたように，ロジャーズを中心に行われた壮大なこの実践的研究は7年間（1957-64年）継続された後，さまざまな理由からロジャーズがウィスコンシン大学を離れると同時に中断となった．後に残された結果は，『治療関係とそのインパクト』として1967年に至ってようやく出版されたが（Rogers et al., 1967），そこでは，きわめて複雑な結果が，十分検討され整理されているとは言えない．いろいろな経緯を経て，すでに各地に散っていた研究チームには，それだけの求心力がなかったということだろう．カリフォルニアに移ったロジャーズ自身も，その実践の中心をエンカウンター・グループに移していたため，彼の手によるクライアント中心療法の展開はここまでになってしまった．

　しかし，この研究がもたらした豊富な資料の中には，クライアント中心療法にとってきわめて重要な知見が含まれている．残念ながらロジャーズ自身によってはなされなかったが，クライアント中心療法の展開は，これをどう分析・検討していくかにかかっていたと言えよう．

　以下，本節では，ウィスコンシン・プロジェクト進行中に発表ないし執筆されたロジャーズの他の論文も含めて（Rogers, 1962 伊東訳，1967；Rogers, 1966），前節で提示したカウンセリングの6条件を再検討し，その課題についてふれ，次節「クライアント中心療法の展開」へとつなげたい．

　ロジャーズらは，カウンセリングや改善への動機づけをもたず，自分の問題について自分で探索する責任を感じない統合失調症入院患者のクライアントは，神経症レベルのクライアントと違って，自己を表現せず，しかも沈黙を通じてある感情を受け取ることがほとんどできない，という体験にぶつかった．そこでは，カウンセラーのより洗練された，相手との関係についての自分の体験過程の意識化が要求された．

　　　その瞬間においてオープンに自己自身であることのできる人，しかもで

きるだけ深い水準において彼のありのままであることのできる人，そういう人が効果的なセラピストであるという私の観点は，われわれの経験によって強化され，さらに拡大されたのである．おそらくほかのいかなるものも，それほど重要ではない．（Rogers, 1962　伊東訳，1967, p. 242）

そして，今まで以上に積極的な，カウンセラーの体験過程の現実化＝自己表明が，クライアントとの新しい関係を産み出すことを発見した（cf. 岡村，1998）．

われわれの多くが用いるようになった行動のしかたのひとつは，セラピストが彼自身の瞬時的な感情を，クライアントに強制されないようなかたちで表明するということである．（Rogers, 1962　伊東訳，1967, p. 244）

例えば，次のようなカウンセラーの発言が，クライアントを脅かすことなく，彼をカウンセリング関係へと招き入れた．

"あなたがわたしを怒っているという感じがします．もちろん，あなたがそういったのではありませんから，確信はありません．しかし，わたしは，なぜあなたがわたしを怒っているのか，ふしぎに思っています．"（Rogers, 1962　伊東訳，1967, p. 244）

こうした体験を経て，ロジャーズらは次のように認めざるをえなくなった．

……われわれの分裂病［引用者注：統合失調症］のクライエントと，われわれが以前に接触していたクリニックのクライエントとの間に，大きな質的差異を見出している……．（Rogers, 1962　伊東訳，1967, p. 239）

そして，ついには，カウンセリングの6条件の1つである無条件の積極的関心の修正を示唆するようになる．

あくまで試案的なものだが，現段階においては，きわめて未熟な，ある

いはきわめて退行的な個人との治療においては，無条件の積極的関心よりも条件つきの関心の方が，今ここでの関係づくりに，したがって今ここでの治療に，より効果的のようである．（Rogers, 1966, p. 14）

さらには，それまであまり重要視されなかったカウンセリングの第6条件に含まれるクライアントの知覚の問題が浮かび上がってきた．

> ……関係のなかにこれらの特質［＝セラピィ的態度の条件］が存在しているという知覚は相互作用的なものであると思われる．深く混乱しているクライエントは，セラピストのなかにそれが存在している時でも，これらの態度を知覚するのはむずかしいのである．（Rogers, 1962　伊東訳，1967, pp. 248-249）

しかし，これらは，基本的に，クライアント中心療法が統合失調症のクライアントと直面する厳しい状況にぶつかって，その考えの根本的な修正を迫られた，というわけではない．すなわち，前節で指摘したように，その時点においてすでにクライアント中心療法が内包していた問題点，ないしはそれまでにはきちんと詰めきれていなかったいくつかのポイントがより鮮明になった，と言った方が正確であろう．したがって，6条件が提示された段階でも指摘できる，以下の3つのポイントに整理できよう．

1　純粋性の強調

まず初めに，カウンセラーの純粋性，無条件の積極的関心，共感的理解というカウンセラーの3条件の関係，とりわけ純粋性と無条件の積極的関心いわゆる受容との関係について整理しておこう．

ロジャーズは，これら3条件の関係について，次のように述べるようになった．

> 3つのセラピィ的な諸条件が記述される順序は，それらが論理的にからみ合わされているので，ある重要な意味をもつのである．……セラピストが，

ある高いレベルの正確な共感を達成するということは，重要である．しかしながら，別の人の，瞬間，瞬間の"あり方"に深く敏感であるということは，われわれが，第1にこの他人を受け容れ，そしてある程度までとうとぶ（prize），ということを，セラピストとしてのわれわれに要求するのである．したがって，ある満足のゆくレベルの共感は，かなりの程度の無条件の肯定的配慮もまた，あるのでなければ，ほとんど存在しえないのである．しかし，これらの諸条件のいずれも，それらがほんとうのものでなければ，その関係において意味のあるものとはとてもなりえないのである．したがってそのセラピストが，これらの点，およびほかの点において，セラピィ的な出会いの中で統合されており，かつ純粋であるのでなければ，ほかの条件は，満足のゆくような程度まで存在することがほとんどできないであろう．したがって，純粋さ，もしくは一致という，この要素が3つの条件のうちでいちばん基本的であると思われる……．（Rogers & Truax, 1967　手塚訳，1972, p. 177）

すなわち，カウンセラーの純粋性は一種の前提条件として機能し，正確な共感的理解，無条件の積極的関心を効果的に伝達するための必要条件，と規定し，かつ，純粋性が最も基本的であり最重要のもの，と述べるようになった．
　しかし，もともとの先の条件論文の中で，次のように指摘している．

　　　セラピストは，自分自身の感情が次の2条件［＝無条件の積極的関心，共感的理解］の達成の妨げになるならば，ときにはその感情のいくつかを（クライアントもしくは同僚やスーパーヴァイザーと）話し合って解消する必要があるかもしれない．（Rogers, 1957a, p. 98）

すなわち，最初から，優位性は純粋性に置かれていた．しかし，単に，どれがより優位な条件か，ということで片づく問題でない．
　ここで問題となるのは，カウンセラーの純粋性と無条件の積極的関心との関係であろう．より具体的に言えば，カウンセラーの態度次元としての体験過程の意識化とクライアントを受容するということとの関係であろう．

第 2 章　カウンセリングの理論　　　　　　　　　　　　　57

　これに関して，河合（1977a）は次のように述べて，両者について意義深い考察を加えている．

　　われわれがクライエントを受容し，かつ自分自身 genuine であるとは，一体どのようなことであろう．そのことは必然的にそこに何らかの対決（confrontation）を生ぜしめざるを得ない……．（p. 113）

　それによれば，クライエントの言うことをただ単に受け入れていくだけではカウンセラーの主体性はなく，そこにはカウンセラーの純粋性など存在しない．クライエントの言うことを受け入れていくと同時に，カウンセラーが自己の体験過程とも照合していくことで，カウンセラーの内部においてクライエントと同型的対決が生じ，より深いカウンセリング的共感が可能になる．

　　たとえば，クライエントが自殺したいという場合，カウンセラーはその感情を受けいれようとする．しかし，彼［＝カウンセラー］の心のなかの一部には自殺を否定したい気持ちもはたらくであろう．その結果，カウンセラーは，クライエントの自殺に対して，それの肯定と否定の感情の強い対決を自分の内面で体験することになる．（河合，1977a, p. 115）

　それによって，カウンセラーは，クライエントの死に対するアンビヴァレントな気持ちについて，深い共感的理解を示すことが可能になる．
　往々誤解されるロジャーズの次の表現も，この深みにおいて理解され，体験され，味わわれるべきだろう．彼はこれを「カウンセラーの根本的な葛藤」（Rogers, 1951a, p. 48　保坂他訳，2005, p. 50）だとする．

　　……心理臨床家は，クライエントが成長あるいは発展よりも退行を選んでも受け入れるだろうか？　また，精神的健康よりも神経症的性格を選んだら？　援助を受け入れずに拒否したら？　生きるより死を選んだら？　私が思うに，いかなる結果が選択されようとも，いかなる方向が選択されようと，心理臨床家が喜んでそれを受け入れるとき──心理臨床家はその

とき初めて，建設的な行動をめざす個人の能力と可能性の活力に満ちた力がなんであるかを理解するであろう．(pp. 48-49　保坂他訳，2005, p. 50)

この河合 (1977a) があげた自殺の例や，ロジャーズらがぶつかった統合失調症のクライアントとの直面という厳しい状況において，あらためて，純粋性と無条件の積極的関心とがときとして相反する，すなわち，カウンセラーの中で厳しく対決する局面が意識されたのであろう．

先にあげた無条件の積極的関心の修正，すなわち，統合失調症のクライアントとの面接初期においては条件つきの関心の方が効果的であるというロジャーズの発言も，こうした状況の中で純粋性の重要性が浮き彫りにされたという次元で捉えたい．そして，カウンセラーの3条件の中で純粋性が前提条件であり，最重要なものという位置づけがなされた，と考えられる．

さらに，本来この先にカウンセラーの発展的次元としての体験過程の現実化，すなわち，自己表明の問題がくるのである．先の条件論文からの引用に見るように，ロジャーズはごく簡潔に述べているが，面接中にクライアントに対してどこまで表明するのか，あるいは面接外のスーパーヴァイザーとの間でどこまで取り扱うのかは，きわめて難しい問題である．これは精神分析で言えば，逆転移の活用という大きな問題につながっていくと考えられるので，後に一項を割いて議論したい（本節の3「技法の検討」参照）．

2　「専門的知識，診断」の否定

ロジャーズは，第1節でふれたように，大学生時代や仕事を始めた当初に精神分析を学んでおり，彼の理論構築の中には多少なりともその考えが取り入れられている．また，診断的知識にしても，その経歴から言って当然十分もっていたと考えられる．そもそもロジャーズの最初の業績は，博士論文のため子どもの人格適応を測定するテストを作成したことであるが (Rogers, 1931)，これは当時彼が1年間を過ごしたニューヨーク市の児童相談研究施設に浸透していた折衷的フロイト主義の態度を基礎にし，同時に博士論文提出先のコロンビア大学教育学部により適合した測定と統計という技術的手続きを用いたものだった．彼は，このテストが35年後になってもまだ使用されているのにびっくりし

ているほどである（Rogers, 1967b　村山訳, 1975, p. 215）．

　後年，独自性を打ち出すにつれて批判的になっていったにせよ，それまでにその前提として，彼なりのこうした知識の体系があったことを忘れるわけにはいかない．つまり，十分な専門的知識をもち，診断についても彼なりに訓練を受けて実践してきたうえで，これらを重視しなくなっていった，という過程を考えたい．カウンセラーとしてのすぐれた資質と，十分な専門的知識と，豊富な臨床経験とが，一体となってクライアント中心療法の理論が構築され，そうした彼が，専門的知識と診断はカウンセリングにとって本質的な条件とは思えない，と主張したのである．

　さらには，おそらくロジャーズという人は，天才的に共感能力のすぐれた人であったろう．そうした彼だからこそ，統合失調症者の内的世界にも，外的な診断の枠組みや，病者のもつ構造についてのあらかじめの知識なしに近づきえたのであろう．

　しかし，今日のような，今までは未知であったさまざまなクライアント（例えば境界例など）の内的世界に直面せざるをえない状況になると，おそらく統合失調症入院患者を前にしたロジャーズ以外のカウンセラーたちがそうであったように，神経症レベルの人たちのありよう，ないしは，神経症レベルの人たちとのカウンセラーのありようを前提としていては，共感どころか，まったく理解に絶望するか，そもそもクライアントの方から見切りをつけられてしまう恐れさえある．このようなとき，いわゆる類型論的な知識と，それに基づいた1つの病態をもつ人の現象学的世界の構築が，正確な共感的理解をもってその人に近づくための前提として，役立つであろう．

　そうした点で，ロジャーズらが統合失調症のクライアントとのカウンセリング関係を経て，それまで主に接触してきた神経症レベルのクライアントとの質的な差異を認めたうえで，彼らに対する純粋性の強調や，無条件の積極的関心の修正を示唆したことは，きわめて重要な意味をもつ．ロジャーズ（Rogers, 1967a　手塚訳, 1972）は，次のように述べる．

　　神経症のクライエントたちは，おもにセラピストの理解と純粋さを知覚するように思われるのであり，したがって，彼らの中心的な焦点は，自己-

探索にあると思われるのも当然である．他方，われわれの精神分裂症の患者たちは，おもに，暖かい受容（肯定的な配慮）と純粋さとのレベルを知覚した．彼らの焦点は，関係-形成にあると思われた……．(p. 138)

さらに，クライアントの能力や動機づけを，カウンセラーが効果的にカウンセラーとしての機能を発揮するための場を用意するものと捉え，次のような見解を示している．

　　セラピストの諸態度は，明らかに重要なのであるが，患者の諸特徴がこれらの質を引き出すうえでひとつの決定的な役割を演じているように思われる……．(Rogers, 1967a　手塚訳，1972, p. 161)

また，ジェンドリン（1967　伊東訳，1972）も，「セラピィの手つづきの範囲とその種類」(p. 88)として，「もしそのクライエントが，その瞬間においてこれこれのことをするならば，これこれのことをするのが援助的になると思う」(p. 89)という形の公式を提出しようとした．例えば，治療内行動について，次の3つの範疇のもとに分類している．

Ⅰ．クライエントはまったく沈黙し，反応しない (silent and unresponsive)．言葉でも，身振りでも，姿勢でも，まったくフィードバックをかえさない．彼は坐り，または立ったまま沈黙しており，変化を示さず，動きもしない．
Ⅱ．クライエントは沈黙しているが反応している (silent, but responsive)．顔，身振り，およびまれには言葉で，たえず言語下的相互作用 (sub-verbal interaction) で反応している．
Ⅲ．クライエントは，言語を用いるが外面化している (verbal but externalized)．彼は，感情や個人的意味づけ (personal meanings) については絶対に話さず，他の人，場面，事柄だけについて，その感情の局面を抜いて話すだけである．(p. 90)

そして，次のように述べる．「このような公式は，セラピィを受けているクライエントの行動の範疇，分類を生み出してくる．これは通常の精神病理学の範疇とは違うものである」(p. 89)．こうした視点こそ，先に述べた正確な共感的理解の前提となる類型論的な知識と，それに基づいた理論構築につながっていくことは間違いない．

そもそもロジャーズ（1957a）が，専門的知識や診断はカウンセリングの本質的な条件ではない，と言った真意はどこにあったのだろうか．あるいは，その後ロジャーズがこの部分を修正するとしたら，どのように表現したのだろうか．われわれは次のように考えている．

本来ロジャーズが問題にしているのは，クライアントを対象として客観視するアプローチであろう．クライアントを客観的対象として評価し診断するアプローチは，カウンセリングに必要な安全な心理的風土とは正反対のものであり，クライアントが自己の体験過程にふれていくことを妨げる要因である，とロジャーズは主張してきた．しかし，より厳しい状況においては，やはり共感的理解の前提となる理論や，カウンセリングの見通しを含む心理診断的な見立てが必要である．とするならば，ロジャーズの問題提起は，こうしたアプローチと彼が本来重視した共感的なアプローチとをいかに両立させるか，という問題に置き換えることが可能であろう．これについては，次章であらためて取り上げることとする．

3　技法の検討

ここで言う技法とは，ロジャーズ（1957a）の言うように，カウンセラーの基本的な態度をクライアントに伝達するチャンネルであり，2人の人間の交渉の表立って現れる具体的な表現形式と考えて検討したい．普通に考えていけば，うなずきやあいづちがその1つであろうし，的確な質問や要約もそうであろう．ロジャーズが初期に提唱した，相手の話をそこに含まれる感情を中心に返していく感情の反射ないし明確化と言われる技法も，そうしたチャンネルの1つとして，その有効性が議論されるべきものであった．また，ロジャーズが取り上げているように（Rogers, 1957a, p. 103），精神分析における解釈の与え方，自由連想の聴き方，転移の扱い方にしても，こうした次元で論じることが可能であ

ろう．

　おそらくこうした意味での技法という点では，本来カウンセラー個人の独自の資質，特徴が反映されるものであって，そこからかけ離れた次元において，単なる型としての技術を身につけようとすることは無意味であろう．しかし，現実には，カウンセラーの基本的な態度から遊離した，いわゆるおうむ返しなる型が，個人の資質とは無関係に，非指示的カウンセリングの技術として流布してしまった悲劇が見られる．ただし，これにはロジャーズ自身がその初期の著書において実際に取り上げていた事実もあり（Rogers & Wallen, 1946　手塚訳, 1967），その影響もあっただろう．その後こうした考えをはっきりと修正してクライアント中心療法を確立したロジャーズは，これまで2節にわたって述べたように，クライアント中心療法に固有の技法ということを重視しなくなっていった．

　しかしながら，カウンセリングの第5条件で，カウンセラーはクライアントに伝えようと努めていること，および，第6条件で，クライアントには必要最低限は伝わっていることと，いわば対になって表現されていることは，実際の面接の中ではきわめて難しい問題を含んでいる．ここに技法的展開＝チャンネルの検討という余地が残されていた．ところが，中心的な焦点が自己探索である神経症レベルのクライアントは，もともとカウンセラーの基本的な態度を知覚する力を相当程度もっていたために，このことが大きな問題とはなりえなかった．それゆえ技法的展開という観点からの議論が生まれなかったと思われる．一方，中心的な焦点が関係形成である統合失調症レベルのクライアントの場合，いわばカウンセリング関係の入り口とも言うべきところで，このカウンセラーの基本的な態度の知覚という問題が，ロジャーズらの前に立ちふさがった．したがって，これまで述べてきたカウンセリングの6条件の再検討は，すべてここから始まっている，と言っても過言ではない．

　そして，ここで言う技法の検討は，当然前項で述べた見立ての問題と表裏一体をなす．例えば，先にあげたジェンドリン（1967）の分類も，見立てに基づいた技法的な検討という側面を併せもっている．すなわち，カウンセラーの体験過程の現実化＝自己表明が問題になったのは，治療内行動（沈黙）の範疇Ⅰ「クライアントはまったく沈黙し，反応しない」においてであろう．再三述べて

いるように，こうした厳しい局面でのカウンセラーの率直な自己表明が，まったく展開を見せなかった関係の打開に役立ったという経験から生まれてきたものであろう．

また，青年期のクライアントに対して，次のような技法的検討を考えることもできる（保坂，1991）．

近藤（1975）は，性格的な問題を主訴とする男子青年との面接において，観念的色彩の濃い話を次々と聞かされた後，「いろいろ話してきたけれど，先生は僕のことどう思いますか？」と尋ねられた．これに対して，「『彼のイメージが私の心の中に何も残っていない』という私の内的経験を正直に伝えること」を思い切ってしたところ，それがクライアントのこころの中に意義深く入っていって，その後の面接が展開していった事例を報告している．

このように，青年期のクライアントに対しては，反射や要約を使った「あなたの言っていることはこういう内容なのか」という確認作業は，えてして「分かっていないな」というニュアンスをもった「いや，そうではなくて——」「と言うよりは——」といったことばで始まるさらなる説明へと導きやすい．そうしたことが起こるのは，彼（女）らの操る言語能力のレベルは一見高いようでいて，そこには自分のこころの中にあるものを載せきれていないという思いが強いからではないか，と思われる（村瀬，1989）．限られた面接時間の中で，あえて言語的な内容のやりとりにこだわることの難しさを感じることの方が多い．黙ってうなずきながら彼（女）らのことばに耳を傾け，ときおり的確な質問をはさむ方が，はるかに，「わかってもらえた」という感覚をもたらしやすいようにも思える．

そして，近藤（1975）の事例のように，ある時点で彼（女）らが自分の話をどう聞いたかと気にするときには，内容よりも，「聞いてどう思ったのか，どう感じたのか」という，カウンセラーの体験過程と照合された深いレベルでの感想を求めているようである．そうした次元での自己表明が関係形成に役立ち，面接の展開をもたらしたという体験をしばしばしている．

これらの青年期における事例を，あえて先のジェンドリン（1967）の分類に当てはめて考えれば，おそらく範疇Ⅲ「クライアントは，言語を用いるが外面化している」という次元において議論することが可能であろう．また，この範

疇ⅠおよびⅢに共通する議論として，クライアントが自己の体験過程に焦点を当てることから離れているときに，カウンセラーの体験過程の現実化＝自己表明が展開をもたらすという可能性をもつ，という見解を検討できる．

このように，技法的展開には，どのようなクライアントに対して，どのような技法でカウンセラーの基本的態度を伝え，安全なカウンセリング的風土への認知をもたらし，自己の体験過程との照合作業へとともに向かうか，という具体的事例レベルでの議論が必要だろう．そのためには，どのようなクライアントが，どのような状態のときに，カウンセラーの基本的態度としては何が最も重要か，そしてそれを伝え，かつ認知してもらうための具体的な技法としてはどのようなものが有効か，といった精密で実りのある事例研究を積み重ねていかなくてはならない．

第4節 クライアント中心療法の展開

すでに繰り返し述べたように，ロジャーズ自身の手によるクライアント中心療法の展開はウィスコンシン・プロジェクトまでであり，その到達点における課題は前節までに検討した．本節では，それ以降のクライアント中心療法の展開とも言うべき2つの問題を取り上げてみたい．

1 カウンセラーのもう1つの態度条件

カウンセラーのもう1つの態度条件とは？

ロジャーズ（1979）は「変性意識状態」（p. 129）という見出しのもとに，次のように記している．

> 力を尽くしてグループのファシリテータをしていたり個人セラピストをしていたりするときに気づいた，もう1つの特徴がある．私がわが内なる直観的自己に限りなく近いところに居るとき，あるいは，何かしらわが内なる未知とふれあっているとき，あるいは，ことによると関係の中でいささか変性意識状態にあるとき——そんなときには，私が何をしてもそれが十分な癒しになるらしい，ということである．そんなときには，端的に私

が〈今‐ここに‐存在すること（presence）〉がひとを自由にし，援助する．しようと思ってできる体験ではないが，しかし，リラックスすることができていて，自分の超越的な核に近いところに居ることができているとき，そのとき，私は関係の中で普段とは違った動き，そのときわき起こってくるものに身をまかせた動きをすることがある．その動きには合理的な根拠はないし，私が何をどう考えているかとの関係もない．しかし，それら普段とは違った行動が，思いもかけず正しかったことがわかる．それらの瞬間，わが内なる精神（spirit）がその触手を伸ばし，他者の内なる精神にふれたかのようである．2人の関係は2人だけの関係を超越し，より大きな何かの一部となる．そこには深い成長と癒しとエネルギーが〈今‐ここに‐存在する〉．……私は，神秘的（mystical）な響きのする記し方をしてしまったことは承知している．だが，私たちの体験には明らかに超越的なもの，記述不能なもの，精神的なもの（spiritual）がある．私は多くのひとびと同様，こうした神秘的精神的次元の重要性を過小評価してきたと思わざるをえない．（pp. 129-130）

まったく同じ一節が，死の前年に出版された論文（Rogers, 1986a）に，今度は成長促進的関係の「もう1つの特徴」（p. 198）という見出しのもとに見られる．ロジャーズはその論文で，南アフリカで行われたワークショップでみずから行ったジャン（Jan）という女性との30分間のデモンストレーション面接の検討を詳細に行っている（cf. 伊藤，1997）．

実は，ロジャーズは，1964年に収録されたグロリア（Gloria）との有名なデモンストレーション面接（Shostrom, 1968）の振り返りの中で，すでに次のように発言し，その面接の中から具体例さえ指摘している．

　　私が真実（real＝genuine, congruent）に関係の中に入っていくことができるとき……私は，クライアントの内的世界とふれあっていることで次第に動かされている自分に気づきます．そればかりか，進行中の事柄と関係のないような自分自身の内的体験やことばをもち出している自分に気づきます．ところが，その私の体験やことばが，クライアントの体験している事

柄ときわめて重要な関係をもっていたとわかることが多いのです．(p. 28)

最後に，ロジャーズは，その没年（1987年）春に出版された『心理療法と家族』誌第3巻第1号の特集「治療における自己の活用」でのインタヴューの冒頭で，次のように語っている．

　ときとともに，治療で自己を活用していることに気づくようになりました．クライアントにピンと焦点が合っているときには，自分が〈今－ここに－存在すること〉がそのまま癒しになるようです．いい治療者はみんなそうじゃないでしょうか．昔，統合失調症の男性とウィスコンシンで1〜2年以上面接していたことを思い出します．長い沈黙がたくさんありました．決定的な転回点は，その男性が，もういい，生き死になんかどうでもいい，脱院しよう，というときでした．私は言いました．「君は自分なんかどうなってもいいって思っている．だけど私は，君がどうなってもいいなんて思ってないんだ．君がどうなってもいいなんて思えないんだ．」男性は急に泣き出しました．10分も15分もです．これが治療の転機になりました．私は，それまでもその男性の感情に応答し，受容してはきたのですが，そのことがその男性に本当に伝わったのは，私がひと（person）としてその男性のそばに行き，自分の感情をその男性に向かって表現したこのときでした．このことに関心をもったのは，治療者の3つの基礎条件を書き物の中で強調しすぎてきたと思えるからです．ひょっとすると，それらの条件の辺縁にある何かこそが治療の最も重要な要素なのではないか——治療者の自己が非常にくっきり目に見えるかたちで〈今－ここに－存在すること〉です．
（Baldwin, 1987, p. 45；cf. 岡村，1998）

イギリスのクライアント中心療法グループの中心にいるソーン（1992）は，この「もう1つの特徴」をロジャーズが開いた新生面であると主張する．彼は，この特徴をロジャーズがこれまでのカウンセラーの3つの態度条件と並ぶ重要性をもつ特徴と見ていたことは疑いないとし，これをもってカウンセラーの「第4の態度条件」とまで述べている（pp. 39-40）．この「神秘的精神的次元（a mystical, spiritual dimension)」（Rogers, 1986a, p. 198；Thorne, 1992, p. 40）と言われる条件に関しては，ポスト・ロジャリアン（Post-Rogerian）の間においても，はたしてカウンセラーの「第4の態度条件」なのか，また，はたして「神秘的精神的次元」なのか，といった論争があり，多くはこれに当惑し，これを拒否しているという（Thorne, 1994, p. 44）．

ロジャーズにおける宗教──思想家と神秘性──

それにしてもロジャーズは，1編の論文（Rogers, 1986）を除いて，〈今-ここに-存在すること〉をカウンセラーの「もう1つの態度条件」としては明示しなかったのはなぜか．

この疑問を考えるに当たって，ロジャーズとともにシカゴ大学カウンセリングセンター設立時のメンバーの1人であったシアラー（Sheerer, E.）の，次のような指摘は興味深い．

> ［引用者注：クライアント中心療法は］ひと（person）の精神的な面にもう少し注目したいですね．……もちろんそれが無視されているわけではありませんが……公式には表明されていません．公式には認められていません．でも，ひとの精神的な面とふれあうことなしに治療をするなんてこと，できません．……［引用者注：なぜ公式に表明されていないのかと言えば］カール［引用者注：ロジャーズ］のせいです．カールにとっては難しさのある領域なんです．私たちは早い時期から，カールとは宗教（的なこと）について話すなってことになっていました．タブーだったんです．カールを不愉快にするからって．（Barrineau, 1990, p. 423）

これは第1節にあるロジャーズの経歴（特に1「臨床心理学者として就職するまで」参照）からいってうなずけるところである．

ここで取り上げたロジャーズの〈今-ここに-存在すること〉に関する記述は，ロジャーズ自身が言うように，確かに神秘的な響きがする．が，そもそもこの原語である presence ということばは，「存在，空間的または時間的な存在」という意味を語源とし，「（存在の感じられる）霊，精霊，神霊」を含意してい

る（『小学館ランダムハウス英和大辞典』第2版, 1994, pp. 2137-2138）. あるいは, 'a spirit or an influence that cannot be seen but is felt to be near（目には見えないがその場に感じられる気, 霊あるいは神秘的な力）' を含意している（*Longman dictionary of English language and culture*, 2nd ed., 1998, p. 1055）のである.

そうした意味において, 村瀬（1988）や久能（1996）が指摘する「ロジャーズとキリスト教」, あるいは, オハラ（1995）のように「ロジャーズと神秘性（mysticity）」についての議論が必要であり, かつ, 興味の惹かれるテーマである. ソーン（1994）の言う, ポスト・ロジャリアンにおけるこの問題に対する当惑や拒否は, こうした次元のものであろう. しかし, この方向に進むことは, フロイトやユングとも共通する「思想家と宗教あるいは神秘性」といった大きな深い森（テーマ）に分け入ることであり, 現在のわれわれの手に余る. ここでは撤退しておきたい.

ただし, ここで言う宗教あるいは神秘性は, ロジャーズが青年期までこだわっていたキリスト教などの旧来の救済宗教を意味しない. 島薗（1996）の言う宗教-科学複合的な知である新霊性運動（new spirituality movement）あるいは新霊性文化（new spirituality culture）という文脈で議論すべきであろう（なお, 西平（1997）がユングについてそうした取り上げ方をしているので参照されたい）.

本項では, この〈今-ここに-存在すること〉に関して, クライアント中心療法の展開における「治療的人格変化の必要十分条件」の再検討という観点からの検討を行う.

具体的なありよう

この〈今-ここに-存在すること〉は, クライアントの実現傾向（actualizing tendency）に対する信頼と, カウンセラーの3つの態度条件を提供することに心血を注ぐことの結果なのであって, ロジャーズ自身が言うように, しようと思ってできる体験ではない. また, この〈今-ここに-存在すること〉は, これまでの3つの態度条件と異なって, まだ経験的に実証されていない. ソーン（1992）によれば, ロジャーズがただ1度しか「もう1つの特徴」として記さなかったゆえんかもしれない（p. 40）.

だが，重篤な障害をもつクライアントへの援助において，カウンセラーがクライアントとともに〈今－ここに－存在すること〉の重要性を思いたい．カウンセラーとしてできる唯一のことがクライアントとともに〈今－ここに－存在すること〉であり，クライアントの体験過程の前後関係が理解できなくとも，その体験過程に限りなく近いところにいることであることがしばしばある．

　その具体的なありようの1つを私たちはまずシュヴィング（1940）に見ることができる（第3章2「フィールドワーク」参照）．加えて，ロジャーズ（1951）がその初期にあげた例を取り上げたい（pp. 158-159　保坂他訳，2005, pp. 157-158）．

　また，次のようなフロム－ライヒマン（1959）のことばも同じ事態を指していよう．

　　医師は孤独な状態にある患者さんたちといさせてもらう（offer his presence；〈今－ここに－存在〉させてもらう）．最初は，［医師が〈今－ここに－存在すること〉を］我慢してもらうことだけを期待し，やがては［医師というよりは］誰かひと（person）が〈今－ここに－存在すること〉を受け容れてもらえるようになることを期待する，といったふうにして，患者さんたちといさせてもらう．心理療法が患者さんの孤独について何か役に立つかもしれないなどということは，当然のこと，このとき口にできない．そんなことを心底孤独な状態にある患者さんとの接触の初めに言ったとしたら，患者さんのこころには［医師のその発言の意味について］2つの解釈が浮かび，そのどっちかに決まっていると思うだけである．すなわち，心理療法家（＝医師）は自分（＝患者さん）の孤独の手のつけられないほどの薄気味悪さについてまったくわかってない（＝私を理解してない）と思うか，心理療法家自身がこうした孤独をこわがっている（＝私をこわがっている）と思うか，どっちかに決まっていると思うだけである．（p. 335）

　ここには，かかわる者のありよう，より具体的には，いかなることを期してクライアントと居るか，について，〈今－ここに－存在すること〉をキーワードとした体験的記述がある．

さらに，ロジャーズらのウィスコンシン・プロジェクトにおける，ジェンドリンがほとんど6ヵ月間，隔週ともに過ごした男性の統合失調症入院患者との，以下のような接触をあげたい．

> 彼と会うことはすなわち，病棟で彼と並んで私が立つことであった．……彼が病棟にいて立っているところへ私が来て並んで立つと，普通彼はその時間中ずっとそのままそこに私と共にいた．……こうした1時間を共に過ごす間，われわれは何回となく，見合ったり，動きや2, 3の断片的な言葉をかわしたりした．……私はまた彼の方から何か言って欲しいと思っているとか，彼が私と共にいて何か安心していないこと，緊張を感じていることを知っているなどとも伝える．しばらくすると普通彼から一言二言返ってくる．……何時間かはこうした表現をきくこともなく過ぎた．……私は彼が話す間は静かにしていることを学んだ．……私がこの男と並んで立つ時，われわれは黙っていても，そこに何も起こらないのではない．明らかに，彼は彼自身の内側では非常に動いており，そして私にとっては，自分が彼の中の過程及びこの過程の質に働きかけるものを沢山もっていることもまた明らかなのである．(Gendlin, 1961b　村瀬訳, 1981, pp. 204-205)

ここには，〈今-ここに-存在すること〉の体験的発見，また，そこにおけるカウンセラーとクライアントとの具体的なコミュニケーションの様相，その際のカウンセラーの働きかけの様相が見て取れる．

これらはいずれも，現にあるクライアントの姿をそのまま承認し，その主体を脅かさず，そうしたクライアントとのperson to person（ひととひととして）の関係性の樹立を志向している．そのときのかかわる者の，外的な働きかけ（ジェンドリン），内的な構え（フロム-ライヒマン），その結果立ち現れるもの（ロジャーズ），の記述とも言えよう．これらはいずれも，神秘でも何でもない．むしろ，これこそカウンセラーの「第4の態度条件」どころか，いわゆるカウンセラーの3つの態度条件に先立つべき，第1の態度条件ではあるまいか．

また，「神秘的精神的次元」というのは，カウンセラーの体験の特質からの記述の1つのありようとして，理解不能ではない．理解可能でさえある．しかし，

だからと言って，そうした次元の実在を承認することとは必ずしも結びつかないが．それに，そもそもカウンセラーの3つの態度条件にしても，カウンセラーの体験の特質，すなわち基本的姿勢として，ロジャーズは記していたはずである．

カウンセラーの基本的姿勢が意味するもの
では，そもそもロジャーズが取り上げたカウンセラーの基本的姿勢としての態度条件とは何を意味するものだったのか．われわれは，ロジャーズが記したカウンセラーの態度条件は理念としてのみ存在する，と考えるのが妥当であろうと考える（cf. 岡村，1999a）．

これに関連して，西平（1993）はエリクソン（Erikson, E. H.）の方法論を詳細に検討する中で，次のように論を展開している．

> エリクソン自身……次のような指摘をしている．臨床において疑うことのできない直接的な真理が，個々の1回限りのケースにおけるユニークさのなかにのみ姿を現わすことは確かである．しかし，こうした1回限りのケースに特有なものは，他の研究者が扱う他のユニークなものを背景にすることなしには成り立つことがない．実はユニークなものの研究が成り立つためには，「いくつかのケースから立証されうるクラスにとって共通なるものの研究」が必要である．

そして，「ここで，〈いくつかのケースから立証されうる共通なもの〉とは，何であり，どういう存在様式において考えられているか」と問題を提起する．そして，これについて，「そこで言う〈共通なもの〉は，個々の観察者によって観察されるのか，むしろ……理念としてのみ存在するのか」と絞り込んだ上で，次のように結論づけている．

> それはやはり，理念としての統一像，と考えるべきである．その〈共通なもの〉は，決して個々の観察者のまえには，その直接的所与性において姿を現わすことなく，あくまで理念であり続けると考えるべきなのである．

(p. 24)

　われわれは，ロジャーズの記したカウンセラーの基本的姿勢としての3つの態度条件が，こうした意味において，理念として存在するものであると考える．
　村瀬（1984）が次のように指摘していることも同じであろう．

　　　フロイトの場合にも，ユングの場合にも言えることですが，際立って独創的な心理療法家の打ち出した理論は，提唱者本人にとっては，絶対に必要な見方であり，自分の経験を抽出したものであることは間違いありませんし，それだからこそ，かえってそこに大きな普遍性がある．(p. 32)

したがって，先にもあげた河合（1970b）の，ロジャーズの言っていることは理想論にすぎないという批判は（第2節3「カウンセラーの必要十分条件が意味するもの」参照），ある意味では，フロイトにもユングにも当てはまる．当然，村瀬（1984）も次のように言う．

　　　その普遍性と，その理論を学んだ人たち個人個人が，その理論を裏づけるに足る経験をもちうることとは別であることを忘れてはならない．(p. 32)

こうした点で，カウンセラー形成論（小谷，1972）が重要になってくるのであり，そこに，カウンセラー個々人，各学派特有の技法の問題が生じてくる．
　一方，こうした普遍性をもつ理念としての基本的姿勢のゆえに，当然別な形で表現することも可能になってくる．例えば，村瀬（1984）は，ロジャーズが強調していることは「安全な雰囲気」，すなわち「来談者にとって治療関係が安全なものとして認知されなければならない」(p. 21) ということだ，と表現している．こう考えると，カウンセラーの基本的姿勢として重要なのは，クライアントとの「安全な信頼関係」を創り上げることである，と表現することができよう．
　問題は，こうして抽出された普遍性のある「理念としての統一像」を表現する際に，抽象度の次元に違いがありえるということである．つまり，先にあげ

た「安全な信頼関係」と，ロジャーズのカウンセラーの3つの態度条件とでは，その次元に違いがあり，前者の方がより抽象度が高くなっているということである．まったく個別的な治療関係から，すべての学派，すべてのクライアントに共通な本質的なものを抽出しようとするならば，当然その表現の抽象度は高くなり，例えば「安全な信頼関係」といったような，極端に抽象度の高い，ある意味では当たり前の理念を示すことになってしまう．これに対して，ロジャーズあるいは卓越した実践–理論家たちが目指した表現は，その一歩手前，「その理論を裏づけるに足る経験をもちうる」(村瀬，1984，p.32) 際に役立つところで表現されている，と考えられる．

そう考えてくると，ロジャーズが最初に記したカウンセラーの3つの態度条件と，ここで取り上げた〈今–ここに–存在すること〉とでは，やはりその次元が違うのではないか．つまり，抽出された「共通なもの」としての，理念としての抽象度において，後者の方がより高いと考えられる．それが，そもそも，「神秘的精神的次元」と言われるゆえんでもあろう．当然これは，先立って記されたカウンセラーの3つの態度条件と異なって，経験的に実証しうるレベルのものでないだろう．したがって，すでに述べたように，この〈今–ここに–存在すること〉という条件は，クライアントの実現傾向に対する信頼と，カウンセラーの3つの態度条件を提供することに心血を注ぐことの結果であり，「3つの中核条件の高度なレベルでの融合」(Mearns，1994，p.7) としか言いようがあるまい．そして，ロジャーズ自身が言うように，しようと思ってできる体験でもないということになる．

〈今–ここに–存在すること〉の位置づけ

ではロジャーズは，〈今–ここに–存在すること〉という理念で何を言いたかったのだろうか．われわれはこの理念をどのような位置づけにおいて理解したらよいのだろうか．

メアンズ（1994）はクライアント中心療法における理解偏重への警鐘として，次のように述べている．

> カウンセラーがクライアントを理解するということが強調されすぎてき

た．重要なのは，カウンセラーがクライアントの言っていることを理解することではない．クライアント中心療法のカウンセラーは，クライアントの体験過程に近いところにいることを忘れて，クライアントの言っていることを理解しようとすることに熱中しすぎてはならない．クライアントは体験過程を中断して，カウンセラーに説明しなければならなくなる．クライアントの体験過程を促進するのは，カウンセラーがその体験過程に限りなく近いところにいることである．理解は，その上で，クライアントがそれを必要とするときのことである．クライアント中心療法の本質はdoing（何をなすか）ではなくbeing（いかにあるか）である．そして，beingとは，関係の中でクライアントとともに〈今-ここに-存在すること〉である．(pp. 6-7)

確かに，「治療的人格変化の必要十分条件」の6つの条件では，クライアントが語っていることを理解することが前面に出すぎて，より厳しい状況，例えば統合失調症レベルにおける援助について第1条件（心理的接触）および第6条件（クライアントによるカウンセラーのありようの知覚）の難しさが忘れられがちになっていたことは否定できない．したがって，前節で議論したように，関係に障害があって，それをカウンセリングに十分活用できないひとびととのカウンセリングにおいて，6つの条件の再検討，とりわけ第1条件および第6条件の見直しが重要な課題として浮かび上がってきたのである．

同時に，前節において，第2条件であるクライアントの状態（診断的見立て）についての精緻化，および事例研究の積み重ねによる新たな類型論的アプローチの模索・検討が始まっていることを指摘した．こうした課題と同次元において，第3条件から第5条件が，理念としてはより上位にある〈今-ここに-存在すること〉という形で書き換えられる必然性があったと考えられる．

このときロジャーズは，その理論的展開にともなってとりわけ重視してきた第3条件（純粋性）を強調する形で，カウンセラーの体験の特質を表現しようとしたのだろう．それが先に引用したロジャーズのことばであり，ロジャーズ自身認めるように，いささか神秘的な響きにおいて表現されすぎた感があるのは否めない．しかし，われわれは，これまで記してきたように，関係に障害が

あって，それをカウンセリングに十分活用できない重篤な障害をもつクライアントへの援助という観点からの検討を提起し，その検討の結果，この〈今－ここに－存在すること〉というカウンセラーの態度条件は，クライアント中心療法の理論的展開としての「3つの中核条件の高度なレベルでの融合」（Mearns, 1994, p. 7）であると同時に，これを，新たなより高次の理念として位置づけることが可能であろうと考えるに至った．このことを実践の中で体験的に確証することが，21世紀のカウンセリング界を活性化するとも考える．すなわち，より person to person のカウンセリングに向けてである．

2　プリセラピー

プリセラピーとは？

先に第2節で取り上げた「治療的人格変化の必要十分条件」のうち，第1条件（心理的接触 psychological contact ないし関係 relationship）をめぐっては，従来それはカウンセリングにとってあって当たり前，それがなければカウンセリングもなしとして，「治療的人格変化の必要十分条件」の枠組みの中では特段に議論されてこなかったと言ってよい．しかし，前節の課題で議論したように，ウィスコンシン・プロジェクトのように重篤な障害のクライアントにあっては，治療関係を維持する潜在能力が十分とは言えず，心理的接触を前提にしえないことがある．

そうした中にあって，プラゥティ（1974, 1994）は，クライアントによっては治療関係を維持する潜在能力が十分とは言えず，心理的接触を前提にしえない場合があるという当然のことを出発点とした．そして，自分自身の情動との接触や，他者との接触に障害のあるクライアントに対するプリセラピー（Pre-Therapy）を発展させてきた．

プラゥティ（1994）は次のように述べている．

> ロジャーズは心理的接触の性質についても，心理的接触が存在しないときに役立つ臨床的方法についても，何も記していない．……プリセラピーということばにはいろいろな意味がありえようが，ここでは，心理療法に必要な心理的機能，すなわち，現実との接触・情動との接触・コミュニケ

ーションとの接触を発展させるものとして提唱する．(p. xxix)

　プラゥティ（1994）によれば，ロジャーズの「治療的人格変化の必要十分条件」は必要条件と十分条件とに分けられなければならない．そして，この必要条件は正確には必要な前提条件（necessary pre-conditions）のことであり，プリセラピーの「プリ」はこの意味でのカウンセリングの前提条件のことを指す．より具体的には，カウンセリングの前提条件としての関係（pre-relationship）のことである．プリセラピーこうしたカウンセリングの前提条件である関係を発展させるカウンセリングのことであり，関係に障害があってそれをカウンセリングに十分活用できない人びととのカウンセリングのことである．

プリセラピーの概念
　この心理的接触に関するプリセラピーの理論は，心理的接触について，①カウンセラーの技法，②それによって促進・維持・強化されるカウンセリングに必要なクライアントの内的心理的機能，③その発展の結果現われる具体的な行動，の3つのレベルから記述されている．それぞれ，接触反射（contact reflection），接触機能（contact function），接触行動（contact behavior），と概念化されている．カウンセラーの技法である接触反射を中心にその概略は以下の通りである（詳細はプラゥティ，1994参照）．

　接触反射　反射は，最終的にロジャーズにとっては，カウンセラーの態度に根を下ろした通路と位置づけられた．プリセラピーにおいては，心理的接触を発展させる技法として提示されている．この接触反射は，クライアントの体験過程のレベルで共感的になされる具体的な（身体的模倣を含んだ）「おうむ返し」そのものである．それは，クライアントが退行した状態の中でなお表現しよう，コミュニケートしようとしている1つ1つの具体的な試みに，カウンセラーが細大漏らさず共感的にあることである．

　これには，①クライアントの置かれている状況（ひと・場所・もの・こと）を反射する状況反射（situational reflection：SR），②クライアントの表情に現れている感情を反射する表情反射（facial reflection：FR），③クライアントの表現することばを文字通りそのまま繰り返す逐語反射（word-for-word reflection：WWR），

④クライアントの姿勢と同じ姿勢をしたり，クライアントの姿勢を言語化して言ったりする身体反射（body reflection：BR），⑤心理的接触をつくるのに成功した反射を繰り返し行う反復反射（reiterative reflection：RR），の5つがある．

そして，①状況反射によって現実（ないし世界）との接触が，②表情反射によって情動（ないし自己）との接触が，③逐語反射によってコミュニケーション（ないし他者）との接触が，④身体反射によってクライアントが自分のからだを自分として体験すること（ないし自己体験）が発展し，⑤反復反射によって関係が発展する機会を増す，とされる．

接触機能 プリセラピーはこれらの接触反射を用いて精神病的な表現を減じ，世界・自己・他者に根を下ろしたより現実的なコミュニケーション，ないし，現実・情動・コミュニケーションとの接触を促進する．すなわち，次の3つの接触機能を促進・維持・強化する．①現実との接触（reality contact）は，ひと・場所・もの・ことを意識すること（awareness）である．②情動との接触（affective contact）は，世界や他者に対する反応としての気分・感情・情動を意識することである．③コミュニケーションとの接触（communicative contact）は，現実（ないし世界）を象徴化すること（symbolization），他者に対する情動（ないし自己）を象徴化することである．

接触行動 それは次のような具体的な接触行動となって現れる．①現実との接触は，クライアントがひと・場所・もの・ことを言語化して言うこと（verbalization）に現れる．②情動との接触は，情動が姿勢ないし表情に表現されること，また，いわゆる感情表現のことばが使われることに現れる．③コミュニケーションとの接触（ないし他者）は，クライアントが対人関係を表現する単語や文章を言語化して言うことに現れる．

そして，これができるようになると，いわゆるカウンセリングが行えるようになるのみならず，対人関係・仕事・教育への可能も開かれる．

プリセラピーの実際 1

佐治（1996）によってプリセラピーの実例を見ておきたい（cf. 岡村，1997）．

状況反射 佐治は，例えば，何もしゃべれない，あるいは，からだをモソモソしているだけで何をしようとしているのかわからない，そういうクライアン

トに対して，自分たちが今どこにいるのか，どんなすわり方をしているのか，そういうところからオリエンテーション（見当識）をつけようとする．「ここに，あなたと私の前に机があって，遠いですね」あるいは，「今日は2人とも，何も話さなくて，じっと静かにすわっていますね」このように2人はどういうところにすわっていて，2人の現実は何かということを少しずつはっきり伝える．もちろん，伝えたとしてもどうということはないかもしれない．しかし，まずそういうあたりから入っていくしかないことがある．

表情反射 あるいは，「あなたは，今日，目をとっても大きく開いていますね．ずいぶん頑張っているのね．」

身体反射 あるいは，「あなたは手をこう動かしている．それがどんな意味があるか考えてみたい．」そうまで言わなくても，クライアントが手を動かしているとカウンセラーの方も同じ動き（模倣）をする．そのことによって何かの接触が始まるかもしれない．それを続けていく（反復反射）．あるいは，クライアントがしかめっ面をしているとすると，カウンセラーも同じ表情を模倣しながら，「あなたは今，しかめっ面をしているね」と言ってみる．次のようなことはおのずとしたくなることだが，クライアントが動かないひとだとすると，そのひとの前に行ってうずくまる．クライアントにはカウンセラーの姿勢が見えるだろうし，カウンセラーにもそうしていると，クライアントがちょっと窮屈な何か，どうしていいかわからない，そんな思いでいるのかなぁ，と少し何かが感じられるような気がするかもしれない．

逐語反射 接触は断片的なことでしかないかもしれない．クライアントは「こんにちは……」と言う．カウンセラーとしても「こんにちは……」と言う．クライアントが「ああ……」と言ったとしたら，カウンセラーも「ああ……」と言うしかない，そういうところから始めて，2人の接触が始まる．ほとんど意味のないことであっても，その意味のないことを「おうむ返し」（模倣）して繰り返す．そうでもしないと，お互いの間に何も起こらないから，そういうことを丹念に繰り返す（反復反射）．

そして，次のように言う．

　　こうしたことは，分裂病者［引用者注：統合失調症者］とか，言葉のな

い人とのセラピーの経験のある人，治療的面接をやったことのある人は，当然できることでしょうし，面倒臭がらないこと，こんな事は意味ないことだと思わないことが大切だ．(pp. 14-15)

プリセラピーの実際 2

もう1つ，プラウティ（1994）によってプリセラピーの実例を見ておきたい（pp. 50-55　岡村他訳，2001, pp. 81-88）．12時間続いた治療場面からの4場面の抜粋である．接触反射を適用することで，投薬なしでも，緊張病状態が解消し，コミュニケーションとの接触が育ってくる様子がわかる．

　クライアント　22歳，男性．緊張型統合失調症．数度の入院歴あり．

　両親はポーランド系で，農業を営む．母親は統合失調症で何度かの入院歴がある．13人兄弟の少なくとも1人は，入院歴はないものの，精神病症状をもっている．

　カルテには次のように記載されていた．緘黙，自閉，緊張病様，アイコンタクト欠如，類トランス行動，昏迷，錯乱，疎通性欠如，妄想，パラノイド，そして最後に，重篤な思考途絶など．

　受けてきた診断もさまざまだった．躁うつ病，ヒステリー反応，破瓜型統合失調症，妄想型統合失調症，緊張型統合失調症，重度統合失調症，失調感情障害など．

　通電療法を6回受けてきていた．

　幾多の薬物療法を受けたことは言うまでもない．トリフロペラジン（抗精神病薬），ジアゼパム（抗不安薬），イミプラミン（抗うつ薬），クロルプロマジン（抗精神病薬），クロミプラミン（抗うつ薬），フェノチアジン（トリフロペラジン，クロルプロマジンを含む抗精神病薬の総称），ハロペリドール（抗精神病薬）など．

　クライアントは診断評価のためにアメリカ合衆国に連れて来られた後，いったん自宅に戻り，その間に入院治療計画が立てられ，法的手続きが整えられた．その間，自宅に行って見ると，悪化して精神病状態になっている．両親は再入院させていなかった．重篤な緊張病状態にあり，3階建て自宅の下階に引きこもっていた．家族と一緒に食事をせず，夜間こっそり冷蔵庫からものを食べるだ

けであった．体重もかなり減少し，運動せず血液循環が悪いため，足は曲がったまま硬くなり，青くなっていた．

接触作業

場面Ⅰ（午後2時頃）　クライアントは固まってすわっており，腕を肩の高さで伸ばしたまま動かない．目はまっすぐ前方を見ており，顔は能面のようで，手も足も青黒くなっている．セラピストは長椅子のクライアントと反対の端にすわり，クライアントとは目を合わさないようにした．反射は5〜10分おきに行われた．

セラピスト：SR	子どもたちが遊んでるのが聞こえるね．
セラピスト：SR	ここ，とても寒いね．
セラピスト：SR	誰か台所で話してるのが聞こえるね．
セラピスト：SR	一緒に〇〇さんの家の下の階にいるね．
セラピスト：SR	犬が吠えてるのが聞こえるね．
セラピスト：BR	〇〇さんのからだ，すごく固くなってる．
セラピスト：BR	〇〇さん，じっとすわり続けてる．
セラピスト：BR	〇〇さん，まっすぐ前見てる．
セラピスト：BR	〇〇さん，背筋を伸ばして長椅子にすわり続けてる．
セラピスト：BR	〇〇さんのからだ，動かない．腕が宙に浮いてる．
クライアント：	［反応なし，動きなし．］

場面Ⅱ（午後3時30分頃）　セラピストは椅子をもってきてクライアントの真向かいにすわり，クライアントのからだの姿勢を，見たまま正確に鏡のようになぞった．

セラピスト：BR	〇〇さんのからだ，すごく固くなってる．長椅子にすわり続けててぜんぜん動かない．
	（15〜20分後）
セラピスト：	私もう腕伸ばしてられない．腕疲れちゃった．
クライアント：	［反応なし，動きなし．］
セラピスト：BR	〇〇さんのからだ，じっと固まってる．

第 2 章　カウンセリングの理論　　　　　　81

セラピスト：BR	◯◯さんの腕，伸びたまま．
セラピスト：BR	◯◯さんのからだ，動かない．
クライアント：	［両手で頭をかかえ込むようにして，ほとんど聞き取れないような小声で言う．］
	お父さんが話すとアタマが痛い．
セラピスト：WWR	お父さんが話すとアタマが痛い．
セラピスト：BR	［両手で頭をかかえ込むようにする．］
セラピスト：RR/WWR	お父さんが話すとアタマが痛い．
クライアント：	［頭をかかえ込んだまま 2～3 時間いる．］

場面Ⅲ（午後 8 時頃）

セラピスト：SR	夜だね．私たち家の下の階にいるね．
セラピスト：BR	◯◯さんのからだ，すごく固くなってる．
セラピスト：BR	両手で頭をかかえ込んでる．
セラピスト：RR/WWR	お父さんが話すとアタマが痛い．
クライアント：	［すると，両手を膝に下ろし，じっとセラピストの目をのぞき込んだ．］
セラピスト：BR	◯◯さん，両手を頭から下ろして膝の上に載せてる．
	私の目をまっすぐのぞき込んでる．
クライアント：	［すわったまま動かず数時間．］
セラピスト：RR/BR	◯◯さんは両手を頭から膝に下ろした．
セラピスト：SR	私の目をまっすぐのぞき込んでるね．
クライアント：	［すると，ほとんど聞き取れないような小声で言う．］
	牧師は悪魔だ．
セラピスト：WWR	牧師は悪魔だ．
セラピスト：BR	◯◯さん，両手を膝に置いてる．
セラピスト：SR	私の目をまっすぐのぞき込んでるね．
セラピスト：BR	◯◯さんのからだ，すごく固くなってる．
クライアント：	［ほとんど聞き取れないような小声で言う．］
	兄弟たちはぼくを許してくれない．

セラピスト：WWR		兄弟たちはぼくを許してくれない．
クライアント：		［すわったまま動かず，ほぼ1時間．］

場面Ⅳ（午前1時45分頃）

セラピスト：SR		すごく静かだね．
セラピスト：SR		○○さんは家の下の階にいるね．
セラピスト：SR		夜だね．
セラピスト：BR		○○さんのからだ，すごく固くなってる．
クライアント：		［すると，ゆっくり片手を心臓に当てて言う．］ 心臓が木になってしまった．
セラピスト：BR/WWR		［ゆっくり片手を自分の心臓に当てて言う．］ 心臓が木になってしまった．
クライアント：		［足が動き出す．］
セラピスト：BR		○○さんの足が動き出した．
クライアント：		［目も動く．］

　セラピストはクライアントの手を取って立ち上がらせ，2人で歩き始める．クライアントはセラピストと一緒に農場を歩き回り，正常な会話の仕方で農場にいるいろいろな動物について話した．セラピストを生まれたばかりの子犬のところに連れていき，1匹もち上げて抱いた．目を普通に合わせられるようになった．

　クライアントのこうしたコミュニケーションとの接触はそれから4日間維持され，飛行機を乗り継いで，通関してアメリカ合衆国に来ることができた．自分でサインして入院治療施設に入り，古典的なパーソン中心／体験過程療法を受けた．

　この抜粋はプリセラピーの機能をよく示している．それはクライアントの心理的接触を修復することで治療を可能にするという機能である．このクライアントの現実との接触とコミュニケーションとの接触は明らかに改善し，心理療法を受けるに足るほどまでになった．

　前表現的言語コミュニケーション　精神病プロセスとして一見無意味な発言が見られたが，それらは精神病状態の原因と非常に緊密な関係があった．

「お父さんが話すとアタマが痛い.」この発言の意味は，父親による身体的・情緒的虐待に対する怒りがセラピーに現れてきたことで明確になった.

「牧師は悪魔だ.」この発言の意味は，家族の教会の司祭がクライアントに対して同性愛を仕掛けてきたことがあったことがわかったことで明らかになった.この出来事の直後に精神病状態になったのだった.

「兄弟たちはぼくを許してくれない.」これは，兄弟の誰かを殺そうとしたことについての発言である．クライアントは農業用トラクターで兄弟を轢いたことがあった．その兄弟が共産党員だという妄想的確信に駆られてのことだった.

このような，非明示的で文脈から外れているが非常に意味深い発言は，精神病的コミュニケーションの前表現的な性格をよく示している（その他実例として，岡村（2005）参照）.

プリセラピーの位置づけ

まず，そもそも記された逐語記録のみを見て，ロジャリアン（Rogerian）の悪名高き「おうむ返し」だなどと論評するのは論外としても，そのように揶揄される事態を検討してみると，まず，それが「感情の反射」になっていないことがほとんどであると言ってよい．と言うのは，感情は，ロジャーズにとっては，個人的な意味を伴った情動体験であり，その瞬間に体験されている情動と認知との不可分の結合，情動体験とその認知された意味とからなる1単位であるにもかかわらず（岡村，1996b），このことが見落とされ，情動に偏したり認知に偏したりしていることが多いと言わざるをえないからである．また，「（感情の）反射」は1つの技法であるにせよ，「治療的人格変化の必要十分条件」の第3条件（関係の中におけるカウンセラーの一致ないし純粋性）と離れた機械的な適用は，個々のカウンセラーのありようの実現としての技法でないという点で，「おうむ返し」と揶揄されても仕方なかろう（この問題は第2部第3章3「養成訓練上の『落とし穴』」で取り上げる）．したがって，そうした点でも「（感情の）反射」と言われる（残された録音テープやVTRが示すように）実際にロジャーズが多用した技法をあらためて検討することは意味ある作業と言えよう．

確かに，神田橋（1994）は，「姿勢を真似る」ことに限らず，「言葉のつかいかた，アクセント，語りかたのテンポ，呼吸のテンポなどすべての身体活動の

領域で，真似ることは共感性を高める」(pp. 182-183) と指摘し，ロジャーズ派（クライアント中心療法）の実践（技法）にふれている．ただし，ここで技法と呼ぶのは，何度か取り上げているように「治療的人格変化の必要十分条件」を満たすための「通路」という位置づけになる．

次に，このようにプリセラピーを第1条件（心理的接触）のための通路として考えたとき，ことばを十分に使えない乳幼児が関係をもつために使う「模倣」が思い浮かぶ．そもそも，他者と同じ動きをすることは他者とかかわるときの身体の基本的なありようであり（市川，1975），子どもが他者と同じ動きをすることは，子どもが他者とかかわる際に重要な役割を果たしていることはよく知られている事実である（砂上・無藤，1999；砂上，2000）．

また，野村（1996）も，「"共感"などということもなんらかの模倣がなければ成り立たないだろう」(p. 140) と指摘し，人類学的な観点から以下のようにその論を展開している．

　　こうした反響的動作［引用者注：親が笑い顔を向ければ笑い顔をするとか，口をゆっくりと開閉したり，舌を出し入れしたりすると，同じように口を開閉し，舌を出し入れするといった心理学でいう「共鳴動作」はすでに新生児の段階から見られる］が人間にとって本質的なものを含んでいる．(p. 140)

　　じっさい，他者の身体への物まね反応は，「わたし」という意識の萌芽よりはるか以前にはじまるが，そうした無意識的レベルの相互模倣は人間の全局面で生涯にわたっておこなわれる．(p. 145)

つまり，関係性の構築や共感性という観点から見れば，プリセラピーの中核にある「模倣」という行為そのものの源流は，発達的にも人類学的にもきわめて原初的なところまでたどることができる．

最後に，メアンズ（1994）はこのプリセラピーについて次のように評価している．

プリセラピーはここ 20 年間のパーソン中心の実践において唯一最大の展開であると言って過言でない．と言うのは，［引用者注：クライアント中心療法において］ほとんど手つかずのままにされてきたクライアント群との実践に，重要にして確かな基盤を提供しているからである．(pp. xii-xiii)

しかし，このメアンズ言うところの「ほとんど手つかずのままにされてきたクライアント群」，すなわち，プラゥティが問題にしたような治療関係を維持する潜在能力が十分と言えず心理的接触を前提にしえない重篤な障害のクライアントへの援助の試みが，それまでなされなかったわけではない．そもそも関係に障害があってそれをカウンセリングに十分活用できない人びととのカウンセリングについての苦闘は，これまでもふれたロジャーズらの統合失調症入院患者へのアプローチ（ウィスコンシン・プロジェクト）にその源流が求められる．その体験を通じて，ロジャーズらは，統合失調症入院患者のクライアントは，それまで主として接してきた神経症レベルのクライアントと違って，自己を表現せず，しかも沈黙を通じてある感情を受け取ることがほとんどできないという体験にぶつかった．そこから「治療的人格変化の必要十分条件」の再検討が始まったことはすでに前節で議論してきたとおりである．

こうしたロジャーズらの統合失調症入院患者へのアプローチの中で浮かび上がってきた第 6 条件の見直しと，プラゥティが取り上げた第 1 条件の見直しは，どちらも重篤な障害のクライアントへの援助という，より困難状況の中において「治療的人格変化の必要十分条件」が見直され，その技法的展開を示唆したという共通性をもっている．その中でプリセラピーは，「反射」という技法を「感情の反射」に限らず本来の意味において拡張し，クライアント中心療法の技法的展開の 1 つとしての方向性を示したと言えよう．つまり，関係に障害があってそれをカウンセリングに十分活用できないひとびととのカウンセリングに対して，ウィスコンシン・プロジェクトを経ての純粋性の強調（これは本節 1 の〈今‐ここに‐存在すること〉につながる）とともに，プリセラピーというもう 1 つの方向性が示唆されたと言うべきであろう．

こうした流れの中で，旧来のカウンセリング概念，すなわち，関係に障害がなくそれをカウンセリングに十分活用できる人びととのカウンセリングは，関

係に障害があってそれをカウンセリングに十分活用できないひとびととのカウンセリングにまで拡大されてきており，そうしたものとして改訂されなければならない．それがクライアント中心療法の課題で言えば，「治療的人格変化の必要十分条件」の第1条件と第6条件の再検討にほかならない．

　われわれは，こうした点を踏まえて上述メアンズ（1994）のプリセラピーに対する評価を受け取りたいと思う．そして，繰り返しになるが，このプリセラピーをロジャーズ以後のクライアント中心療法の技法的展開の1つとして位置づけたいと考える．さらに，クライアント中心療法の適用範囲の広がりから，パーソン中心という用語が適切，とロジャーズが述べていることを考えると，より重篤な障害のクライアント（統合失調症入院患者）への援助に挑戦し始めたウィスコンシン・プロジェクト以降をもって，クライアント中心療法からパーソン中心カウンセリングへの展開が始まったと考えることも可能であろう．

第3章　理論の意味するもの

　すでに第1章4「望ましい固有な対人関係を確立すること」において，クライアントを理解するのに何と言ってもうってつけなのは，当のその人の内側からの視点に立ってみること，現象学的場に入り込むことだ，と述べた．同じ方向で，次のことを述べ，カウンセラーとして留意すべき点の1つを明らかにしたい．

　以前会ったことのあるクライアントと，問題の内容やその態度，価値観などからして，非常に似通っていると一見思えるクライアントが面接に現れたとする．少しカウンセラーとしての経験をもつとよく遭遇する事実である．そのとき，知的には十分そのことの危険性，過ちを分かっているつもりでも，この人の内的世界を私がすでに分かっているという気分に陥りやすい（クライアントが，そうしたことを専門家に期待して現れることも多いし，検討すべき価値のある特有の転移・逆転移である場合もある）．類型論で割り切ってしまうことの落し穴がここにある．落し穴というのは，類型論自体の罪ではなく，用いる場面や用い方の問題がここにあるからである．類型論は医学モデルにおいて有用であることは同じく第1章4で既に述べたが，この際，明確に次の区別をしておきたい．

　ある状態に居る人たちが，大きな概念的分類からどのような過程をその問題の進展とか転帰について示すかということは，確かに重要な研究課題である．その知識をもつことで無用な混乱，特にクライアントに会っているときに，訳も分からぬままに対応を誤ってしまうということを避けることができる．例えば，比較的容易に相手の世界にかかわりをもつことができる，みずからの力で自己探求ができる軽い神経症レベルの人と思い込んでしまい，実はその人はも

っと重篤な障害をもつ精神病レベルの状態にあることが認識できないときの対応の誤りを指摘できる．精神病レベルの人をカウンセリングの対象として考えることが不可能だというのではなく，その接近における困難さを十分知っていることが，そのクライアントにどのような配慮をするかについてあらかじめ考えることを助けうるのである．しかし，そのことと，個人の独自性，その人の内側からの視点が1人1人異なっていることを前提にして，その人に接近することとを混同してはならない．したがって，この2つの姿勢の両立をどのように成し遂げうるかが問題となる．同類の人だからという類型論的認識と，同類型であっても1人1人みな異なっているという現象学的場に立つ認識とが，論理的に矛盾しつつも両立しうるのがカウンセリングの実践の場である．

　本章は，これまで何カ所かで記しはしたが主題化はしなかった，カウンセリングにおける類型論的見方と現象学的見方との関係，観察と関与との関係，あるいは本章で後に使うことばを先取りすれば，類型論的アプローチと現象学的アプローチとの関係などの問題について，主題化して述べ，第1部全体のまとめとしたい．

1　類型論的見方と現象学的見方

　普通，人が他者を見るときの見方は，おそらく人を対象化した見方であり，その相手の内側からの視点に立っての見方とは違う，一般的客観的な見方と言えよう．この見方をつきつめていくと，いわゆる科学的な正確さを前提とする見方が生まれてくる．臨床の場で，こうした見方の1つとして，精神科医が患者の診断に当たって用いる類型論的分類に基づく方法があげられる．繰り返しになるが，この見方，すなわち科学的研究方法ないし理論は，臨床においても正当な存在理由をもっている．確かに，大きな概念的分類から見ると，ある状態に居る人たちが，どのような過程を辿りやすいのかということは重要な研究課題であり，また，そうした知識をもつことで，何も分からないままに間違った対応をしてしまう危険性が避けられるかもしれない．

　こうした類型論的な考え方は，複雑な人間のパーソナリティ，行動を理解する際に，明瞭にして簡潔な着眼点を提示してきた．しかし，個人を理解する1つの目安として役立つ一方で，同時に，その目安，すなわち類型に人を当てはめ

めて固定的に見てしまいやすいという欠点を併せもっている．そして，何より
も多様な面をもつ個人の，目につきやすいところに焦点を合わせてしまうため
に，本来きわめて微妙ないし精妙なその個人特有のありようを見のがしてしま
う恐れがある．

　ロジャーズが問題にしたのは，この類型論的な見方のもつ限界であったとも
言えよう．彼は，こうした視点が個人の独自性に接近しようとするときにかえ
って邪魔になるということを，体験的につかんできた．前章において見てきた
ように，類型論的な見方しか理論化されていなかった臨床の世界に，新たにそ
れとは異なる立脚点をもつ現象学的な見方をもち込んだのがロジャーズであっ
た．

　したがって，アンチテーゼとしての主張が，「特定の概念化された専門的知識
……をもっていなければセラピストとは言えない」というわけではない（Rogers,
1957a, p. 101），「診断なければ心理療法なし，というわけではない」（Rogers,
1957a, pp. 101-102）と表現されたと思われる．また，「疑問なのは，診断学的評
価を前もってしたからといって，それが心理療法に役立つかどうかである」（Rogers,
1957a, p. 102）という表現もしている．

　一方で，ロジャーズ（1962　伊東訳，1967）は，理論について，次のように
述べている．

　　……もし理論というものを掲げようとするならば，自由に変化に開放さ
　れているというかたちで，仮定的に，軽く，弾力的に掲げられるべきであ
　り，そして出会いそのものの瞬間においてはわきへ寄せておくべきものな
　のである．（pp. 234-244）

　また，別なところでは，次のようにも表現している．

　　……セラピストはセラピィの時間のなかでは主観的に生きることができ
　るけれども，またその時間の事象を後に完全に客観的なかたちで検討する
　こと……ができるのだ……（Rogers, 1960　伊東訳，1967, p. 149）

すなわち，理論あるいは客観的検討，ここで言う類型論的な見方を否定しているわけではないことが分かる．

こうした彼の主張から，あえてその真意を解釈すれば，そもそもクライアント中心療法には，同類の人であるという類型論的アプローチと，同類ではあっても1人1人はみな異なっているという現象学的アプローチとを，いかに両立させるか，という問題提起が含まれている，と読み取れる．この2つのアプローチは，一方を他方に還元することも，また一方を他方で代替することも不可能なものであり，そもそも次元を異にし，ときには相補的ですらあり，それぞれなりの根拠と正当性とをもつ異質な立場と言えよう．しかし，この両者をいかに両立させ，いかに止揚するかを問われているのがカウンセリング実践の場である．

先の第2章第4節「クライアント中心療法の展開」で取り上げた2つの方向性のうち，〈今-ここに-存在すること〉は現象学的アプローチにその立脚点があり，プリセラピーは類型論的アプローチにその立脚点があると言えるだろう．

2　フィールドワーク

若干回り道になるが，ここで，フィールドワークのやり方が，実はカウンセリングの実践において，はなはだ重要なことではないかということを述べたい．フィールドワークはカウンセリングの領域で始まったことではなく，主として文化人類学，エソロジー（動物行動学）と呼ばれる領域や社会学で行われているものであり（佐藤，1992），相手，すなわち観察し関与する対象の居る世界に，こちらが積極的に参加するということである．

本来のフィールドワークの例（京都大学の霊長類研究グループは日本猿研究）を先にあげておこう．クライアントが自然な姿のままに居るときにできるだけそのまま接することが目標になる点で，そのやり方はカウンセリングの実践にも通じる．以下，井村（1973）を引用する．長文であるが，原文を味わってほしい．

　　……間［直之助］さんという人が野性猿の餌付けに成功し，以前から毎日山に行き，普通はほとんど不可能と考えられている猿の集団に入りきっ

第 3 章　理論の意味するもの

た．そういう方がいるのですが，どうもわれわれにはそういう点，臨床に関して，それほど熱心ではない．ご承知のように野性猿は社会をつくっていてよそ者は寄せつけない．普通では入れるわけではない．それを非常に苦心して入って，現在もまだ毎日のようにやっておられるそうです．ちょっと余談になりますが，いま 70 歳［1970 年当時］をこしているのに毎日山に行って猿と暮らしておられ，いまではボスの代理までつとめるという．……

　間さんの著書を読みますと［間，1972］，野性猿の中に入るコツというようなものを書いておられます．第 1 にはむろん，親しみをもっていること．あまり使いたくない言葉ですが愛情をもっているということが根底にあります．次に欺いたり期待を裏切ったりしてはならない．第 3 に敵に対しては率先して戦う．これは野犬が猿を襲ったりするような場合のことです．それから密猟をする人もいるようですが，そういう時にも率先して戦う．それからこれは大事なことですが，猿を，つまり動物を自分と対等なものと見る．人間である自分が万物の霊長であるというようなうぬぼれはいっさい捨てなくてはいけない．それから最後には，観察される猿——観察されるもの——が観察する自分を観察しているということ．そしてその猿の，つまり動物の観察というものは言葉では表現されていないけれども非常に鋭敏なものである．人間はとかくうぬぼれますが，それはたしかに言葉を使い動物に真似のできないようなことをするには違いないが，動物のもっているところの直感力，相手の動きをすばやく察する能力——これをわれわれは共感能力といっていますが——相手の動きをピーンとすぐ感じる能力は動物の方が上である．間さんは動物の方が進化していると書いていますが，さて進化かどうか解りませんが，とにかく非常に鋭敏であるから欺いたり裏切ったりしてはならない．そういったことはすぐに見抜かれてしまう．（pp. 396–398）

　これに関連して，看護婦であり，今日で言うケースワーカーのようなことを 1930 年代から病院でやっていたシュヴィング（Schwing, G.）という女性を取り上げたい．フロイトの弟子の精神分析家で，フロイトに言わせるとタブーであ

った精神病者への精神分析的アプローチをしたフェダーン（Federn, P.）が彼女の先生（教育分析者）であった．彼女は『精神病者の魂への道』(Schwing, 1940 小川・船渡川訳, 1966）という珠玉の小冊子を書いた．その中に次のような記述がある（これは第2章第4節1「カウンセラーのもう1つの態度条件」で〈今－ここに－存在すること〉の具体的なありようとしてもあげた）．

——彼女は毎日，何年間もベッドに寝たきりで，毛布をかぶったまま，まったく身動きもしない女性患者の傍らに，30分ずつ座っていた．何日かして，暗い生気のない目が毛布の下から覗く．そして，言う．「あなたは私のお姉さんなの？　だって，きのうも，おとといも，そしてずーっと前の日から，私のそばにいてくれたじゃないの！」(pp. 11-12)

シュヴィングはここで，その恐れや警戒や不信の壁を溶かして，病者の世界の中に，入り込んでいる．フィールドワークというものは，私たちにとってまったく未知の世界，恐ろしいことが起きるかもしれない場（フィールド）に，こちらが身を委ねることができれば，そのフィールドに居る先住者に仲間に入れてもらえ，コミュニケーションが始まることを意味する．

カウンセラーはクライアントとの関係の中に身を投げ入れて，クライアントを観察できなければならない．それをサリヴァン (Sullivan, 1953) は関与しながらの観察と言った．関与しながら，すなわち，クライアントの問題を内側からの視点から理解しながら，同時にクライアントの反応の仕方を観察していくこと，それが「対人関係の学としての精神医学（The field of psychiatry is the field of interpersonal relations.）」(p. 10) の基本的方法だ，と言う．これも相手の世界に身を置きながら，もう一方で，その場の外に居る自分を確保しておくという，難しいフィールドワークの仕事を述べている．

シュヴィングの場合にも，ただ単に相手の世界に身を置くということだけでなく，自分のその場でのありよう，相手の反応の様子，自分と相手との関係を，対象化して見る目が失われていない．カウンセリングの実践体験は，フィールドワーク体験そのものとさえ言えよう（岡村, 1996c）．

上に述べたように，本章の問題をサリヴァンは，関与しながらの観察と表現した．カウンセラーは，クライアントと自分との関係に自分が入り込み，その中に身を委ね，没入するという意味で関与していく．同時に，少し離れたとこ

ろで,「クライアントは今こんなことを言っているが,それは私(カウンセラー)が前に言ったことと何か関係があるのだろうか,この人の特徴なのだろうか」などと身を引いて観察するということであろう.

神田橋(1994)は,この関与しながらの観察について,次のように述べている.

> ……巷間に流布している「関与しながらの観察という台詞」……これはサリヴァンの言葉であるらしい.この台詞に関して,……どこかで,大略つぎのようなことを……読んだような気がする.「自分は,関与することと,観察することとを同時にできないので,交互にするようにしている」と.この……言葉は,「関与しながらの観察」という言葉を,実に安易に書き散らしている人びとへの,意図せざる皮肉である.なにごとも,真正面からとり組む人は,苦労が多い.いいかげんであればあるほど,気楽なものである.気楽な人びとにとっては,サリヴァンの台詞は,格好のスローガンとなるわけである.サリヴァンのこの貴重な台詞を噛みしめるためのよすがとして,次のような言葉遊びが役立つかもしれない.「関与せざる観察」「関与しながら観察せず」「関与せずに観察もせず」それらに当てはまる実例を見出すのは,「関与しながらの観察」の実例を見出すよりも,はるかにやさしい.(pp. 55-56)

佐治(1989)も,この神田橋の引用に登場するのと同じことを述べている.

> ……「関与しながらの観察」という矛盾をどう考えたか.「出たり入ったり論」というのが僕の中に生まれてきた.患者さんと一緒にいるその場で,その人の現象的世界に没入し,入り込んでいる,そこからちょっと身を引きましょう.1秒間位身を引きましょう.その次5秒間位は没入している.また離れて5秒間いましょう.それをいったいどうやったらうまくできるのかという事が僕の臨床の訓練の最初だった.(p. 120)

さらに,神田橋(1994)は次のように述べている.

実際に患者を目の前にして面接しているとき，時折，つぎのようなイメージづくりを試みてみるのもよい．面接している自分は，今ここに居て，患者の話に聴き入り，うなずいたりしている．ところが，その意識の一部，主として観察する自己が，一種の離魂現象を起こして空中に舞いあがり，面接室の天井近く，自分の斜め上方から見おろしている，とイメージするのである．はじめは少し難しいかもしれないが，馴れるに従って，長時間そのイメージを保つことができるようになり，ついで，空中の眼というか意識が，次第に薄くなりながら拡がってくる．そしてついに，面接している自分にまで届いて，両者が融合してしまうことがある．このときおそらく，「関与しながらの観察」が成就したのであろう．わたくしは，ごくコンディションのよいとき，短時間そのような両方の自分の融合を体験したことが［ある］……．(pp. 72-73)

　これらの表現は，2つのアプローチの両立をそれぞれなりに，苦労して，実現しようとし，かつ伝えようとしている．いずれにしても，ただ単に相手の世界に身を置くということだけではなく，自分のその場でのありようや，相手の反応の様子，ひいては自分と相手との関係までを対象化する眼を同時にもつことを，体験的な訓練の中で，いかにつかんでいくかということであろう．残念ながら，いまだそのための十分に体系化された体験学習の方法を開発できているとは言いがたいのが現状であろう．
　しかし，それがカウンセリングというフィールドワークの場の特徴であろう．そして，そこに近代科学の知とは対立する，臨床の知があると考えられる．

3　臨床の知

　中村（1984）は，次のように述べている．

　　……受動，受苦，痛み，病など，人間の弱さの自覚の上に立つ知，〈パトスの知〉が……すぐれて現代的な新しい学問のうちに，臨床（フィールド・ワーク）の知としてあらわれている．すなわちそれは，精神医学（臨床心理学も含む），文化人類学，動物行動学のように，これまでの科学概念から

はみ出した学問，対象との身体的な相互行為（インターアクション）が，理論そのものにとって決定的に重要な諸学問のことである．(pp. 187-189)

そして，この臨床の知の特徴として以下の3点をあげている（詳しくは，中村，1992）．

1. 近代科学の知が原理上客観主義の立場から，物事を対象化して冷ややかに眺めるのに対して，それは，相互主体的かつ相互行為的にみずからコミットする．そうすることによって，他者や物事との間にいきいきとした関係や交流を保つようにする．
2. 近代科学の知が普遍主義の立場に立って，物事をもっぱら普遍性（抽象的普遍性）の観点から捉えるのに対して，それは，個々の事例や場合を重視し，物事の置かれている状況や場所（トポス）を重視する．つまり，普遍主義の名のもとに自己の責任を解除しない．
3. 近代科学の知が分析的，原子論的であり論理主義的であるのに対して，それは総合的，直感的であり，共通感覚的である．つまり，目にみえる表面的な現実だけではなく深層の現実にも目を向ける．(p. 189)

この問題を，われわれの臨床の場であるカウンセリング実践に立ち戻って考えてみたい．われわれのもつ臨床の知の1つとして，ロジャーズが現象学的アプローチを強調したことはこれまでに繰り返し述べてきた．それでは，もう一方の，ときには相補的ですらあるとした類型論的アプローチは，ここで言う臨床の知としてどのように位置づければよいのだろうか．われわれは次のように考えている．

われわれがいかに現象学的アプローチでクライアントに接近しようと，面接後にはその体験に基づいて個々のカウンセラーなりの相手に対する像（イメージ）をもたざるをえない．すなわち，自分が今会ったクライアントについてどう理解したかというクライアント理解であり，その臨床像とも言うべきものである．それがどんなに現象学的アプローチに基づいたものであろうと，一時的にせよ対象化され，固定化されるという意味で，一種の類型論的アプローチで

あり，診断的理解ないしは「見立て」(診断・予後・治療についての見通し：土居, 1992) につながる性質をもっている．

現象学的アプローチは，言うまでもなく，今目の前に居る相手が1人1人みなそれぞれに異なった独自の存在であることを強調する．しかし，みな独自の存在だからといって共通に通用する理論も方法もないということにはならない．同じ人間としての共通性はあるのであり，こうした臨床像からある程度の一般化が可能になる．このとき心理学の知識ないし理論は役立つ．その中で一般化の限界を考えていくことが大切になる．

こうした臨床像は，初学者を含めてすべてのカウンセラーが，意識しているか否かにかかわらず，何らかの形でもっていることは間違いない．ただそれが，どの程度明示できるものとしてその人の中で編み上げられ，確認されているかどうかという違いがあるにすぎない．当然初学者においては，そうした臨床像を自分がもっていることすら意識できないことが多いだろう．また，仮に意識できたとしても，それがむしろ現象学的アプローチとしての共感的理解にとって邪魔者になったりする．その点，経験を積んだカウンセラーほど，共感的理解の土台となりうる柔軟な臨床像をもてるようになっていく．

村瀬 (1965) によれば，こうした臨床像には次のような特徴がある．

1. クライエントの体験世界を構成するに当たっては，抽象化そのものを目指さず，抽象を媒介として具体的事象そのものにせまることを目指す．また常にカウンセラーがクライエントとの関係において感じた具体的体験に立ち戻ることによって，抽象を生命化していく．
2. カウンセラーの中に構成されたクライエントの世界の妥当性は，クライエントとのコミュニケーション及びクライエントの世界のもつ必然性に照らしてたしかめられる．
3. 臨床像はクライエントによって受け容れられ，創造的に活用されうる．
4. カウンセラーは自らが構成した臨床像を媒介にして，クライエントに対し改めて親近感をいだき，自己にとって意味ある1人の生きた人間の存在をそこに感ずる．(p. 32，引用者要点摘記)

また，越智（1995）は，本来，本質直観に基づいた類型論が同時にすぐれて現象学的であると指摘し，次のように述べている．

　その類型が人間の本質を深く把握していればいる程，その類型の光に照らして1人1人がどのように生きようとしているか，かえってより明らかに見えてくることもあると考えたいのです．（p. 52）

カウンセラーとして，クライアントをよりよく理解するために，また，クライアントと自分との関係をよりよく理解するために，クライアントへの現象学的アプローチを邪魔しない程度に柔軟でかつ有効な，すなわち，クライアントへの現象学的アプローチをむしろ積極的に援助する臨床像をいかにもちえるのかということが，カウンセリング学習における大きな課題の1つである．そして，そのための前提となる臨床の知としての，新たなる類型論的アプローチ，すなわち理論構築に向けて，われわれは更に事例研究を積み重ねていかなくてはならないだろう．

第②部
体験学習編

第1章　体験学習の位置づけ

1　学習のタイプ

カウンセリングの学習を，大きく，理論学習，広義の体験学習，実践の3つに分けてみた．そして，広義の体験学習を，自分自身を模擬的にカウンセラーの立場に置く体験学習と，自分自身をいわばクライアントの立場に置く体験学習とを含む狭義の体験学習と，自分自身が現実のカウンセラーとして機能する

表1　カウンセリングの学習体系（岡村，1995a, p.3）

学習のタイプ		学習の具体例	学習の焦点			比喩（自動車の教習）	本書との対応
			自己	他者	技法		
(1)理論学習		文献講読	×	○	○	基本的な車の構造や道路交通法の知識を，テキストにしたがって学んでいく．（いわゆる学科）	第1部
体験学習（広義）	(2)体験学習（狭義）	シミュレーション（ロールプレイ　ピア・カウンセリング　試行カウンセリング等）	○	○	○	実地の運転に先立つシミュレータによる模擬体験から教習所内における運転練習（いわゆる第3段階）	第2部
		グループ体験　教育カウンセリング（教育分析）	◎	△	△	運転者としての自己の特質の理解（いわゆる適性検査）	
	(3)実習	スーパーヴィジョン　ケースカンファレンス	△	◎	◎	路上における運転練習（いわゆる第4段階）	第3部
(4)実践		カウンセリング実践	◎	◎	◎	運転免許証取得	

◎○△×：強化の効果が左ほど大きいことを示す．

実践的体験学習である実習とに分けてみた（表1）．今日実施されているカウンセリング学習の1つの整理であって，カウンセリング学習にはこれしかないわけでもなく，またこの整理の仕方しかないとは考えていない，試案的なものである．学習体系案を整理しているこの表に実践が加えられていることの意義については後述する（第3章「核としての体験過程」）．

付された(1)から(4)の番号は，理念的にも現実的にも，必ずしも実際の学習の順序というわけではない．現実には，その適否や当否はともかくとして，理論学習のみで，いきなり実践現場にみずから飛び込むこともあろうし，あるいは，そうした現場に入ってしまっている自分自身を発見することもあろう．また，そのカウンセリング学習が行われる場の特質で，狭義の体験学習，特にシミュレーション学習から始まることもあろう．さらには，自分自身のカウンセリング学習の一環のつもりではなしに体験したグループやカウンセリングの体験が，後に自分自身のカウンセリング学習の1つとして位置づけられる場合もあろう．実際には，下手にカウンセリング学習のプログラムをこなすつもりでこれらを受け身的に体験するよりも，そうした場合の方が，結果として望ましい場合もある．

しかし，まったくの初学者にとっては，付された番号が，だんだん現実の1人のカウンセラーとして機能する実際のカウンセリングの実践場面に近いものになるという点で，大まかな学習の順序を示すことになるかもしれない．ただしこれは，段階（stage）というよりは位相的なもの（phase）であって，理論学習が終わったら体験学習，体験学習が終わったら実習と進み，先に進めば前のものは顧みなくてもよい，といったものではありえない．理論学習も体験学習も実践に並行しうるし，あるいは後に述べるような意味では（第3章1「カウンセリングの学習過程」），その学習の具体的形態にかかわらず，並行せざるをえない，またはすべきものであるだろう．

2　あるカウンセラーの学習歴

1つの参考として，図1には，ある現役のカウンセラーのカウンセリング学習歴が模式的に示してある．大学の学部3年次から，大学院を卒え，就職してある相談機関のカウンセラーとして数年を経ている．

第1章　体験学習の位置づけ　　　　　　　103

学習のタイプ		学部生	大学院生	相談機関カウンセラー
(1) 理論学習		/////		
(2) 体験学習	ロールプレイ		///// /////	/////
	グループ体験	/////		/////
(3) 実習(スーパーヴィジョン)				
(4) 実　践			/////	

図1　あるカウンセラーのカウンセリング学習歴（岡村，1995a, p.4）

　このカウンセラーは，一度大学を卒業して短い社会人の体験を経てからカウンセリングの学習を開始し，関連のコースに学士入学した．彼によれば，彼が所属した大学や大学院にこの図に整理されているようなカリキュラムが用意されていたわけでもなければ，これをカウンセリング学習のプログラムとして教示されたりしたわけでもない．また，当時このようなプログラムがカウンセリング学習のプログラムとして存在していたわけでもないと言う．カウンセリング学習のよい仲間集団（保坂・岡村，1986）を得ることができ，その仲間たちと模索しながら自分たちのカウンセリング学習を進めていったのだと言う．それが結果として，われわれの学習体系案と非常な一致を見せた（大まかなのは仕方ないとして，一致しているところのみを図示したと言った方が正しいかもしれない）．

　彼が自分のカウンセリング学習にとって最も有意義だったとするのは，図示されたようなプログラムをこなしたことではなかった．また，カウンセリングのよい学習仲間集団を持てたことでもなかった．そうではなく，そもそもよい仲間集団を持てたことであったと言う．そこで純粋で偽りのない姿で居ることを体験し，自分自身の変化と成長の体験をもてたことであり，そのようなことを可能とする仲間集団がありうるという体験ができたことだと言う．また，カウンセリング学習に関して，その仲間集団のどんな模索をも許容し，その模索はときには彼らが訓練と実践の場として所属した大学付属の相談施設の構造を揺るがすほどのこともあったが，それを温かく見守った先輩や指導教員の存在

であり，それらの人々の存在がつくり出す風土であったと言う．彼の思いを彼のことばで要約すれば，彼はカウンセリングをカウンセリング的風土をもつ集団の中で学んだと言う．

図1に戻る．体験学習の具体例としてはロールプレイとグループ体験，実習の具体例としてはスーパーヴィジョンのみが記載されているが，これは彼がこれしか体験しなかったということではない．若干の補足をする．

理論学習 理論学習は，当然のことながらずっと続けている．彼もわれわれ同様，ロジャーズの学習から始め，一時ユングに強く惹かれたこともあったらしいが，今はロジャーズの他，精神分析，特にサリヴァン，サールズ（Searles, H. F.），ウィニコット（Winnicott, D. W.），バリント（Balint, M.），コフート（Kohut, H.）などに親近感を覚えると言う．精神分析の概念には馴染めなさを感じることがなくはないが，臨床実践感覚には同感できると言う．

シミュレーション ロールプレイは，学部時代に心理学実験演習の1コマとして行った体験を参考に，大学院に入ってから，先に記した仲間たちとまさにみずからに課した初期の訓練としてこれを行ったと言う．訓練中のカウンセラーとして，かなりインテンシヴな試行カウンセリング（鑪, 1977）も数例体験している．いずれもそのためのケースカンファレンスを仲間と組織・運営したり，個人ないしはグループでのスーパーヴィジョンを受けたりしながらである．

後に行っているロールプレイは，自分が指導者として参加しているロールプレイの学習会で，カウンセラーとしての自己点検のために，他の学習者と同等に行っているものだと言う．彼には，指導者としてデモンストレーション面接をするという意識は希薄のようである．彼は大学院の博士課程の頃より間断なくロールプレイの指導を行っているが，フレッシュな訓練生から忘れていたことを新たに学び直すことになったり，自分とはまったく異なった感性と接することで自分の思わぬ面が開けてきたりして，自分自身が訓練生であるときと同様学ぶことが多いと言う．

グループ体験 グループ体験は，彼の場合，カウンセリング学習の一環としてより，みずから求める自己成長の場として，学部時代から大学院時代にかけてかなり多く体験している．結果として，カウンセラーとしての自己成長にもかなり役立ったと言う．最近のグループ体験は，それまで同様自己成長の場で

あると同時に，カウンセラーとしての自己成長も以前よりはいくぶん意識されているらしい．

グループのファシリテータ体験（第2章第2節「グループ体験」参照）は実践の領域に入るものだが，これも彼は，大学院時代より間断なく行っている．ファシリテータとしての成長などということよりは，1人の人間としてそのときそこに居る自分自身を体験すること，結果としてそのことがグループやメンバーの役に立つことがあることに，彼は喜びを感じていると言う．

教育カウンセリング　これは自分の教育カウンセリングだと明確に意識して受けたカウンセリング体験はないと言う．ただ，彼は，学部時代にあるきっかけを捉えて，みずからカウンセリングを1年半ほど体験している．ぼんやりと「これが自分の教育カウンセリングということになるのかなぁ」という意識はあったらしいが，今，彼は，これを自分のカウンセリング学習の一環としての教育カウンセリングとは捉えていないと言う．しかし，そのときの体験が，グループ体験同様，自分がカウンセラーとして居るときの原体験の1つになっていることは間違いないと言う．彼は，少なくともいま一度は，今意識されている切実な問題があるわけではないが，カウンセリング学習として必要だからというのではなく，自分自身のために，またカウンセラーとしての自分自身のために，カウンセリングを体験したいとこころから思っていると言う．

スーパーヴィジョン　スーパーヴィジョンは，当然のことながら実習の開始と同時に受けている．大学院時代の一時期が空白になっているが，これはスーパーヴァイザーの都合で空白になったと言う．彼の場合，個人スーパーヴィジョンよりグループ・スーパーヴィジョンの方が多いらしい．また，彼にとって最高のスーパーヴァイザーは学習仲間（集団）だったとも言う．これまでのスーパーヴァイザーたちとは違うタイプのスーパーヴァイザーとのインテンシヴな個人スーパーヴィジョン体験をいずれもちたいと言う．

ケースカンファレンス　ケースカンファレンスについては図示しなかったが，当然，そのときどきの自分の実践現場のケースカンファレンスに参加している．ただし，彼は，ケースカンファレンスが，先輩カウンセラーをスーパーヴァイザーにいただいた後輩カウンセラーのグループ・スーパーヴィジョンのようであることを好まないと言う．それはケースカンファレンスとしてではなく，グ

ループ・スーパーヴィジョンとして正規に行えばいいと考えており，ケースカンファレンスの場がそのように構成されてしまうと，サボってしまうことも多いと言う．スーパーヴィジョンということばを遣うなら，ケースカンファレンスは相互スーパーヴィジョンでありたい，と彼は考えていると言う．

これらの場で，彼がいわばスーパーヴァイザーとなったり，先輩カウンセラーになったりすることも多くなってきている．が，ロールプレイの場合同様，教えることよりも学ぶことの方が多く，いつもエキサイティングだと言う．

ともあれ，学習のタイプは，初学者に対しては大まかな学習の順序を示すことになるかもしれないが，それは段階というよりは位相的なものであるということの意味を，この図やこの例から感じ取っていただきたい．

3　学習のヴァリエーション

表1には，現在一般に認められる学習具体例をあげているが，ヴァリエーションはいくらでもありえよう．これでなければならないという性質のものではないということをあえて付言し，強調しておきたい．例えば，体験学習のいずれかに，夢を記録すること（e.g., 越智，1997；鑪，1979），箱庭を置くこと（e.g., 東山，1994；岡田，1993）などが入ってもいい，などである．

一方，もしどのように学習したらよいかについて何の手がかりもない場合，特にまったくの初学者の場合，この程度（表1）のことは体験しようという目安になるかもしれない．乱暴な言い方になるが，みずから取り組もうと具体的に思われたものから取り組まれるのがよかろう．最近多い，やみくもにカウンセラーになりたいという大学の学部学生あたりを念頭に置いて，以下を記しておく．

　　カウンセリングのまず実習，まず実践というのはいかにも無謀だが，ヴォランティア活動という実習，実践などはよい体験になるかもしれない．それは思ったほど気安いものではないかもしれないし，援助されたのはむしろ自分の方であったという体験になるかもしれない．いずれにしてもまさにその体験がいい．そして，その体験を仲間と分かちあってみたい．
　　気張らずにロールプレイごっこをしてみるのもよいかもしれない．演劇

の練習などもどうだろう．妙に笑えてきたりせずに，役をこなせるであろうか，役になりきれるだろうか．こなせない，あるいはなりきれないかもしれないし，何とか，できる自分になれるかもしれない．いずれにしてもまさにその体験がいい．同じく，その体験を仲間と分かちあってみたらいい．

　気軽にグループ体験，カウンセリング体験をもってみたらどうだろう．大学にある学生相談室などでこうしたサーヴィスを受けられる．何よりともかく現役のカウンセラーと会ってみる，接してみる，話してみるのはいい．その結果がいわゆる良い体験であるに越したことはないが，いわゆる悪い体験に終わってもいい．そのことを相手のカウンセラーと話し合えたらもっといい．

　日常の関係の中で，援助されたり援助したりする体験を，つぶさに感じ取ってみることもいいだろう．自分の気持ちにのみ基づいた善意がいかに忌避されるか，あるいは，それにもかかわらず，いかに人はそれを寛容に受け容れてくれていることか，すなわち，自分を援助してくれているか．いずれにしてもまさにその体験がいい．それらをその相手と直接に話し合ってみたらいい．

　理論学習ということばが堅苦しいが，仮に本を読むことだとすれば，カウンセリングだの心理療法だのの表題のついた本ばかり読んで，みずからの体験の幅を狭めることはない．詩や小説にも大いに親しみたい．人間のありうる（体験の）姿への感触を豊かにしたい．いずれの領域の読書にせよ，教科書のようなものばかり読むよりも，いわゆる古典に取り組んでみることも勧めたい．その本に書いてあることを理解するためというよりは，理解できるに越したことはないが，そのためにも，読むことを通じて自分が鍛えられていくことであり，結果としてその本を理解できる自分を，育て，獲得する営みに意味がある（藤本，1990；岡村，1993）．分かっても分からなくても，まさにその体験がいい．などなど．

　この際，もし幸運なことに，どんな具体的な学習も自由に選べるとしたなら，自分がなぜまずコレをやるのか，次に何をやろうと思っているのか，そのあた

りの自分自身のありようについてつかむようにしてみたらどうか．要は，ことカウンセリング学習に関して言えば，アレコレの学習をした，体験をした，知識を得たということではなく，それぞれの学習を自分自身の体験過程と照合し，その体験の意識化を目指す中で進められたものでなければ，カウンセリングの学習としてはほとんど意味をなさないということである．

4 学習の焦点

表1には単に，自己，他者，技法としか記されていないが，自己理解，他者理解，技法理解の意味である．この際の理解には注釈を要する．

自己理解 例えば自己理解と言うとき，それは，ある性格検査をして「私は○○タイプです」といったような自己理解を指すのではない．それも一種の自己理解のありようには違いない．が，カウンセリング学習として要請されている自己理解ではない．○○タイプであるという結果を自分がどう受けとめるか，どう受けとめている自分があるのかという，自分自身の体験過程への照合，そしてその意識化という意味での自己理解が，ここで大切な自己理解である．検査結果に一喜一憂する自分，あるいはしない自分をつかまえること，またどのように一喜一憂している自分，あるいはしていない自分なのかをつかまえること，これがここで言う自己理解である．初学者によくあることだが，「結果が『異常』でなかった．良かった．カウンセラーになれそうだ」，「結果が『異常』だった．自分はカウンセラーに向いていない」というだけでは，いずれもカウンセリング学習で要請されている自己理解からはほど遠く，どちらもまだカウンセリングの学習を始める準備ができているとは言えない．

他者理解 他者理解に関しても同様であって，同じく仮にある性格検査をして，ある人が○○タイプであったとして，「○○さんは○○タイプです」と言うだけでは，カウンセリングに活きる他者理解にはならない．「○○さんは○○タイプである」ということを，自己理解の場合と同様，自分がどう受けとめるか，どう受けとめている自分であるのかという，自分自身の体験過程への照合，そしてその意識化が伴って初めて，活きた他者理解が生まれる．カウンセラー自身の体験の分化のみがクライアントの体験に敏感に応答しうる土台となるのであり，自己理解と他者理解との相属性があると言えよう．

技法理解 技法理解についても同様である．技法理解とはこれこれの技法がある，あるいは，これこれの技法はカクカクシカジカであるとアタマで知っていること，すなわち，概念化された専門的知識としてもっていることを意味するのではない．そうした外在化されているものではなく，自分自身の（カウンセラーとしてであるにせよ何にせよ）機能しているありようが，活きた対人関係の場を切り開くものとして，自分自身の体験過程に照合されて，意識化されてあるもの，これこそここで言う技法理解の名に相応しい．それを明確に表現したものが理論であろうし，その形成ないし獲得の歩みが，ロジャーズならロジャーズの臨床心理学者，カウンセラー，心理療法家としての生涯であったと言えよう．あるいは，概念化された専門的知識がみずからの体験過程と照合されて，そこに根差したものになったとき，初めてここで言う技法理解になる．

1回1回のカウンセリング場面，瞬間瞬間のその場面でのやりとりを考えた場合，すでにもっている知識を活用すると言っても，この知識をここで使ってみようといった，固定した何かを相手に当てはめる形では成功しないこと，そうではなく，相手との間で今生じている活きた場面の中で，その知識を常に新たに活かし直すことで，意味ある援助的交流が生じることを述べたが（第1部第1章2のうち「自己実現」参照），それがここで言う技法理解である．その意味では，瞬間瞬間が技法の新たな創造であるとさえ言ってよい．ロジャーズ（1951b）は次のように言う．

> 個人が援助されるのは，おそらく，第1に，知識が身につけさせられるからではなく，健全で建設的な関係がそこにあるからである．……臨床心理学とは知識を巧みに適用することだとしてしまうと，最も潜在可能性に富む要因，すなわち，2人のひとの人間関係を否認し，無視することになってしまう．
> ……知性の活用については，豊かな伝統の後ろ盾があるのに引き替え，人間の関係能力の活用については，ほとんど伝統も経験もないのである．……相手のひとにひととして処するということは，みずからをその関係の影響によって変容するようにオープンにすることでもある．
> ……私たちはクライアントと，温かい，ひととしての人間関係，すなわ

ち，クライアントにとってと同様，私たち自身にとっても意味のある関係に入るのである．(pp. 175-176)

　いずれにせよ，ここで言う理解はいずれも，アタマで理解していること，概念化された知識としてのみ理解していることを指すのではない．そうしたものをも含みつつ，それが自分自身の体験過程に照合されて，そして望ましくは意識化されてあるという意味での理解のことである．自分自身のものになっている，身についている，血肉と化しているという意味での理解である．

　表1に記載された◎，〇，△，×の記号は，現実の学習場面でそれぞれの学習のタイプが，結果としてどれを強化するかについての大雑把な理念的な印象にすぎない．これは学習者自身の姿勢や指導者の姿勢によって，個々の場合においてかなり異なりうる．まったくの初学者には1つの目安のようなものになるかもしれないが，自分なりの学習計画のもとに，また自分が身を置いている現実の学習の場の特質に応じて，学習前，学習中，学習後のいつの時期でも，自分自身の体験過程に照合して，自由に印をつけ替えるのがよいだろう．

　例えば，理論学習のつもりの文献講読が，自分自身にとって非常な成長促進的体験となって自己理解を深めることもある．また，スーパーヴィジョンが，他者理解や技法理解を通じて，自分自身が逆に映し出され，自己理解を深める体験になることもある．さらに，狭義の体験学習が，シミュレーション学習における指導者の話すことや行動からだけではなく，それをも含めてその人のまさにありようから，自分自身の技法理解を大いに深めることもある．学習者，指導者の姿勢次第で，すべての学習のタイプがすべての学習の焦点に，何らかの形で寄与しうる．

　はっきりしているのは，カウンセリングの実践は，自己理解，他者理解，技法理解の，理想的には，上に述べたような意味での，これら3つともどもの理解の遂行においてあり，現実的には，これら3つの理解への志向性ないし試行性においてあるということである．模式化はこの点を強調することに少しは成功しているかもしれないが，同時に，それぞれの学習タイプの特質を際立たせようとしたあまり，単純化しすぎの点があるかもしれない．

第 2 章　体験学習の実際

第 1 節　シミュレーション学習

1　シミュレーション学習の位置づけ

　一口にシミュレーション学習と言っても，後に見るように多様である．ここではロールプレイないしロールプレイングなどと言われているものを念頭に置いて，その意義を考えておきたい．

(1)　実践のシミュレーション

　実践にはやり直しはない．あることをすれば，それをしたという過程が進む．あることをしたということを取り消すわけにはいかない．それを取り消そうとすれば，それを取り消そうとしたことが起こったという過程が進む．このような意味で，実践にはやり直しがない．それに対して，シミュレーション学習にはやり直しがきく自由さがある．それは試行錯誤であり，失敗して当然のリハーサルである．

　このことは，しかし，実践には決して失敗があってはならないし，試行錯誤であってもならないというリゴリズム（厳格主義）を意味するのではない．現実の実践こそは失敗と試行錯誤の連続であるとさえ言ってよい（偉大な実践と理論の源泉の1つはここにある．次項の(1)「観察・間接体験」参照）．その失敗や試行錯誤をも過程に織り込んで進むのが現実の実践である．現実の実践にはそういう意味の自由さと同時に困難さがある．それに対してシミュレーション学習は，この困難さの方を排し，やり直しのきく自由さを活かして，実践への

橋渡しをする．それは，自分らしさを活かしたカウンセリングの実現に向けての，（カウンセラーとしての）自分自身のありようの模索体験学習である．

例えば，多くの場合，現実の実践では，体験（過程）―（体験過程の）意識化―コミュニケーション（体験過程の現実化）の3者が一致しない．具体的には，思っているように動けない，思ってもいないように動いてしまう．シミュレーション学習では，これをやり直しつつ，これら3者の一致における自分自身のありようについての感触をつかむべく，安心して模索できる．

この際，自分自身のありようについての感触というのが大切である．自分にはこういう理解の仕方の癖があるようだ，自分のこういう理解の仕方は活かせそうだ，自分にはこういうやり方の癖があるようだ，自分のこういうやり方は活かせそうだ．それを安心してやり直しつつ学んでいく．現実の実践も，やり直しのきかないという困難さをかかえつつ，その内実はこのようである．その意味でも，現実の実践への橋渡しとしてのシミュレーションである．

自分自身の体験過程との照合を行なうことなく，こういうことを言うクライアントはこういう人だ，こういうクライアントにはこう言えばいいといった学習になるなら，しかもそれを単に指導者から教えてもらうというありようでしかないなら，しない方がマシかもしれない．そうしたありよう自体が，現実に機能すべきカウンセラーのありようからほど遠いからである．

(2) 第2次学習――実践の雛型体験――

ここで言いたいのは，シミュレーション学習での学習体験が，実践における雛型体験になりうるということである．指導者の指導したい事柄，学習者の学習したい事柄ではなく，指導者の指導のありようを，そのまま学習者がカウンセラーのありようとして第2次学習（deutero-learning；Bateson, 1972, pp. 157-340）する可能性があるということである．

戯画化して言えば，われわれはいわゆる教育を通じて，教科の内容について学習する以上に，「相手の要求に応じないと，悪い点数という形で無能の烙印を押され，辱められ，罰せられる．だから相手の要求には応じなければならない」と自分を矮小化したありようを学んでしまうことがある．さらには，「これから逃れるには，相手の要求に応じたフリをしさえすればよい」といったように，

いわゆる教育が本来目的とするところとは反対のことや，それとはまったく別のことを，教育の成果としていることはないだろうか（岡村，1996b）．

同じように，カウンセリング学習の指導者がカウンセリングにはコレコレが大切であると一生懸命力説する．学習者もそれを一生懸命学ぼうとする．例えば，それが受容と共感だとする．ところがそこには，指導者自身の，学習者の受容も，学習者への共感もないとする．学習者は，アタマに受容と共感の大切さをたたき込むかもしれない．そして，不幸にして，次のようなことが起きるかもしれない．

> ……無意識のうちにカウンセリングには正しいやり方があるという考えが芽生えてしまったために，院生カウンセラーは，自分のしていることは「正しい」のか，それとも「間違っている」のか，と感じたり……そのため，自分に誠実とは言えない方法で行動しようと一生懸命努力するという，心理療法家にとってもっとも有害なスタートを切ることがときとしてあったのも事実である．（Rogers, 1951a, pp. 430-431　保坂他訳，2005, p. 272）

同時に学習者は，大切なこと，この場合，受容と共感を相手にたたき込むには相手に対して受容的，共感的であってはならない，また相手の一生懸命さが大切であるということの方をこそ多大に学習し，身にしみ込ませるかもしれない．そして，例えば，大切なのは自分自身がカウンセラーとしてクライアントに対して受容的，共感的であることなのに，子どもに対する受容と共感の大切さを当のクライアントである親に一生懸命伝えようとして，逆のことをしてしまう．つまり，その親に対して受容的でも共感的でもないありようで，「子どもを受容し共感することが大切ですよ！」と言い，親を，あなたは子どもに対して受容的でも共感的でもない，一生懸命さが足りないと責め，罪悪感をもう1つ植えつけるかもしれない．

ロジャーズ自身（1957b　西園寺訳，1968），初期のカウンセラー養成において犯したこの種の過ちを踏まえて，次のように言う．

> ここであてはまるように思われる一般的な原理は，もしも教える場面の

雰囲気や教える人と初歩のカウンセラーとの関係が，セラピィにおいて存在する雰囲気や関係と同じものであるならば，それならば若いセラピストは，セラピィの経験はどんな経験であるかについての知識を，自分の内臓において習得しはじめるであろう，ということです．(p. 137)

同じようなことが，また別の面にも起こりうる．すなわち，ここでの体験が引き続くカウンセリングの体験学習，具体的にはグループ体験，教育カウンセリング，スーパーヴィジョン，ケースカンファレンスの雛型体験になりうる．そして，指導者の指導のありようによっては，感受性豊かな初学者によって，いずれか，あるいは，すべてが回避学習される可能性がありうる．もちろんわれわれは，いつでも再び始めることができる．しかし，最初が肝心ということもよく知っている．以上いずれも，学習者の立場からしても，指導者の立場からしても，こころにとめておきたいことである．

(3) 指導者の問題

これに関連して，いわゆる指導者の問題にふれておきたい．シミュレーション学習は現実には，グループで学習することの意味が自覚されているか否かは別として，グループで進められることが多い．後述するような積極的な観点から，われわれはグループで学習することを勧めたいが（本節3(2)「グループ学習」，第2節「グループ体験」），その際，現実には，課されたプログラムとして，あるいは，自由に選択できるプログラムとして，いわゆる指導者がそこに居る場合も，居ない場合もあろう．自主的な学習グループとして形成され，そこに指導者を迎える場合も，迎えない場合もあろう．はたして指導者は必要か．

指導者は必要である．なぜなら，初学者はいかになすべきか，いかにあるべきかの体験に乏しい．だから，当然どんな場合でも指導者は必要である．これは正論である．だが，学習者の立場から見た場合，その意味内実は慎重に吟味しなければならないが，必要なのは，良い指導者であって，悪い指導者ではない．また，必要なのは，みずから選んだ指導者であって，押しつけられた指導者ではない．これも正論であろう．学習者から見て，指導者が必要だとしても，少なくとも，悪い，押しつけられた指導者は居ない方がマシだということが導

かれても不思議でない．

　初学者の立場から見て，まず，自分たちがおずおずと自主的に歩み始めたとき，どんな形であるにせよ，それを見守ってそこに居る（available：資源として利用可能な）人が，指導者の名に相応しくはあるまいか．指導者という名の人がそのグループの中に物理的には存在していなくても，学習者個々人のこころにそれぞれ，あるいは，学習グループのこころに共有された名としての指導者はあるのではあるまいか．それがない場合，まず，自主的な学習グループ形成は起こりえないし，また，プログラムとして課され，押しつけられた指導者をいただく学習グループにおいても，そうした意味での指導者の存在がなければ，意味ある学習グループにはなりえないのではあるまいか．その意味では，指導者は，常に，要るのではなく，居るのである．指導者の要不要の問題ではなく，その学習者にとっての指導者の存否の問題なのである．

　次に，良いないし悪い指導者と言っても，その個人の体験過程に照合しての意味が大切である．それなしに論ずることはできない．つまり，誰にとっても良いないし悪い指導者はありえない．自分にとって良いないし悪いの意味内容が体験過程に照合されて明らかになっているかどうか，それを明らかにすることが，学習者にとってまず必要な課題であろう．良いと言われている指導者が自分にとっても本当に良い指導者なのか，悪いと言われている指導者が自分にとっても本当に悪い指導者なのか，かつ，どのような意味で自分にとって良いないし悪いのか．この意味で，学習者のこうした体験過程に照合する学習を援助できるか否か，その意味での良いないし悪い指導者というのは確かにありえよう．

　さらに，確かに指導者はみずから選んだ指導者であるに越したことはない．指導者が選べないうちは，まだカウンセリングの学習はその軌道に乗っていないとさえ言ってよい．自分の五感は当然として，第六感も含めて，自分自身で確かめることが大切である．この場合，選択の自由＝責任はみずからにあることが明確であり，その意味で，みずからの体験過程に照合しないわけにはいかないからである．だが，押しつけられた指導者から学ぶべきことがまったくないわけではない．仮にその指導者とウマが合わなかったとした場合，そのウマの合わなさについて，みずからの体験過程に照合することを通じて学べること

はある.そして,そのウマの合わない指導者から,そうした体験過程に照合する学習に援助されるものがあり,その学習が成功に終わり,そこには,ただウマの合わない指導者が居る(居た)ということだけになれば幸いである.

学習者にとってのポイントは,以上のように,みずからの体験過程に照合しみずからの学習を進めることを前提として,指導者がそれを見守りそこに居る人であるか否か,それを見きわめることであろう.岡惚れや盲信,忌避や嫌悪を含みつつ,指導者とつきあい,指導者とつきあう自分とつきあい,双方を見きわめ,そして選ぶことであろう.この営みがそのまま実践における3つの理解の訓練になれば幸いである.

指導者としては,このような学習者の学習を援助するものとして,いずれもロジャーズからの引用をもって代えるが,次のことはこころしておきたい.学習者としては,カウンセリング学習における学習のありようについての,別の面からの示唆となるだろう(コラム〈メンター〉参照).

① 指導者は学習者の学習促進者である.「われわれは他の人に直接教えることはできない.われわれにできることは,他者の学習を促進することだけである」(Rogers, 1951a, p. 389 保坂他訳,2005, p. 234).

② 指導者自身の成長過程なくして学習者の成長過程はありえない.「確かに心理療法を行っていくならば,心理療法家の側にも絶えざる成長が求められます」(Rogers, 1961, p. 14 諸富他訳,2005, p. 19).

③ 学習者が究極的に求めるのは,指導者の見守りつつの存在である.「もののいのちに干渉すれば,そのものをも[干渉する]自分自身をも害することになる……みずからを押しつける者は,表立ってはいるが小さな力しか持たない.みずからを押しつけない者は,表立ちはしないが大きな力を持つ」(Rogers, 1979, pp. 41-42 ブーバーからの引用).

2 シミュレーション学習のメニュー

自分がその場で,いわゆるカウンセラーの立場に居るか否か(参加×観察),いわゆるクライアントと同席ないし対面しているか否か(直接×間接)の2次元から整理してみた(表2).表1同様,今日実施されているシミュレーション学習の1つの整理であって,シミュレーション学習にはこれしかなかったり,

―― コラム〈メンター〉――

　経験を積んだ専門家が初心者の専門家の自立を見守り，援助する，相対的にインフォーマルなコミュニケーション，として位置づけられるのがメンタリング（mentoring）機能であり，その援助者に当たる先達をメンター（mentor）と呼ぶ．岩川（1994）はメンタリングというコミュニケーションの様式について，次のように説明している．

　　　メンターは，語源的には，『オデッセイ』の中で，オデッセイの忠実な助言者であり，その子テレマコスの世話と教育を任された人物メントールに由来するものであり，「賢明で信頼のおける相談相手」という意味合いをもつ．
　　　専門家教育におけるメンタリングの定義は多様であるが，たとえば，各種の専門家教育におけるメンタリングの研究に共通する要素として，次のような5つの相互作用の特徴が挙げられている．
　　（1）　援助的・支持的な関係であり，目前の課題の遂行よりも，より長期的で広い展望に立つ活動である．
　　（2）　情緒的・心理的な支持，専門的な成長の援助，専門家としての役割の形成などの機能を果たす．
　　（3）　援助される側だけではなく，援助する側にとっても意味をもつ，相互的な関係である．
　　（4）　マニュアル的な出版物による情報公刊などを越えた，人間と人間との直接的な相互作用を必要とするパーソナルな関係である．
　　（5）　援助する側は，援助される側に比べて，特定の組織の中で，より豊かな経験と影響力と実績をもつ者である．（pp. 98-99）

　われわれは，このメンタリング機能にも注目したいと思う．

またこの整理の仕方しかなかったりとは考えていない，試案的なものである．最小限の記述にとどめてあるので，実施に当たっては積極的に文献に当たることを期待したい．

（1）　観察・間接体験

　公刊されている事例を読み，カウンセリングの実際や雰囲気に親しむことであり，事例の理解やカウンセリングの実際についての間接的な体験学習である．フロイトやロジャーズなどの先達の先駆的ないし著名な事例に親しみ精通する

表2 シミュレーション学習のメニュー（岡村，1995b, p. 1）

		自分がカウンセラーの立場に居る	
		NO（観察）	YES（参加）
クライアントと同席ないし対面している	NO（間接的）	(1) 観察・間接体験 　　　（事例研究） ① プロセス・ノート ② 逐語記録 ③ AV 記録	(3) 参加・間接体験 A　アドリブ法 ① 紙上応答法 　(a) フラグメント法 　＊ 応答構成 　(b) シークエンス法 ② 聴取紙上応答法 　(a) フラグメント法 　(b) シークエンス法 ③ 聴取即答法 　(a) フラグメント法 　(b) シークエンス法 B　シナリオ法——シナリオロールプレイ法
	YES（直接的）	(2) 観察・直接体験 ① デモンストレーション・インタヴュー 　（ケース・プレゼンテーション） ② 陪席（インテーク実習）	(4) 参加・直接体験 A　ロールプレイ ① ロールプレイ ② 立体ロールプレイ 　(a) カウンセラー・タグマッチ法 　(b) カウンセラー・クライアント・タグマッチ法 ③ 相互啓発ロールプレイ B　ライヴ・インタヴュー ① エンパシー・ラボラトリー ② ピア・カウンセリング 　(a) シングル・セッション（ミニカウンセリング） 　(b) マルチ・セッション（ミニ試行カウンセリング） ③ 試行カウンセリング 　(a) シングル・セッション 　(b) マルチ・セッション

こと，著名なカウンセラーの事例に学ぶことはもとより，大学の心理教育相談室などの紀要類にある大学院生レベル，あるいは，それより少し上級のカウンセラーによって公刊された事例に学ぶことなどが含まれる（日本臨床心理学会カリキュラム検討委員会，1993, pp. 22-25）．それが逐語記録の場合もあれば（本邦のカウンセラーによるものとして，e.g., 東山，1992；飯塚・関口，1977；佐治，1966；田畑，1982），さらに（視）聴覚記録の場合もある（本邦で手軽に観られるものとして，e.g., 佐治，1985, 1992b；Shostrom, 1965　佐治他訳，

1980).

　この際まず留意したいのは，（典型的な）上手くいった事例が多いことである．失敗事例の大切さを指摘し，強調しておきたい．実践しているカウンセラーは成功事例によって自信をつけると同じ程度に，あるいはそれ以上に，失敗事例から多くを学ぶと言っても過言ではない．失敗（事例）から学べるカウンセラーでありたい（Casement, 1991；また，e.g., 白石・立木, 1991；友田, 1967）．偉大なカウンセリングの実践と理論の出現の2大源泉が，自己分析と失敗（事例）に学ぶことであったことは周知の事実であり，これを銘記したい（ロジャーズについては，第1部第2章第1節2「クライアント中心療法の誕生」参照）．
　次に，1つの事例の理解，読取りは，その拠って立つ理論的立場によって大いに異なりうるということである（e.g., 河合, 1990；丸田, 1994；氏原・山中, 1991）．いずれが正しいかという議論は不毛なことが多い．つまり，それぞれがそれぞれの面からその事例を照らし出していると考えたい．いずれにせよ，これは成功例だ，失敗例だ，あるいは最初から，この理論は正しい，間違っているなどの予断をもって臨んでは，身にならないのはもとより，せっかくの学習のチャンスをみずから放棄することにつながる．自分自身の立場ないし予断，すなわち，自分自身の考え方，感じ方，やり方を明確化する方向で接したい．
　最後に，記録が逐語記録の場合の留意点については後述するが（本節3(3)「録音逐語記録の検討」参照），（視）聴覚記録がある場合，それを無視した逐語記録のみの検討は，せっかくのデータを活用しないことにつながり，お勧めできない．カウンセリングの実際場面におけるカウンセラーの聴き方に学ぶことが目的になるが，逐語記録だけでは汲み尽くしえぬものがあるのみならず，そのカウンセリングについて，まったくの誤解と言うべき理解さえ生じかねないからである．この点についても後述するが（本節3(1)「ディスカッションのポイント」参照），例えば，ロジャーズのグロリアとの著名な面接について（Shostrom, 1965 佐治他訳, 1980），せっかくあるヴィデオを活用せず，しかも逐語記録の日本語訳のみで検討するなどは，この恐れなしとしない．英語力の有無にかかわらず，できれば日本語に吹き替えられていない原版を一度視聴してみたい．

(2) 観察・直接体験

　上級カウンセラーのカウンセリングを直に観て，実際場面に近いカウンセリングを体験し，カウンセラーの態度に学ぶことが目的である．デモンストレーション・インタヴュー，ケース・プレゼンテーションなどと言われるもの（東山，1986, pp. 169-183）や，陪席などがこれである．後者に関しては，インテーク（受理面接）実習として，上級カウンセラーがインテークする場に立ち合い，書記（シュライバー）として，クライアントとインテーカーである上級カウンセラーとのやりとりを筆記しながら，そのやりとりを見聞きすることが比較的行われている（日本心理臨床学会カリキュラム検討委員会，1993, pp. 31-32）．いずれにせよ，陪席者，オブザーヴァーには高度の倫理性が要請されよう．

(3) 参加・間接体験

　カウンセラーとクライアントとの瞬間瞬間のやりとりを1編のシナリオの生成過程と見立てたとき，その全体は完成された1編のシナリオということになる．その場合，①そのシナリオの次のカウンセラーのセリフに穴があって，あるいは，そのシナリオ全体にわたってカウンセラーのセリフに穴があって，学習者がカウンセラーとして自由にアドリブでその穴を埋めるやり方，②完成された一編のシナリオ通りに再演して体験してみるやり方，などがある．仮に前者をアドリブ法，後者をシナリオ法と呼ぶことにする．

A　アドリブ法（鑪，1973, pp. 211-231）

紙上応答法・聴取紙上応答法・聴取即答法　①書かれているクライアントの発言について，カウンセラーの応答を紙に記入するやり方，②録音されているクライアントの発言について，カウンセラーの応答を紙に記入するやり方，③録音されているクライアントの発言について，カウンセラーとして直ちに応答するやり方，などがある．仮にそれぞれ，紙上応答法，聴取紙上応答法，聴取即答法と呼ぶことにする．

　いずれにせよその目的は，①クライアントは今何を伝え，何を理解されたいと求めつつあるのか，②クライアントはカウンセラーを含めた対人関係的世界を，どのように認知し，体験しつつあるのか，③以上2つを理解しつつある（あ

るいは，理解した）ということをクライアントに伝えるのに，カウンセラーはどのようにことばで表現し，どう伝えたらよいのか，あるいは，どのようにことばとして表現をすれば，クライアントが自分はカウンセラーに理解されつつある（あるいは，理解された）と感じられるか，などを正確に捉えることである．これは，以下すべてのシミュレーション学習に共通する．

紙上応答法に比べて，聴取紙上応答法は，クライアントの発言が音声的に示されるので，発言理解の手がかりが増え，現実性が増す．また，聴取即答法は，即答ゆえに応答に知的コントロールがきかない面があり，カウンセラーの無意識的・前意識的な課題が応答と同時に表面に出る可能性が高いとされる．

フラグメント法・シークエンス法　以上のアドリブ法の3種いずれの場合も，①クライアントの発言の単一の断片にカウンセラーとして応答するやり方，②クライアントとカウンセラーとの発言・応答のやりとりの連続が，多少を問わずあった後に，カウンセラーとして応答するやり方，などがある．仮に前者をフラグメント法，後者をシークエンス法と呼ぶことにする．

フラグメント法では，クライアントの発言のコンテキスト（文脈）が明示されず，それがどのようなコンテキストの中でなされた発言なのか分からないため，想像力を働かせてクライアントについてのイメージをつくり上げるのが難しいと言えよう．これに対して，シークエンス法では，クライアントの発言のコンテキストが見られるので，応答が容易である一方，そのコンテキストに適った応答をする難しさがあると言えよう．

応答構成（小谷，1981）　フラグメント法は，カウンセラーが応答すべきクライアントの発言が単一の断片であるがゆえに，想像力の働かせようによっては，さまざまな応答が自由に行いうるとも言える．このことを逆手にとって，どのように想像力が働いて，カウンセラーの，クライアントについてのイメージづくりがなされたかという観点から，カウンセラーとしてのありようを検討することができる．

こうした方向を狙ったのが応答構成で，カウンセリング過程の展開起点となる場面や典型的な場面において，そのカウンセラーが，置かれている状況の中で，どのような情報処理過程を辿るかを，そのカウンセラーの精神内過程も含めて検討することを目的とする．当然，そのカウンセラー自身の関与や心理力

動の，カウンセリング過程へのかかわりに焦点が当てられる．上述のシークエンス法でこれを行うこともももちろん可能であろう．

　ここまでのシミュレーション学習はすべて1人でも行うことが可能である．しかし，応答構成の訓練モデルでは，学習者の応答様式の再認識・再確認を豊かにしていくために，指導者との1対1の関係のみならず，学習者間の相互作用を最大限に活用しようと，学習者と指導者のクローズドの課題グループとしてのスモールグループ活動を通じて進めていく．この構想は，これ以前のシミュレーション学習にも，そして特にこれ以後のシミュレーション学習にはきわめて強く適用可能である（本節3(2)「グループ学習」参照）．

　B　シナリオ法——シナリオロールプレイ法——（小谷，1987）
　現実のカウンセリングの逐語記録をシナリオに使って，シミュレーションによる再演を通して，カウンセリングの過程，クライアントの心理力動，カウンセラーの機能，それらの意味を体験的・認知的に学習するのがシナリオロールプレイ法である（本節3(4)「学習の回帰性」参照）．
　ロジャーズの『積極的な聴き方』(Rogers & Farson, 1955　日本産業訓練協会訳, 1967) にある事例の活用例（東山，1986, pp. 96-105），「ハーバート・ブライアンのケース」(Rogers, 1942, pp. 259-438) の活用例（東山，1992, pp. 3-4）が紹介されているが，例えば，劇画「カウンセリングの実際—鈴木さんの悩み—」（日精研心理臨床センター，1986, pp. 16-47）の吹出しを，劇画を見ながらシナリオロールプレイするだけで，単にその劇画を読むのに比べて，カウンセリングのイメージづくりにかなり有効であることをわれわれは体験しており，その応用は広い．
　いずれにせよ，以上，この参加・観察体験によるシミュレーション学習の素材には，わざわざカウンセラーの実際の応答箇所が一部ないし全部空白になっているような教材もあるが（邦語で接しうるものとして，e.g., 丸田, 1988；Snyder, 1947　手塚訳, 1968），公刊されている（視聴覚）逐語記録はもとより，みずからの，あるいは学習仲間の（視聴覚）逐語記録さえ素材として活用できるなど，実に多様なものが活用可能である．

(4) 参加・直接体験

クライアントの立場に立つ人が，①架空ないしは現実の他者になって話をするやり方，②実際の自分の話をするやり方，などがある．仮に前者をロールプレイ，後者をライヴ・インタヴューと呼ぶことにする．

A　ロールプレイ（平木・福山，1977；河合，1977b；鑪，1977, pp. 77-174）

基本は，カウンセラーのロールプレイ，クライアントのロールプレイを行うことである．その際，①クライアントを一個の人格として体験することを体験すること，②カウンセラーとして自分自身が相手とともに，今ここに居る体験を体験すること，③カウンセリングの実際場面において対処しなければならない諸問題に体験的に気づくこと，などが主な課題である．その中で，アタマで考えていることとからだを動かしてやることとの違いがおのずと学ばれる．その難しさに伴う悄然とした思いを越えて，アタマで分かっても何もならない，腹の底まで分からなければならないという決然とした，ないしは，粛然とした思いが起こってくれば幸いである．以下，何点かを指摘しておきたい．

（1）ロールプレイ＝役割演技ということばにまつわる誤解に対して，ロール（役割）と自分自身というものは，プレイ（演技）を通じて密着していることを，指摘しておきたい．これに関連して，竹内（1988）の次の記述は十分な吟味に値する．

　　……岡倉［士朗；演出家，1959年没］先生が……「役に生きる」であろうか，「役を生きる」だろうかという質問を出されたことがある．いあわせた誰も返事ができなかったが，岡倉先生は，自分は後者［＝役を生きる］だと考えると主張された．

　　「役に生きる」「役になりきる」という考えの根本には，役というものが客観的なものとしてあり，すなわち，こえの出し方，歩き方など，自分をいろんな形で訓練して，だんだん役に近づけていく，そして最後に役になりきるということになるわけだ．

　　しかし，はたして近似値を追い求めてゆけば，そのものにたどりつけるのか．いつまでいってもおおよそという，蓋然性を手探りするに終わるのではなかろうか．私はこれに反して，自分以外に役というものはないのだ

と考える．例えば，ハムレットという人物が客観的にどこかにいるわけではない．私がハムレットとして行動し，ハムレットのセリフをしゃべるときに，これにハムレットという名がつくのであって，私が想像力でその状況に立つこと以外には，ハムレットはいない．［いるのは，ハムレット（という役）を生きている］私だけである．……（pp. 112-113；傍点引用者）

役に生きるとは，与えられたロールの中に自分自身を押し込め，自分自身のありようを歪曲し否認するようなありようのことだろう．これに対して，役を生きるとは，ロールを積極的に自分のありようの実現の場と化し，ロールをも自分自身をも実現していくありようのことだろう．文中の役をロールプレイのロール（役割）に置き換える，ハムレットをカウンセラーに置き換えるなどすれば，事態は同じことを指しているように思われる．役づくりが上手い人は共感能力も高い，これは特にクライアント・ロールのときに明らかになるようである，と言う者さえある．

（2）ところで，ロールプレイは多く，なぜか初回面接の設定，しかもカウンセラー・ロールを体験することに比重が置かれがちである．しかし，設定に関して言えば，危機的場面の設定でも，最終回の面接の設定でも，学習者それぞれの課題に応じて設定してよい．また，クライアント・ロールを体験することに比重が置かれた，クライアント体験の理解をテーマにしたロールプレイでもよい．さらに進んで，現実の他者ないしはクライアント理解のため，そのロールプレイを行ってみてもよい（本節3(4)「学習の回帰性」参照）．

（3）そして何より，以下のシミュレーション学習においてもそうだが，クライアントにカウンセラーの動きについて直接吟味してもらうことができるメリットには大きなものがある．が，しかし，クライアントの体験からフィードバックされるものが，それが肯定的であっても否定的であっても，カウンセラーのありようを評価する唯一のものではないことは強調しておきたい．ここに指導者の必要性を要請する者もある（横溝，1994, p. 81）．また，クライアント・ロールをする学習者にとっても，それがその学習者にとってのカウンセリング学習である限り，カウンセラー・ロールをする学習者のカウンセラーとしてのありようの検討に尽きるものではありえないことを指摘しておきたい．振り返

りにおけるクライアントからカウンセラーへのフィードバックにおいては，クライアントにも当然カウンセリング学習における学習者のありようが要請される．

立体ロールプレイ（東山，1986, pp. 138-154）　ロールプレイで，カウンセラーが行き詰まった時点で，その都度ロールプレイを一時中断して，今の気持ちやなぜここで行き詰まったかなどについてディスカッションをした後，続きを再開するやり方があろう．このいわゆる立体ロールプレイは，グループ学習において，更にこれをダイナミックに進める．

すなわち，現在進行中の現実のカウンセリングではないが，ロールプレイのカウンセリングを通じて，カウンセリングの行き詰まりとその打開策とを体験的に学習することを目的に，①カウンセラーが行き詰まった時点で，その都度ロールプレイを一時中断してディスカッションをした後，クライアントはそのまま交替せず，カウンセラーのみ別のカウンセラーに交替し，次のカウンセラーの応答から続きを再開するやり方，②プロレスのタグマッチさながら，あるカウンセラーとあるクライアントでロールプレイを始めるが，カウンセラーまたはクライアントのいずれかが行き詰まった時点で，その都度一時中断してディスカッションをした後，行き詰まった方のみが次のカウンセラーまたはクライアントに交替して続きを再開するやり方，などがある．仮に前者をカウンセラー・タグマッチ法，後者をカウンセラー・クライアント・タグマッチ法と呼ぶことにする．

相互啓発ロールプレイ（東山，1986, pp. 155-168）　3人一組のグループをつくり，それぞれカウンセラー，クライアント，オブザーヴァーとなって，ロールプレイを始めるが，カウンセラーまたはクライアントのいずれかが行き詰まった時点で，その都度一時中断してディスカッションをした後，クライアントの問題は変えずに，カウンセラーがクライアントに，クライアントがカウンセラーにロールを交替して，続きを再開することを繰り返す．3人とも3つのロールを行った上で，さらに今の体験全体を話し合って，ロールプレイ体験を深める．オブザーヴァーなしで，2人一組で行うことも可能であろうし，もっと多人数で行うことも可能だろう．ロールプレイのやり方にはこの他にももさまざまなヴァリエーションがあり，工夫次第である．

B　ライヴ・インタヴュー

カウンセラーとして，今目の前に居る人，その人自身の口から，その人自身（の話）を聴くという点で，これまでのシミュレーション学習とは決定的に異なる．

これにもさまざまなヴァリエーションがありえようが，①面接時間が現実の多くのカウンセリング・セッションと同じ程度の長さかそれより短いか，②クライアントは学習グループ内の人か否か，③1回限りの単発の面接か（シングル・セッション），複数回継続しての面接か（マルチ・セッション），④オブザーヴァーが居るか否かなどの点から，あらかじめ整理しておきたい．

最初に取り上げるエンパシー・ラボラトリーは，面接時間は現実の多くのカウンセリング・セッションより短く，クライアントは学習グループ内の人で，1回限りの単発の面接で，しかもオブザーヴァーが居る．次のピア・カウンセリングまたはミニカウンセリングになると，オブザーヴァーは居なくなり，さらにミニ試行カウンセリングになると複数回継続しての面接になる．最後の試行カウンセリングは，面接回数があらかじめ決められる点，クライアントは訓練中のカウンセラーの訓練への協力者としてカウンセリングを開始する，学習グループ外の人である点を除いて，すべて現実のカウンセリングとまったく同じである．つまり，以下説明していく順に現実のカウンセリング場面へと近づく．

エンパシー・ラボラトリー（増田，1986）　共感を体験的に学習することを目的に，3人一組になって，順にそれぞれカウンセラー，クライアント，オブザーヴァーを体験し，ある1人を他の2人がそれぞれの立場を通して観察することによって，それぞれが自分自身のありようを再確認し，または修正する．面接時間は20分程度である．

このやり方は，クライアントが，今実際に自分が気になっていること，課題や問題にしていることを取り上げないで，ロールを行うことにすれば，ロールプレイの1つのヴァリエーションとも言える．

ピア・カウンセリング（横溝，1994）　ピア・カウンセリングということばは，①非専門家によって行われるカウンセリング的援助活動，②同じ問題または生活空間や生活時間を共有する人々の間で行われる相互援助活動，③援助活動を行うために組織された市民レベルの活動，などを含んだ概念として用いられて

いる（福山，1993）．ここでは第2の意味で用いられる．

　カウンセリングの学習者が，カウンセリング学習を目的としてカウンセリング関係を結び，相互にカウンセラー，クライアントの立場を交替しながら，双方の（立場での）体験をすることを通じて，カウンセリングやカウンセリング関係の理解を体験的に深めていくことを目的とする，カウンセリングの体験的学習方法の1つである．本番のカウンセリング体験への橋渡しとしてのカウンセリング体験を，模擬的ないしは試行的に行って，カウンセリングの実際を体験するだけでなく，カウンセリングにおける甘さを戒めると同時に，厳しさに目覚める，つまり，カウンセラーを目指す個人がみずからクライアントになって自分自身に直面することも大きな目的である．1回の面接時間は30分である．

　これのヴァリエーションとして，ミニカウンセリング（岸田，1990, pp. 123-166）では，1回の面接時間は15分である．これと次の試行カウンセリングとの中間にあるミニ試行カウンセリング（田畑，1982, pp. 228-245）は，複数回継続しての面接で，カウンセラー体験，クライアント体験を，同一クライアント，同一カウンセラーを相手に，数回（最低2回～最高10回）の面接をする．ただし，1回の面接時間は週1回で30分を限度としている．

試行カウンセリング（鑪，1977, pp. 175-282）　より一層現実的条件を加味して，実際のカウンセリングと同じ面接時間，同じ面接状況で，試行カウンセリングであることに了承を得られたクライアントと，1回限り単発ないし複数回継続して（5回ないし10回）面接を行う．カウンセリングの本番をカウンセラーとしてやる前に，カウンセリングの本番と同じ条件で，しかし回数を限定して，試みにカウンセラーとして活動してみることを通じて，カウンセリングにおける自分自身のカウンセラー体験，およびカウンセリング関係の体験過程を吟味する．

3　シミュレーション学習の進め方

　以上見てきたように，シミュレーション学習といっても多様であるが，ここではロールプレイを念頭において，いくつかの問題点について考えておきたい．シミュレーション学習の他の学習形態にも応用可能であろう．

(1) ディスカッションのポイント

不毛な正解探し　よく起きるのは，カウンセラーの応答がこれで良いかという議論である．そうした問いがカウンセラー自身から発せられることもあれば，クライアントやオブザーヴァーないしその学習グループのメンバーから発せられることもある．このとき最も残念なのは，カウンセラーはどこかしら自分の応答が不適切であると感じていてそうした問いを発するのだが，そのどこかしら不適切という感じを体験過程に照合して明確化することなく，ただ不安にかられ，しかしそれが意識化されることなく，ただ正解を求め，知りたがっている場合である．オブザーヴァーないしメンバー，ときにはクライアントは，カウンセラーの応答を含めたカウンセリング場面に触発されて，あるいは上のようなカウンセラーの反応に触発されて，正解を提示し，ないしは見つけようとし始める．しかし，それがたとえ模索的であったにせよ，カウンセラー同様，自分が何にどのように触発されているのかについて体験過程に照合して明確化することなしに行われると，不毛な正解探しに終わる．指導者が居る場合，指導者にその正解が求められ，解答を与える未熟な指導者がいたりする．

それぞれの学習者個人が，それぞれどのような立場でその学習の場に居たにせよ，自分自身のカウンセラーとしてのありよう，カウンセリング観，カウンセリング理論をみずから確かめ，育てる方向で，そうした問いが発せられることを期待したい．それは単に正解を求める姿勢とは大いに異なる．それは，みずからの体験過程に照合しつつ，自分はどう感じ，どう考え，自分だったらどう応答し，どう存在するかという視点をもっている．そして，それぞれ自分自身の感じ方，考え方，やり方，ありようを，みずからの体験過程に照合し，自分自身のものとして明確化する過程を伴う．それは同時に，他の人のそれらとの違いを捉え，それらに違いやニュアンスがあることを当然であると，はっきり認識することである．

全体の場の理解　そのうえでまず大切にしたいのは，全体的印象ないし全体の場の理解である．どんな言動もそれが意味をもつならば，それが意味をもつコンテキスト（文脈）がある．それに意味を見出す見方ないしコンテキストがそこになければ，それは意味をもってこない．地がなければ図はない．たいていわれわれはその地を自明のものとし，共有されたものとして不問に付す．そ

してここに，不毛な，議論の食違いや噛み合わなさの起源がある．まずそのコンテキストをつき合わせてみたい．その違いやニュアンスをはっきりさせてみたい．これは私自身の作業であると同時に，他者あっての作業である．他者という地があって初めて，私という図が浮かび上がってくる．このことは，他者を図としている，私の地を発見することと同じことでもある．通奏低音としての全体的印象を明確にしたいゆえんである．そしてこのことは，すでに紹介した応答構成の構想と，次項のグループ学習の勧めにつながっていく．

応答の過程 次に，関与ないし応答の連鎖，そこにある過程を感じてみたい．ある応答ないし関与の検討は，上に述べたように，その検討をしうるコンテキストでのみ可能だが，それを前提として，ある応答の検討は，関与ないし応答の過程というコンテキストの中でのみ，かつ，カウンセラーの体験過程とセットにしてのみ，その検討が生産的なものとなる．そもそもたった1回の短時間のロールプレイにおいてさえ，明確な応答の連鎖，ないしそこにある過程が見て取れる．それを体験してみたい．それを体験する自分自身の見方ないしコンテキストを明確化したい．クライアントの「私はつらい」という発言のみからでは，どんな意味でも，適切な応答として，「あなたはつらいんですね」は帰結しえないし，同時にそれが不適切な応答であるということも帰結しえない．

非言語的側面への注目 ここで大切なのがいわゆる非言語的（nonverbal）な側面である．さまざまな非言語的な側面がリスト化され，注目するようにと示唆されることも多い．が，どこか取ってつけたように感じることの方が多い．この取ってつけたような感じからも，いかに対話カウンセリングにおいて，われわれが対話という言語的（verbal）な内容に目を奪われ，それが図として浮かび上がってくる地とも言うべき非言語的側面に疎いかが分かる．そもそも意識化という作業を伴う記述化には馴染まないものかもしれないし，記述（意識化）されてしまうと不自然さが必然的に起こってくるものかもしれない．ともあれ，あるいは，そうであればこそ，実に非言語的側面こそが通奏低音であり，コンテキストであるとさえ思えてくる．また，言語的側面と非言語的側面とは図と地の関係のように思える．

まず第1に，沈黙がなければことばはない（Picard, 1948 佐野訳, 1964）．第2に，ことばがあるとき，そのことばを発している人のからだがそこにある．わ

れわれのからだ同士は思いのほか反応し合っている．第3に，ことばに限ってさえ，次のように言う者がある．

　……精神医学的面接とはまず何よりも音声的（vocal）コミュニケーションのことであり，コミュニケーションとはまず何よりも言語的（verbal）だという思い込みはきわめて重大な誤りではなかろうか．（Sullivan, 1954, p. 7）

　これらは，非言語的側面が大切であるなどという間延びしたことではなく，ずばり非言語的側面がカウンセリングの基盤であることを指し示していると言えまいか．

(2)　グループ学習

　ロジャーズ（1970）らは，短期集中のカウンセラー養成を要請されたとき，理論学習だけがどんなに多くても役に立たないと感じて，集中的グループ体験（intensive group experience）を試みた．そのグループ体験の目的は，学習者が自分自身をよりよく理解し，カウンセリング関係で失敗をきたしかねない自分自身の態度に気づくこと，また，学習者たちがまさにこのグループの中で，カウンセリング場面でも活かせるような援助的相互関係をもてるようになることであった．すなわち，お互いが援助し合える関係づくりを通じて，援助的関係についての体験学習と理論学習とを結びつけようと試みたのである．学習者たちは深く有意義な体験を得，養成グループは成功を収めたと言う（pp. 3-4）．グループ学習を勧めるゆえんである．

　テクニック（技法）と言うよりはアート（芸）としての性格も強いカウンセリングの学習には，一種の見習い修業は不可欠の過程である．その点で，すでに述べたようなメンター（師）の存在が要請されもする（本節1(3)「指導者の問題」）．が，同時に，第1章2「あるカウンセラーの学習歴」に見たように，いわば修業仲間の存在も要請されよう．第1に，多様な感じ方，考え方，やり方，ありようは，複数の師をもつ以上に，今一緒にここに居る仲間から学べるものが多い．第2に，グループないし仲間は，お互いの成長を促進する機能，ない

し，お互いを支持する機能をもっている．ロジャーズ（1970）は「グループには心理的な成長を直接促進する力がある」(p. 118) とし，グループの治療的潜在可能性について次のように語る．ただし，この場合，治療的＝成長促進的である．

　　もし非常に危機的な事態がグループ内に生じたなら，……私はグループのメンバーたちを信頼することにする．と言うのも，彼らは私自身と同じくらいに，あるいはそれ以上に治療的だからである．専門家はときとして……［専門家の殻に］閉じこもり，［かかわりにくい］ひとを，［ひととしてかかわるのではなく］対象として扱う傾向がある．ところが，まだ［専門的知識に］けがされていないメンバーは，このかかわりにくいひとにも，ひととしてかかわり続ける．その方が，私の体験では，はるかに治療的なのである．そこで……私は，グループの知恵を自分自身の知恵より信頼する．メンバーたちの治療的力にこころからの驚きを禁じえないことがしばしばである．このことは［私を］謙虚にすると同時に勇気づける．こうした［体験］を通じて私は，［ひとを］援助する，信じがたいほどの潜在可能性が，普通の……ひとの中に存在し，それを自由に使ってよいと彼が感じられさえすればいいのだということを悟った．(p. 58)

ところで，シミュレーション学習のほとんどが，意図してか否か学習グループの存在を前提とし，グループ学習を当然のように前提としている．これに関連して，田畑（田畑・西園寺，1973）は次のように言う．

　　……カウンセリングの学習において，グループによる方法も有効である．それは，学習者集団それ自体がもっている長所を生かして，より効果的に経験を深めていくことができるからである．カウンセリングを学習したいという目標に向かって，相互に激励し合いながら努力し，参加していく人々の集団は，形態の違いこそあれ，尊いものである．そこでは，グループ同士が相互の感情を理解しあい，結合が高められる．またそうでないときは，相互に阻害条件や状態について話し合いがなされる機会もある．(p. 191)

グループで学習が行われる限り，学習者同士の相互作用の有効性，さらにはグループ・ダイナミクスやグループ・プロセスの有効性を活かすべきだろう．その点から，グループ・プロセスを応用した方法体系としてスモール・グループ方式で進めるモデルで提示されている応答構成において，その学習グループの契約としてあげられている次の事項は，指導者や学習の場の特質によってさまざまなヴァリエーションはあっても，いずれの学習グループにおいても1つのガイドラインとなるだろう．

① 思ったことは何でも言葉にしてみる．
② 他メンバーの発言を傾聴する．
③ 他メンバーに対して自分の受け取り，印象，感想，意見を述べるよう努力する．
④ 他メンバーの発言について，個人的内容に関して相互に内密性を守ること．
⑤ セッション参加の原則
⑥ 時間厳守の原則
⑦ 料金に関するルール（小谷，1981, p. 16）

学習グループの指導者には，グループ・アプローチ（次節「グループ体験」参照）の素養が望まれる．

そして，こうした学習グループがグループ体験同様の様相を呈することがある．学習グループの存在を明確な前提とするピア・カウンセリングを長年実践してきている横溝（1994）は，次のようにさえ言う．

　　ちょっと乱暴な言い方を私はしますけれど……「カウンセラーになるために今この学習をしている」という認識のところで留まっている［カウンセリングの学習］グループの質というのは，ある意味でグループとしては最低のレベルにあるのではないかという感じがしてます．……「グループでやることが今の自分に直接戻ってくる，自分のために意味のある体験が

できている」という，そういうところにだんだん来ると，良いグループになっていくという感じがしますね．……「今ここで勉強していることが，何の役に立っているのか」という事実とか真実，そういうものを見るメンバーがだんだん養われていくことが大事なんじゃないかと思います．（日精研心理臨床センター，1995, pp. 39–40）

こうして，自己理解を焦点とした次節のグループ体験へのつながりが生まれてくる．

(3) 録音逐語記録検討の諸問題

カウンセリングの訓練の最初にクライアントとの対話をテープレコーダなしにほとんど逐語的に記録してもってくるように言われたという報告や（河合，1967, p. 315），1時間の面接くらい機械に頼らずに思い出せない人は問題にならないという土居健郎の発言が報告されていたりする（小倉他，1981, p. 252）．これらは当然の訓練要求として納得できる．

一方，クライアント中心療法の創始者ロジャーズとしては最初の主著『カウンセリングと心理療法』（Rogers, 1942　末武他訳，2005）が出版されたとき，最も注目されたことの1つは，カウンセラーとクライアントとの対話の録音された逐語記録が公表されたことであった．後年，ロジャーズ（1974）は次のように言う．

　　これまで専門家としての私の人生を豊かにしてくれ，そして，今もなお豊かにしてくれ続けている思考や体験の豊かな流れ，そのすべてを見渡すと，いくつかの最も重要な源流が見えてくる．
　　第1に，何と言っても第1に，私が治療したクライアントたち，そしてグループをともにした人々である．面接やグループ・セッションの中に眠るデータという金鉱は私をたじろがせる．まず第1に，ことばも感情も動作も含んだ腹の底からの体験があり，それらが入り交じった，言語化には馴染まない学びを得た．次に，録音テープでやりとりを聴くことである．体験の流れの中では気づかなかった秩序ある連続性がある．また，声の抑

揚変化のニュアンス，言いかけてやめたことば，間，溜息など，これまた気づかなかったものがある．さらに，入念な逐語記録ができあがるなら，私がある論文で「人格変化の分子」と名づけたものを見ることのできる顕微鏡を手に入れたことになる．最も深い体験学習と最も高度に抽象的な認知理論学習とを結びつけるのに，今述べた3段階に優るものはないと思う．
(pp. 61-62)

学派によらず，初期の実習を考えた場合，テープを用いると教えやすい，テープなしの訓練はカウンセラーの技術が未熟な場合には難しい（河合，1970a, pp. 185-192），初学者の技術を高めるのに役立つ（Bruch, 1974　鑪・名島訳編, 1978, pp. 126-128）などと言われるように，実習入門書は（録音）逐語記録による検討を当然のように勧めている（e.g., 東山，1986；日精研心理臨床センター，1986；田畑，1982；鑪，1977）．特にロールプレイによるシミュレーション学習ではほとんど必須の感さえある．

それなりに進んだ段階の実習や実践においても，面接のセンス向上法の1つ，対話カウンセリングにおいて偏見を感知してゆく方法における最も良い工夫としてテープレコーダを用いることを勧める者もある（神田橋，1994, p. 246）．また，マスターソンの『逆転移と精神療法の技法』(Masterson, 1983　成田訳，1987) などを読むと，ケースセミナーでの（録音）逐語記録の活用の仕方がかなり具体的に分かるし，ギルとホフマン（1982）は「9つの録音［逐語］記録された精神分析的面接の研究」という副題をもつ本を著し，その記録から転移の様相を鮮やかに読み取り，描き出していたりする．また，それまであまり録音逐語記録の検討を省みなかった者が，訓練の工夫としてその意義を再発見していたりもする（岡田，1989）．

このように，カウンセリングの訓練においてはもとより，実践における事例研究法の意味を再び吟味する点でも1つの進歩をもたらしたという主張もあり（佐治，1977），われわれ自身，カウンセリング学習の初期はもとより，今でも，1人の学習者としてこうした検討をすることがあるし，お勧めしたいとも思う．

一方，カウンセリングの実践を始めた頃，カウンセリングと言えば録音テープ，研究会と言えば誰かが自分のテープを出してみんなでそれをめぐって話し

合うのが当たり前，しかし堅苦しい教条主義が横行していてカウンセラーとしての成長にはあまり役立たなかった，現在でも似たようなことが行われているのではないか，という回想と危惧もある（氏原，1985, pp. 107-111；他に e.g., 東山，1986；村山，1986）．これは録音逐語記録検討に固有の問題というよりは，その際の堅苦しい教条主義の問題点に対するもっともな指摘であり，例の正解志向とも一脈通じるものであるだろう（本項(1)「ディスカションのポイント」参照）．

当然そうした堅苦しい教条主義の過ちは学習者も指導者ももともと犯さないこととし，またそろって指摘されるように技法を高めるのに役立つとして，いくつかの留意点は指摘しておきたい（Bruch, 1974　鑪・名島訳編，1978；東山，1986；河合，1970a；村瀬，1984；村山，1986）．

(1) カウンセラー自身の体験過程を抜きにしては各々のカウンセリング場面は存立しえない．が，あたかも，そのカウンセリング場面におけるカウンセラー自身の体験過程と，録音から聴き取れるカウンセラーのありようとが同一であるかのような錯覚を，カウンセラー自身にも聴いている学習者にも与えてしまうことがある．あるいは，カウンセラーやクライアントが考えてはいても，結局は表現しなかったり，ことばにしなかったりしたことについては，録音を聴いただけでは伝わらない．これらの点については，まずカウンセラーが，少なくともみずからのそのカウンセリング場面における体験過程については，十分補足すべきことである．また，聴く方はカウンセラーの体験過程を確かめつつ検討することである．

(2) そのカウンセリング場面に起こっていることをできる限り豊かな臨場感をもって再構成した上で，自分の中に起こるさまざまな反応をじっくりと確かめに確かめていくことが必要である．あるいは，テープで聴くことがまったく客観的事実だと思い込む危険性，同じことだが，聴いている学習者もどこか客観的態度になりすぎること，また非常に大きな波で広い視野に立って聴く態度を取らないといけないということがある．すなわち，まず聴く学習者もみずからの体験過程に照合しつつ聴くことである．また，逐一の応答の正解探しではなく，応答の可能性，その広がりを検討し，そのうえで大きな流れを捉え，それぞれの応答がどのようにその流れをつくり出しているのか，その流れの中で

それぞれの応答がどのような意味をもってくるのかを検討することである．

　(3)　テープを聴いて目からウロコが落ちる思い，カウンセラーとして自分が大きく成長するような体験を得たことがないと言う者があるように（村瀬，1984），自分自身がどうやっていったらいいのかということは，他の人がやるのを見て学ぶことはできない．ある個別の事例が高度の普遍性をもって，カウンセリング感覚について新しい学びを得させてくれることはある（河合・佐治・成瀬，1977；小川・小此木・河合・中村，1986）．だが，では実際のカウンセリング場面で自分がどうするか，どうできるかはまったく別問題で，ここに技法理解（技法学習）上の根本的問題がある．そして，これは録音逐語記録検討にのみ起きることではない．ここにスーパーヴィジョンが要請されてくる（第3部第2章「スーパーヴィジョン」参照）．

　どんなやり方にせよ，事例検討においてはクライアントの問題にのみ焦点を当てるべきではなく，それにかかわるカウンセラーの態度，ありようや行動，カウンセリング関係の特質やその推移を十分に明らかにする努力が払われなければならない．特に後者にかかわって，自分自身の言語的・非言語的表現に敏感になること，クライアントに伝えるためのカウンセラーの応答を正確にすること，自分の面接のテープの逐語記録を取りながら自分に直面することなどのメリットは大きい．最後の点に関して，事例の記録をまとめること，逐語記録づくりがスーパーヴィジョン同様，内なるスーパーヴァイザーを育て，内なるスーパーヴィジョン（Casement, 1991, pp. 29-63），セルフ・スーパーヴィジョン体験になることは，やったことのある人なら誰でも知っていることだろう．横溝（1994）は，逐語記録作成の意味として，クライアントの1つ1つのことばの大切さを実感すること，クライアントと自分自身，さらには2人の関係を実習していたときの実感とは違う視点から眺め，見直してみること（クライアント・自分自身・2人の関係の客観化）を指摘し，次のように言う．

　　……逐語記録の作成作業をする中で，「今なら，此処でこう言いたくなるな」と言う体験を繰り返しながら，自分の体験を深め，掘り起こし，洗練させていき，その作業の中で，自分のカウンセリングを造り上げて行くことである．

こうした逐語記録の作成作業をする事だけでも，振り返り作業の大半は終了したとも言える……．（pp. 80-81）

(4) 学習の回帰性

すでに学習のタイプの位相性として指摘したように（第1章1「学習のタイプ」参照），シミュレーション学習は，学習の初期に一度通過してしまっただけで終わりにするには，もったいない面もある．つまり，カウンセラーとしての機能の妥当性や効果性を再検討する方法として，あるいは，カウンセラーとしての行き詰まりを打開するための検討法として，実習ないし実践を始めてからでも，始めている最中でも活用できる．

例えば，シナリオロールプレイ法は，現在進行中の現実のカウンセリングの逐語記録をシナリオに使って，そうしたことに特に応用できるメリットがある．また，ロールプレイにおいて，役づくりが上手い人は共感能力も高いという示唆の発展として，シナリオロールプレイ法同様，現在進行中のカウンセリングの検討法として活用されることもある．カウンセラーがクライアントのロールを行って，クライアントのことが，その気持ちなど意外なところで分かったりすることがあり，クライアント理解（他者理解）を深めることがある．あるいは，上級カウンセラーにカウンセラー・ロールを行ってもらい，こんな応答（の仕方）もあったのか，こんなカウンセラーとしての居方もあるのか，というようなことが分かることがあり，技法理解を広げたり，いずれにせよカウンセラーとしての自己理解を拡大深化したりすることもある．そういう意味で，初期の段階で終わりとするにはもったいない点もあることを指摘のみしておきたい．

第2節　グループ体験

序章「カウンセリングを学ぶに当たって」で述べたように，カウンセリング学習においては，一個人としての自分についての問題はどのようなものであるか，自分がどのような人間であるかについての理解が自覚的に必要である．そして，この自己理解へのチャンネルとして，何らかのグループ・アプローチ（代表的なものとして，ベイシック・エンカウンター・グループやTグループ［sensitivity] training group)へのメンバーとしての参加と,みずからがクライアント体験をする教育カウンセリングとがある.このうち本節では,カウンセリング学習におけるグループ・アプローチへの参加体験の位置づけについて述べる.

繰り返しになるが(第1節3(2)「グループ学習」),この種のグループ体験の代表とされるエンカウンター・グループは,ロジャーズらが,第2次世界大戦後退役軍人管理局で大量に必要となったカウンセラーの短期集中の養成課程をつくるよう要請されたことに始まる.ロジャーズらは,いわゆる理論学習だけでは十分でないと感じていたので,体験学習,すなわち,今ここの場で起こっているナマの体験を素材に用いる学習を重視して,毎日数時間の集中的グループ体験を導入した.その結果,学習者は深くかつ有意義な体験を得,一連の養成グループは成功を収めたと言われる(Rogers, 1970, pp. 3-4).この集中的グループ体験を発展させたものが,今日のベイシック・エンカウンター・グループであることはよく知られている.

一方,Tグループもほぼ同じ頃,人種問題に取り組むソーシャルワーカーに対して,集団討議やロールプレイを中心としたプログラムからなる教育訓練としてスタートした.しかし,偶発的にスタッフミーティングにメンバーが参加したことから生じた直接のやりとりによって,自分たちのグループの動きを自分たちの手で検討することの意味に気づき,理論学習より体験学習の方がはるかに有意義であることを発見した.ここから,コミュニケーション能力と対人感受性の開発やリーダーシップ養成を目的としたTグループが発展していった(山口,1972).

こうした経緯は,カウンセリング関係について,あるいは,もっと広く人間関係について学ぶというときに,理論ではなく学習者の体験をベースにした学習,すなわち,体験学習こそ意味があるという,それこそ体験的事実が重視されてきた証と言えよう.しかし一方で,それほど自明なことであるがゆえに,これまでその位置づけが十分に議論されてきたとは言いがたいのも事実であろう.

そこで,本節では,こうしたグループ・アプローチの定義と種類について簡単に紹介した後,自己理解,他者理解,カウンセリング的風土の体験と,従来言われてきたその位置づけに加えて(岡村,1990),前節3(2)で取り上げたグル

ープ学習の問題，また本節の主題であるグループ体験も含めて，体験学習に伴うグループ体験について，若干の問題提起を行って再考してみたい．

1　グループ・アプローチの定義と種類

(1) 定　　義

グループ・アプローチの包括的な定義として，保坂（1983a）は以下の3点をあげている．

① 人工的な集団の基本的な場において，
② その集団のリーダーを含めたメンバー間の相互作用を媒介として，
③ 各メンバーの心理的成長（パーソナリティの一層の健全化および成長，個人的悩みや問題行動の解決・改善）の促進を目的とする（p. 34）．

このうち，③はかなり広い目的を含んでおり，これを，いわゆる治療（個人的悩みや問題行動の解決や改善）を目的とした治療グループと，心理的な成長（パーソナリティの一層の健全化および成長）を目的とした成長グループとに分けることもある．そうした場合，前者を集団心理療法と呼び，後者を主としてグループ・アプローチとすることもある．

また，②のリーダーの呼称は，その理論的背景によって，ファシリテータ（エンカウンター・グループ），トレーナー（Tグループ），セラピスト（集団心理療法），コンダクタ（集団心理療法）などと違ってくる．

(2) 種　　類

グループ・アプローチは，当然そのリーダーの理論的な背景によって，クライアント中心のベイシック・エンカウンター・グループや精神分析的な集団心理療法といったように，さまざまな種類があるが，共通する形態や特徴によっても分類できる．

例えば形態に注目すれば，3泊4日など宿泊して行う集中型と，週1回2時間といった形の分散型とに分けられる．この場合，成長グループは集中型が多く，治療グループは分散型が多い．

また，主として言語による交流を中心としたものと，イメージや身体など非言語を中心としたものとに分けることも可能である．前者の代表がベイシック・エンカウンター・グループやTグループであるのに対して，後者にはファンタジー・グループ（樋口・岡田，2000）やボディ・ワーク（e.g., グラバア，1988；竹内，1990）などがある．

さらに，エンカウンター・グループでプログラムがエクササイズ（課題）志向のものを構成型，そうでないものを非構成型に分ける傾向もある（國分，1981）．しかし，さまざまなグループ・アプローチの交流が盛んになるにつれ，いわゆる非構成型エンカウンター・グループのプログラムの中にさまざまなエクササイズ・セッション，しかも非言語的なものが取り入れられるようになるなど，垣根が取り払われつつある．1対1の個人カウンセリングにおいても，言語・内省型と非言語・表現型とを極とした広がりが考えられるが，相互乗り入れが現実であるのと類比的である．

以下においては，集中型，言語交流中心，非構成型のベイシック・エンカウンター・グループを想定して記述していくが，その他のグループ・アプローチについても当てはまるものと考えている．

2　グループ体験の位置づけ

(1)　自己理解
A　一個人としての自分の問題はどのようなものであるか

自己理解と言ったときに，まず初めに，一個人としての自分の問題はどのようなものであるかといった大きな問題が考えられる．一個人としてわれわれはみなそれぞれに問題をもっていて当然であり（岡村，1993），したがって，問題をもっていることは問題ではない．課題の第1はむしろ，問題があることを意識化しているか，それがどのような問題であるかをつかんでいるかということであろう．それと同時に，その問題が個人としてのありようをひどく歪め不自由にしている場合，その問題の解決と言っても，その問題を除去するのか，あるいは，その問題に個人としてのありようを歪め不自由にさせないように，その問題との関係を変容するのか，などなどが第2の課題である（Mearns, 1994, pp. 37-40）．

その問題がある程度自分なりに意識化できているものであれば，教育カウンセリングで扱うことが可能であり（次節参照），あるいは，扱わなければならないだろう．一方，これが漠然としたままカウンセリング学習をするというに当たっては，そもそも自分自身がカウンセラーに向いているのか，あるいはカウンセリングに携わることで満たされる自分の欲求は何かといった根本的な問題と結びついていく場合もありうる．いずれにしても，序章で述べた，なぜカウンセラーを目指すのかという切り口につながる．

こうした自己理解を第1に取り上げたのは，すでに述べたように，自分がカウンセラーに向いているかどうかを自分で判断し，最終的にカウンセラーという職業を選択するか否か（さらには，選択するとして，どのような場で行うのかも含めて）というセルフ・セレクション（self-selection：自己選抜）に深くかかわる，きわめて重要な問題があるからである．こうした問題意識を欠いたまま権威者の保障や外的な資格証明だけに頼るカウンセラーでは，自分らしさを活かしたカウンセリングの実現は覚束ない（以上，本節3「セルフ・セレクション」で問題提起する）．カウンセラーの自分が活きていなければカウンセリング場面も活きてこないし，クライアントも活きてこない（1章4のうち「他者理解」参照）．

もちろんこれをグループ体験における自己理解として取り上げるゆえんは，1つには，シミュレーション学習における学習グループを含めて，グループの中でこそこうした問題意識が活性化されやすいからであり，また，同じ問題意識をもった者がいれば，刺激となり，比較することによって相対化し，検討しやすいからである（第1節3(2)「グループ学習」参照）．

ここでは序章で引用した無藤（1984）の「畏れ」に加えて，成田（1981）のことばをかかげておく．グループ体験そのものと同様に，それぞれの問題意識の活性化もしくは相対化に役立ち，検討への勇気となれば幸いである．

> 精神療法を定義し，実践し，それについて語ることは，多かれ少なかれ自分自身について語ることになる．治療者自身のことを直接話題にするという意味ではないが，精神療法の定義の仕方，その実践を通じておのずと治療者の人間性が現われる．……

……しかも治療者の人間性は，治療者として患者という対象を明らかにしようとする営みのなかから，秘かに少しずつ明るみにでてくるものだ．患者に対する治療者の態度，感情，応答，患者からどうみられるかなどを通じて，治療者自身それまで気づかなかった自分の奥深い感情，衝動，人間性が露わになってくる．ときにはそれを自分に引き受けることがむずかしい．自分がみえてくることは恐ろしいことでもある．(pp. 11-12)

B　自分がどのように人とかかわる傾向や特徴があるのか

　さて，自己理解のもう1つの問いとして，自分がどのように人とかかわる傾向や特徴があるのかという形がある．すなわち，自分自身の対人関係におけるありよう，居方や，他者への対応の仕方についての傾向，特徴ないしは問題をつかもうとすることである．この問いの方が先の大きな問いに比べ，扱いやすい形を取りうるし，また，こうした自己理解そのものが，自分自身の人間理解や人間の見方に対する枠組みと対応して，理論的な理解へとつながりやすい．ここに，序章で述べた，なぜその理論なのかというもう1つの切り口との共通点，すなわち自分自身の人間観の点検が指摘できる．

　そもそもグループ体験のセッティングは，こうした自分自身の他者に対する行動パターンや思考パターン，その中で湧き起こる感情について，気づきやすくつくられている．自分自身で気づくことはもちろん，さらにその場を共有している他者からのフィードバックがあるからである．これを分かりやすく図式化したものに，ジョハリの窓（柳原，1992）というものがある．

C　ジョハリの窓

　図2の左右は自分に「わかっている部分」と「わからない部分」，上下は他者には「わかっている部分」と「わからない部分」に分かれる．そうすると，次のようになる．

　　左上の領域Ⅰは，自分にも他者にもわかっている，開放の領域
　　右上の領域Ⅱは，自分にはわからないが，他者はわかっている，盲点の領域

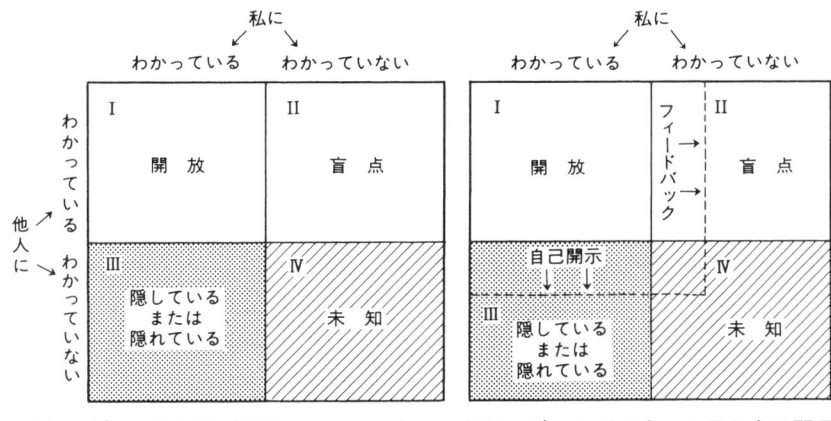

図2 ジョハリの窓 (柳原, 1992, p.66)　　図3 ジョハリの窓から見た自己開示,フィードバック,未知の領域での発見 (柳原, 1992, p.68)

　左下の領域Ⅲは,自分にはわかっているが,他者にはわからない,隠している領域
　右下の領域Ⅳは,自分にも他者にもわからない,未知の領域

　例えば,「自分には劣等感がある」と自分には分かっているにもかかわらず,それを他者に決して分からられまいとすると不自由であろう.しかし,それを相手に話すことができれば,その人との間ではお互いに開放の領域Ⅰが増え,防衛する必要がなくなるのでコミュニケーションがより自由になる.
　また,「彼には劣等感がある」と他者だけが言っており,当人が知らない場合もまた,お互いの関係は不自由であろう.しかし,他者から「劣等感があるように見える」と指摘され,それがそれとして認められるようになると,その不自由さは減る.つまり,お互いに開放の領域Ⅰが広くなればなるほどより自由なコミュニケーションができる.
　自己開示　では,どうしたら開放の領域Ⅰを広げられるか(図3).その第1は,自分には分かっているが他者には分からない隠している領域Ⅲを開放すること,すなわち自分の隠していることを語ること,つまり自己開示(Jourard, 1971　岡堂訳, 1974)である.自分の考え,意見,動機,欲求,また,例えば

「劣等感がある」という自己概念やそれにまつわる感情など，自分についての情報を相手に率直にありのままに伝えることである．そのためには，そのグループにそれを受け止める安全な雰囲気，心理的風土が必要であり，さらにはみずからを開いていく勇気が必要であろう．

フィードバック そして，その第2が，自分には分からないが他者には分かっている盲点の領域Ⅱについて指摘を受けること，つまりフィードバックである．津村（1992）はこのフィードバックを，次のように述べている．

> フィードバックとは，人間関係の中で──特に"いまここで"の人間関係において──各人の行動が他者にどのように影響を及ぼしているかに関する情報を提供したり，受け取ったりする情報の相互交換のプロセスです．
> フィードバックとは個人やグループが成長するためになされるものであり，またお互いの関係をより深めるためにおこなわれるものであることがもっとも大切です．（p.70）

さらに，効果的なフィードバックを行うための留意点として，以下の7点をあげている．

① 記述的であること．相手に伝えるメッセージは，評価的に言ったり一般的に言うよりはその人のとった行動をできる限り記述するように伝えることが大切です．
② 「私は……」のメッセージであること．「普通の場合には，……です」とか「本によると，……です」といったように一般論で伝えるのではなくて，「私は，……のように考えました」とか「私は……のように感じました」いったように「私は，……」で始まるメッセージで伝えるようにすることが大切になります．
③ 必要性が感じられること．フィードバックを与える方も受け取る方も両者いずれにおいても，フィードバックの必要性が十分に感じられていることが大切です．また，フィードバックは押しつけるものではありませんから，求められた時にすることが大切です．

④　行動の変容が可能であること．フィードバックは，受け取る人が，フィードバックされたことから自分自身の行動を修正することができたり，コントロールすることができたりする内容であることが大切です．

⑤　適切なタイミングであること．フィードバックを伝えるときは，できる限りそのタイミングが適切であることが大切です．一般的にいって，フィードバックは，指摘される行動があった直後，できるだけ早い時点でなされるのが最も有効です．

⑥　伝わっているのかどうかの確認をすること．フィードバックを伝えた人は相手に自分の言いたかったことが［正確に］伝わっているかどうかを確認してみることが大切です．

⑦　多くの人からのフィードバックを受けること．必ずしもフィードバックの送り手が言っていることが正しいとは限りません．そのフィードバックが，1人だけの印象なのか，その他の人たちにとっても共通の印象なのかどうか調べてみることも大切になります．（pp.70-72：引用者要点摘記）

　当然これも，それを産み出すだけの安全な風土と，それを受け止める心理的かつ時間的な余裕が必要なことは言うまでもない．自己受容は，傷つきやすい状態に居ても安全なグループ，つまり，自己嫌悪感や自己拒否感にふれても，その嫌悪感や拒否感のゆえに他人から責められることなく居られるグループの中で達成されることを思えば（Mearns & Thorne, 1988, p.26），まずは以上のような作業が安全に進めうるグループの風土，1人1人が1人1人のそれぞれの領域の広さ，狭さのままに居られること，また，そのことをそのまま認めうるグループづくりが先決課題であろう．現実にはこれらがセットになって同時進行する．

　ともあれ，グループの話し合いは，こうした作業を続けながら，開放の領域Ⅰを広げていく交流を行っていく．だからこそ，普段の生活の中ではなかなか眼を向けることができないみずからの体験過程にもふれることができ，自分自身の何らかの自己嫌悪や自己否定，拒否感に傷つきながらも，それを乗り越えて自己受容に至る自己理解が得られる機会となることができるのである．

(2) 他者理解

　次の他者理解について言えば，グループ体験は人間の多様性と共通性を学ぶ絶好の機会である．カウンセリングでは当然，他者のパーソナリティを知り，その変化（成長や成熟）のために何が重要なのかを知ることが必要とされるが，これまた知的な理解だけではなく，体験的な理解こそが加わらなくてはならない．活きた他者が目の前に居て，その他者にとっては他者である自分がまた，活きた他者として相手の目の前に居る，そのようであって初めて，生き生きとした，他者との関係を開く他者理解，すなわち，カウンセリング場面に活きる他者理解となる．こうした，活きた他者を生き生きと受け取っている活きた自分が居て初めて関係が開けてくることを前提として，そう受け取れない自分である関係からも，他者理解への道が開けてくる．グループの中で起こる意義深い交流こそ，その絶好の機会を提供する．

　また，グループでは，同じグループに居る他者と他者との間の交流を，その場をともにしつつ関与しながら観察できるという機会が得られる．そうした意味では，グループ体験は，ある人が他者との交流の中で，お互いにみずからの体験過程に開かれて変化していく様子を目の当たりにできる唯一の機会とも言えよう．

(3) カウンセリング的風土の体験

　グループでは，上に述べた自己理解や他者理解という点で，日常生活ではなかなか体験しえない個人のこころの中，その内的世界に深くかかわる交流が展開していく．そこにはカウンセリングと同質の心理的な雰囲気，カウンセリング的風土が見られるのは当然のことである．

　そうした中でこそ，例えば無条件の積極的関心，共感的理解ということが，カウンセリングのお題目としてではなく，身体感覚を伴った体験として実感できる．それがまた，グループ・メンバー全員が平等の立場であり，固定化され一方向的な援助する―されるといった関係ではなしに起こることにも意味がある．

　また，グループの中で自分自身が感じたありのままの体験過程を率直に表明したとき，それが向けられた直接の相手にも，他のメンバーにも深くストレー

トに伝わっていくということが起きる．それこそ一致ないしは純粋性を体験したと言えるものであろう．

こうした点で，グループはカウンセリング的風土の体験，すなわちカウンセリングというものが日常的な人間関係とは異なる点を如実に体験する機会となる．こうした体験なくしては，ロジャーズがカウンセリングにおいて，技法ではなく態度，ありようをこそ問題にした本意を理解することは難しい．

3　セルフ・セレクション

前節「シミュレーション学習」ではグループ学習が奨励されたが（3(2)「グループ学習」），さらにはその同じ仲間で他の学習（例えば，読書会を行うといった理論学習）の機会をもつことが意味あるとする者もある（横溝，1994）．同様に，第1章2「あるカウンセラーの学習歴」に見るように，いわゆるカウンセリング学習のための共同体，すなわち仲間（集団）づくりの重要性がよく指摘される．それは，現実のカウンセリングの学習が，多くグループで始められることにもよる．そうであるならば当然，その同じ学習グループの仲間（集団），すなわち理論学習やシミュレーション学習をやっているメンバーで，ここで言うグループ体験をするというプログラムが考えられる（e.g., 東山，1986, pp. 64-69）．そうした形は，確かにそれがゆえにかえって深まらない面も指摘されるが，一方でこうしたグループの体験の中で起きるセルフ・セレクションの重要性も見のがせない．

ロジャーズ（1951a）は，「訓練対象として相応しい人とは？」について，次のように述べる．

> 心理療法家として訓練をする候補者の選考は，きわめて厄介な問題である．……われわれの経験上，最初の選考はしかるべき最小限の要素に基づいて行われ，ひとたび訓練が始まってからはほとんど自主選択にまかせるのが望ましいと考えている．もし初期段階の選考がある程度うまくいき，訓練プログラムが自主性にまかせた寛容なものであれば，選考された者の中には，自分は向いていないと悟り，訓練を途中でやめる者もいれば，必要とされる態度が個人的にあまりにも過重な要求であると実感する者もい

る．こうした自主選択は必ずしも無駄であるとは思えない（p. 434　保坂他訳，2005, p. 274）．

　われわれも，ここでロジャーズが述べているセルフ・セレクションを望ましいと考えている．自分らしさを活かしたカウンセリングの実現を目標に，学習者の学習過程への主体的参加学習を要請する（第1節1(3)「指導者の問題」参照），柔軟性をもった学習プログラムのもとで，グループで学習が進み，かつ，自己理解の面に焦点化すればするほど，セルフ・セレクションがおのずと起きる（コラム〈カウンセリングを学ぶこととカウンセラーになること〉参照）．
　われわれは体験学習一般における自己理解の面を強調し，当然，前節「シミュレーション学習」においてもそのことを強調した．それは，少なくとも体験過程への照合を怠らないということ，そして，その意識化をこころがけるということであった．それとは別の面から，序章「カウンセリングを学ぶに当たって」に記した，一個人としての自分についての問題はどのようなものであるか，また，自分がどのような人間であるかについての自覚的な自己理解が必要であることを本節で強調した．セルフ・セレクションはこうした面の自己理解から生じてくる．
　繰り返しになるが，それを生じやすくするのが，グループでの学習であり，学習者の学習過程への主体的参加学習を要請する，柔軟性をもった学習プログラムである．シミュレーション学習にせよグループ体験にせよ，自己理解に焦点化すればするほど，セルフ・セレクションの問題が活性化される．
　われわれは，このセルフ・セレクションの問題が学習共同体（仲間［集団］）の中で活性化され，鮮明になって，それぞれの学習者の中で落ち着いていくことに意味があると考えている．すでに述べたように，当然そこでは，カウンセリングを学んだものの自分には向いていないとみずから判断する者と，そうではない者とが出てくる．しかし，そうした中での，仲間すなわち対等な関係からのフィードバックに基づくセルフ・セレクションこそが——そこでは，そのフィードバックは自分自身の体験過程に照合され，その意味で自分自身の体験過程こそが自分自身の拠りどころとなるが——，外的な，指導者や資格証明の権威によるのではない，自分なりの，カウンセラーとしてやっていけるのでは

第2章 体験学習の実際

―― コラム〈カウンセリングを学ぶことカウンセラーになること〉――
――セルフ・セレクションの一断面――

　本を読んだだけでいきなり実践というのはいかにも乱暴であって，普通，初期の訓練として，少なくとも何らかのシミュレーション学習の体験をもつことだろう．この際，当然のことだが，カウンセリングを学ぶことと，カウンセラーになることとは分けて考えたい．

　職業としてカウンセラーになる（なった）ということは，カウンセリングを学び続けるということである．あるいは，カウンセラーとして機能し続けるということはカウンセリングを学び続けるということであるという意味で，カウンセリングを学び続けなければならない．だが，逆は真ではない．カウンセリングを学び続けたからといって，職業としてのカウンセラーになることが約束されているわけではない．そのようなカウンセリングの学習はありえない．現実にカウンセラーとしての職を得るチャンスの問題は別として，職業としてカウンセラーを行ううえでの向き不向き，職業としてカウンセラーに要求されていることをやり続ける決意の有無，これらはカウンセリングの学習プログラムにおける重要な学習課題として，みずからにおのずと問いかけられてくるだろう．

　このことは，あらゆる職業やその職業訓練におけると同様である．例えば，法律家にせよ，医師にせよ，教員にせよ，まずその資格を取得する過程でこうした自己吟味が起きる．資格を取得した後でさえそうである．資格取得前に自己吟味の結果，資格取得を諦めることがあるし，資格取得後もその職にないこともある．教員免許取得者の数と現実の教員数を比べてみれば一目瞭然である．このように，このことはカウンセリングの学習に特有のことではない．

　カウンセリングの学習に特有なことがあるとすれば，その1つは，こころの病と言うとその人の人格や人間性の欠格の問題であるかのように恐れられるのと同じような強さをもって，カウンセリングを学習したのにカウンセラーになれないということが，その職を得るチャンスの問題は別として，あたかもみずからの人格や人間性の欠格の問題であるかのように恐れられることがあるということであろう．この恐れに意識的・無意識的に駆られて，カウンセリングの方からは引導を渡されているのにこれを受け取れず，強迫的にカウンセラーになることを目指した，いつ果てるとも知らないカウンセリングの学習を続ける者がいる一方で，むしろすっきり内的外的現実を見すえカウンセラーになることをやめ，カウンセリングに引導を渡せる者の中にこそカウンセラーであってほしい人がいるというようなことが，現実に起きる．これまた他の職業にもありうることではある．

　ともあれ，職業としてカウンセラーになるかならないかというのは，1人1人にとっては自分の生活がかかっているなど，現実的な大事な面もあるわけだが，必然的に，自分にとってカウンセリングとはどのような意味をもっているのか，カウンセリング学習で自分は何を得ているのかという自己吟味を伴う．当然それは

> 1人1人みな違うし，一生続くことで，ここで終わりになるということではない．学習者のそれぞれの成熟度，成長ということも含めて，それぞれのときにそれぞれの学習の仕方があり，今自分はどう言うところにぶつかっていて，何を問題にしようとしているのかという気づき，やはりそこから出発するのだろう．

ないかという見通し，すなわち，内的な資格証明＝自信を産み出すと考えている．こうした自信こそが，自分自身のカウンセリング観，カウンセリング理論，カウンセリング実践を確立する基礎となり，自分らしさを活かしたカウンセリングの実現につながっていく．

第3節　教育カウンセリング

　カウンセリングを学ぶには，知的な理論学習と並行して，シミュレーション学習やグループ体験などの体験学習が非常に重要であることを述べてきた．ここで取り上げる教育カウンセリングも，1つの体験学習の様式である．なお，教育分析と呼ぶこともあるが，このことばは精神分析の領域で用いられるものなので，ここでも本書のこれまでと同様，教育カウンセリングということばを用いることとする．

1　教育カウンセリングの現状

　精神分析の世界でも，日本ではまだまだ教育分析が精神分析家となるための必須条件と考えられる風潮にないようである．小林（1990）はその理由として，分析家が自分の訓練のためにぜひともその体験が必要であるという認識が広まっていないこと，またそれ以上に，（特別な地域を除いて）教育分析をするのに適切な力量をもつ人が身近に求めにくいこと，さらにその根底に，精神分析（広義には心理療法）の訓練が必ずしもプログラム化された臨床精神科医になるための必須条件と考えられていないこと，をあげている（またその中で，日本で教育分析を受けた者が1959年までに9人，1989年までに延べ35人にすぎないことを指摘している）．

　この事情は，カウンセリングの領域にあってはより極端である．カウンセラ

ーの学習や訓練のカリキュラムが，大学院においてある程度整備されるようになったが，教育カウンセリングが訓練の1コマとして考えられている大学はほとんどないと言ってよい．1988年に日本臨床心理士資格認定協会が設立され（1990年に文部省より公益法人格をもつ財団法人として再発足），「臨床心理士資格審査規定」「臨床心理士教育・研修規定」などが制定されたが，教育カウンセリングについては資格，教育・研修の要件になっておらず，その必要性は各個人の判断に委ねられている（佐治，1992a；財団法人日本臨床心理士資格認定協会，2005）．

　その根底には，次のような考え方があろう．

　　心理療法家になるために，教育的に心理療法を受ける，あるいは，教育分析を受けることは，筆者は自分の経験に照らす限り非常に肯定的である．しかし，この場合は，教育分析家との極めて深い人間関係が生じてくるので，それにともなう害も生じてくる．その点を考えると，公教育の場で必修とすることには抵抗を感じる．それに，わが国ではその需要を満たしうるだけの教育分析家もいないだろう．そこで，必要条件として，これを考えることはないが，各人は事情が許すなら，適当な分析家を見つけて教育分析を受けるのがよい．（河合，1992，p. 268：傍点引用者）

　われわれも公教育の場での必修という考えには抵抗を感じるし，わが国にその需要を満たしうるだけの上級カウンセラーがいないことも事実であろう．しかし，だからと言って，それがカウンセラーの訓練の必要条件であることに変わりはない．われわれの体験に照らす限り，それは真摯なカウンセリングの学習者にとって，そのときに応じて，おのずと要請されてくることのように思われる．

2　教育カウンセリングの意味

　教育カウンセリングについてのわれわれの考えを初めに提示しておこう．クライアント中心療法の考え方は，教育カウンセリングにおける上級カウンセラー，すなわちスーパーヴァイザーの態度にも当てはまる．したがって，特に問

題をもたない健康な人（教育カウンセリングを受けるスーパーヴァイジー）が，自分の現在のカウンセラーとしてのありよう，より広義には対人関係のもち方について検討し，ひいてはみずからの一層の建設的な人生を生きるために，スーパーヴァイザーと対話するのが教育カウンセリングである．スーパーヴァイジーは，自分の目指しているカウンセラーになるために，スーパーヴァイザーとの対話を通じて，自分を考え，検討する課題に取り組む（保坂，1990；伊藤，1990；大場，1990）．

　前述来の体験学習がこの際の中心的テーマである．カウンセリングの実践に当たって，知的に学んだことを実際の場面でどのように現実化できるか，が問われる．それは次のようにまとめることができる．

　(1)　大きく言えば，繰り返しになるが，スーパーヴァイジーが知的，理論的に今まで学び，さらにはこれから学んでいくことを，教育カウンセリングの場におけるスーパーヴァイザーとの現実的な出会い，その関係の中での情動体験と，どのように結びつけ統合していくか，が課題であると言えよう．

　(2)　より具体的には，今まで意識的，半ば意識的に，あるいはほとんど意識しないままに体験し，あるいは体験したと思っている事象や現象を，スーパーヴァイザーと話し合う中で体験的に捉え直し，意識化し，他の体験との対比や類似の検討を行って，その関係性・関連性，異質性の中に位置づけ，その広がりと深まりを感得する．それは，いわゆる自己探求・自己理解，対人関係のもち方・そのありようの理解，他者理解と共感の特徴などを知ることである（Bruch, 1974　鑪・一丸訳編，1978；Hackney & Goodyear, 1984）．

　(3)　さらに詳細に述べるならば，転移・逆転移（フロイト），エディプス・コンプレックス，エレクトラ・コンプレックスなどのコンプレックス（ユング），意識的・無意識的歪曲や否認（ロジャーズ），プロトタクシス・パラタクシス（サリヴァン）などの体験的理解を伴う．特に，親や親代わりの重要な他者，権威を含む関係における自分についての理解が進むことが必要だろう．そして，カウンセリングにおける基本的な媒介物であり道具であるカウンセラーとしての自分自身の特性を知る端緒を得，その検討を進める方向性が見えてくる．

　(4)　また，具体的で現実的なスーパーヴァイザーとの対人関係の中に身を置くことで，スーパーヴァイジーは，事実は教育カウンセリングの場であるのだ

が，実際のカウンセリング同様に，クライアントとしての感情・気持ちの揺れ，無意識の過程への接近，クライアントのカウンセラーとの感情的なかかわりの中での体験などを，今ここでの自分の感情過程を通じて類推し，知覚し，認知する．少なくともその体験に親しむことができる．以前に述べたパトスの知に達する体験をもちうる（第1部第3章3「臨床の知」）．

（5）さらに，生々しい体験として，臨床の場での，好きな相手を選ぶこと，相手に親しみ，好意をもつこと，逆に，自分にとって苦手な，嫌いな感情をもつことなどを，スーパーヴァイザーとの関係の中で体験することができる．このことは，スーパーヴァイジーの過去における親や親代わりの重要な他者との関係を想起させ，自分自身の体験を再統合することにもなりうる．しかし，これは困難な課題でもある．その困難さの体験，行き詰まって，あるいは袋小路に入って打開できない思いが実感でき，そのことをスーパーヴァイザーと分かち合えることが重要である．反対に，ある新しい発見に到達できたときの解放感，喜びの感情も，後々のクライアントとの関係に関与するときの，他では得がたい体験となる．

（6）前項で述べたことは，別のことばで言えば，曖昧な，あるいは明瞭な転移感情のもつ意味について，自覚的な認知をもたらすことになる．転移が，ときに関係の障害ともなり，関係の発展にもなるという両面をもつこと，症状の解消にも，憎悪にもなり，ときには問題や症状を見失うことになる危険性もあることに気づきうる．関係が深まることは，一般に考えられるように望ましいことだが，その深まりに伴う危機的体験，抵抗感の必然的発生について，初学者のスーパーヴァイジーはほとんど何も知らない．このことも教育カウンセリングの大きな眼目になる．ただし，この認知や深い理解は，教育カウンセリングのかなり進んだ段階で初めて得られるものであろう．このことは，スーパーヴァイザーとして，スーパーヴァイジーと十分に分かち合うべきであろう．

一方で，このようなクライシス（危機）を伴わない，一見平凡で淡々とした関係のもつ意味と，上述の転移関係の意味との対比も検討されてよいテーマである．

（7）スーパーヴァイザーの依拠する理論的立場について付言する．立場によって教育カウンセリングの建前，それに伴う重点の置き方や置く内容が異なっ

てくるのは当然である．しかし，熟練したスーパーヴァイザーの場合，スーパーヴァイジーの問題点や，関係のつくり方への考慮は，立場によってそれほど異なりはしない（カウンセリングにおいても，依拠する理論的立場による違いは初学者ほど大きく，熟練者ほど小さいのと同じである）．われわれの体験から明言してよい．スーパーヴァイザーは窮屈な理論的枠組みを相手に押しつけるのでなく，できるだけ自由に2人の関係を展開することにこころがけるのが肝要であろう．カウンセリングの基本である安全で安定した関係を展開するために，いわゆる自由で漂い流れる注意がその場で実現し実践されること，スーパーヴァイジーにその姿勢が感得されることが大切である．

3　教育カウンセリングを受ける時機

　最後に教育カウンセリングを受ける時機についてふれておきたい．どういうタイミングで教育カウンセリングを受けるのが適切かという問題である．例えば，カウンセリングが学べる大学院ならどこでもいいと，カリキュラムを確認せず，それが今の自分に適っているかどうかも確認せずに入学したところ，カリキュラムの一環として，実習として事例を担当する前に教育カウンセリングを受けることが義務づけられていたとしよう（本邦の財団法人日本臨床心理士資格認定協会の指定大学院制度にはありえぬが）．それがその個人にとって適切なタイミングとは限らないのは容易に想像がつく．本節1「教育カウンセリングの現状」で述べたように，公教育で必修にすることへの抵抗の根拠がここにある．そこで引用した河合（1992）は，続けて，教育カウンセリングを「あまり若いときに受けるのは好ましくないと思われる」（p.268）とも指摘している．それにしても，その個人にとって教育カウンセリングを受けるのに適切な時機とはどのようなときなのだろうか．それはおそらく，クライアントと呼ばれる人々がカウンセリングを受けるタイミングと重ねてみることが可能だろう．

　佐治（1981）はかつてZeitigungの名訳「時熟」について，次のように述べた．

　　その意味する所は，平凡に言えば，木の実が熟するのに時間がかかるように，人と人との関係ができるのに時間の要因をぬきにしては考えられず，いわば時の経過を「待つ」姿勢が必要だということである．しかし更に重

大な意味は，ある実は初夏にみのり，別の実は秋を待って熟する如く，人によって，他人との真のつきあいが可能になるのに季節がある，いいかえれば，その人にふさわしい時の経過が必然的にあるのだということである．(pp. 90-91)

そして，さらにここで言う教育カウンセリングを受ける時機，あるいは，クライアントがカウンセラーのところを訪れるタイミングについてふれている．

　時計のきざむ時とは別に，その人にとって特別に意味のある「時」がある．この「時」は，それをのがしてしまうと，二度と戻っては来ないかもしれない．そしてその「時」は，その人をゆさぶって大きな変革や成長を促す「時」かもしれない．熟れない実は渋いし，人はそれに近づこうとしない．しかし人は，その「時」がくるのをまちのぞんでいることも事実なのである．カイロス［1人1人にとって意味の違う時間］はクロノス［時計が刻む時間］とちがって，時に危機と訳されることがあるように，一歩まちがうと大変な危機をもたらすし，迷路に再びまよいこませてしまうかもしれない．その一方で，新しい道をもえらびうる分岐点でもある．クライシス・インターベンション（危機介入；山本，1986）という困難な，しかしタイミングと技法がよければ豊かな結実をもたらす手法が臨床の世界で唱えられている．それは以上述べたような時熟の問題と密接に関連していることを銘記すべきだろう．実際の臨床の場でも，クライエントが治療や相談に訪れるときは（すべてがそうでないにしても）彼あるいは彼女自身が，たしかに苦しさ不安さに動かされてくるという事実とならんで，今新しい道をえらぼうとするその時期にきていることを直感して訪れることを決めているとよみとれる場合がある．だからといって治療や問題解決が容易になるわけでは決してないけれど，治療者としては，先に述べた「危機介入」が「よいタイミング」で可能になる前提がととのっているといえる．人の世界にはさまざまな不思議があるが，動物の体内時計とはちがう時計が，その人の直面すべき事柄へ今向かうことを知らせる「時熟」の測定器があるように思えるのも，その一つであるようだ．(p. 92)

願わくは，みずからの時熟の測定器の精度を高めておきたい．本書でよく使っていることばにすれば，みずからの体験過程に照合することができ，その意識化として教育カウンセリングを受ける時機だということが生じたなら，その時機を逃さず，その現実化として実際教育カウンセリングを受けるということを望みたい．

繰り返しになるが，教育カウンセリングを公教育の場で必修とすることの問題，その需要を満たしうるだけの上級カウンセラーがいない問題はあっても，依然教育カウンセリングが，こころあるカウンセリング学習者にとってはおのずと求められてくる体験学習であることに変わりはない．また，偉大なカウンセラー出現の2大源泉として，自己分析と失敗（事例）に学ぶことを指摘したが（第1節2(1)「観察・間接体験」），教育カウンセリングはこの自己分析（自己理解）にほかならない．さらに言えば，カウンセリングは，クライアントの自己分析＝自己理解における援助とさえ言ってよい．カウンセラーとして自己理解を進めるとともに，その困難さも身をもって体験することは，クライアントにその点で援助するカウンセラーにとって，倫理的要請とさえ言ってよいかもしれない．中井（1982）のことばに借りれば，「まず害するなかれ（primumu non nocere）」，すなわち，不確実な有益性のために確実な有害性を忘れたカウンセリング行為をしない，そして「己れの欲せざる所，人に施すこと勿かれ」，すなわち，自分のできないことをクライアントに求めない方がよい，はカウンセラーとして，人に言われるまでもないことでありたい．

関連文献（第3節）

Blanton, S. 1971 *Diary of my analysis with Sigmund Freud*. Hawthon Books.（ブラントン S. 馬場謙一（訳） 1972 フロイトとの日々──教育分析の記録──．日本教文社）

H. D. 1975 *Tribute to Freud*. McGraw-Hill.（H. D. 鈴木重吉（訳） 1983 フロイトにささぐ．みすず書房）

Little, M. I. 1990 *Psychotic anxieties and containment : A personal record of analysis with Winnicott*. Jason Aronson.（リトル M. I. 神田橋條治（訳） 1992 精神病水準の不安と庇護──ウィニコットとの精神分析の記録──．岩崎学術出版社）

前田重治　1984　自由連想法覚え書──古沢平作博士による精神分析──．岩崎学術出版社．

前田重治　1995　原光景へ──私の精神分析入門──．白地社．

Wortis, J. 1954 *Fragments of an analysis with Freud*. Simon & Schuster.（ウォルティス　J.　前田重治（監訳）　1989　フロイト体験──ある精神科医の分析の記録──．岩崎学術出版社）

第3章　核としての体験過程

1　カウンセリングの学習過程

　そもそも現実に機能する1人のカウンセラーないしカウンセリング場面という観点から見たとき，理論学習と言い体験学習と言っても，そうした分類自体が事柄をひどく単純化し理念化したものにすぎないことが分かる．真の理論学習は，そこに自分自身の体験過程を伴うものであるという意味で，おのずと体験学習でもある．また，真の体験学習は，そこが，そこから理論が生まれてくる源泉であるという意味で，おのずと理論学習でもある．真のカウンセリングの実践は，ここ，すなわち理論学習即体験学習，体験学習即理論学習においてしかありえない．カウンセリングの実践を，カウンセリングの学習体系案である表1（p.101）に加えたのは，こうした意味からである．

　カウンセリングの実践は，カウンセラーにとって，正しい意味でカウンセリングの学習過程，すなわち，終わることのない理論学習と体験学習とをセットにした過程にほかならない．とりわけ初期のカウンセリング学習の目標は，そうした学習の遂行のありようを学び，身につけ，自分自身のものとすること，ないしは，そうした学習の今の自分自身の遂行の仕方についてつかみ，自分自身の発展的学習の仕方の方向性について拠りどころとなる感触をつかむことになる．簡単に言えば，カウンセリングの，理論学習即体験学習，実践即学習における主体性の感覚を，おぼろげであっても，ものにすることである．別のいい方をすれば，最低限自分自身の体験過程との照合の感覚をものにすること，その意味で，自分自身の体験過程を自分自身にとっての拠りどころとする感覚を養うことである．

その際明らかなことは、その核になるのが、ロジャーズのことばを借りれば、純粋性、一致、透明性、真実性であろう。より具体的には、少なくともカウンセラーが自分自身の体験過程との照合作業をし続け、その意識化を図るべく努めており、自分自身をもクライアントをも、カウンセラー自身の体験に関して欺かないことである。理論家としてではなく実践家としてのフロイト、ロジャーズ、再体験療法の精神分析家ギル（1982）、精神分析的自己心理学の創始者コフート（1984）と、そのカウンセリング関係論の展開を辿り、非防衛性（non-defensiveness）ということばで、4者に共通のカウンセリング関係におけるカウンセラーの不可欠条件を表示し、そこにカウンセリング関係論の統合を見る者がある（Kahn, 1997）。このことばも同じことを指していよう。

2 体験学習の基礎とその心理的条件

ここでは、第2部の主題である体験学習を述べるに当たって再三ふれてきた、みずからの体験過程と直接照合し、意識化し、さらにはコミュニケーションの中で現実化する努力を、体験学習の基礎となるものとして取り上げたい。ここで言う体験過程との直接の照合とは、今まで述べてきたことばで言えば、ある体験に対する自分の感じや感覚を大切にそのまま受け取ることであり、その意識化とは、そうした自分の中にあるものに気づこうとする努力を前提としている。そして、その先にコミュニケーションの中での現実化、つまり、みずからの体験に照合し意識化したものを相手に伝えようとする表出行動がある。逆に言えば、ある体験に対する自分自身の感じや感覚に気づけなかったり、受け容れられなかったりして、体験したものを自分の中に保持できない場合、体験過程との直接の照合は起こらず、ましてや意識化もされず、結果として体験学習が行われたことにはならない。このことを、ロジャーズの過程理論（伊東編訳, 1966）を発展させる形で精緻化したのが、ジェンドリン（1978）のフォーカシングである（コラム〈フォーカシング〉参照）。

当然体験学習の基礎として、このフォーカシングを学ぶことが1つの手段として推奨しうる（近田, 1995）。が、ここではもう少し広く体験学習全体に一般化して、体験学習を通じてその人が何らかの成長を遂げる（学習が進む）うえで意味があると思われる、その人の心理的条件というものを考えてみたい。そ

―――― コラム〈フォーカシング〉――――

　個人が体験過程の直接の対象に注意を向ける向け方と，それに引き続いて起こる体験の分化，展開の全過程が広義のフォーカシングである．

　ところで，ロジャーズのカウンセラーの3条件はクライアントの体験過程の段階によって規定されること，すなわち，低い体験過程を示すクライアントに対してはカウンセリングの効果が上がりにくいことが実証された．すなわち，好ましい内的変化が生じていくときには，自分の問題や感情，体験過程という内的過程に対して開かれた態度を取り，感じの流れにふれ続けていくのである．そこで，体験過程と直接に接触しうる効果的技法を開発して，それを教えることが可能ではないかと考えられ，クライアントが自分の努力によって気づくためのより技術的・具体的手順が求められた．それが狭義のフォーカシングである．それは，内面の心身未分化な感じの流れのどこかに焦点を当て，そこからおのずと示されてくる意味に気づくようにする技法である．

　ロジャーズの関係性という雰囲気や風土の提供だけで十分という主張に対して，一歩加えたものであると言えよう．

　詳しくは，村瀬・日笠・近田・阿世賀（1995）など参照．

うした人の体験学習の中での行動や態度，ありようの特徴は，大きく言って次の3点に集約できるのではないか．

① 自分が今体験している場にみずからを委ねることができる（体験過程との直接の照合に対応する）．
② 自分および他の人が今ここで体験している姿を，そのまま生き生きと受け取ることができる（体験過程の意識化に対応する）．
③ （①②を前提として）自分や他の人への関心を積極的に表現できる（体験過程の現実化に対応する）．

　一方で，こうした人とは逆に，体験学習において成長のない（学びの進まない）人の特徴は，体験学習そのものを，ハウツーを教授される場であるという姿勢から脱し切れない状態にいつまでもとどまっているように思われる．その人たちは，シミュレーション学習においては指導者の正解を，グループ体験においてはファシリテータが示す正しいグループでの交流の仕方を求め続ける不

毛な状態から，なかなか脱することができない．それは体験学習ではなく，概念化された専門的知識や技術を外から注入し知的に持っていることを求める外在化された姿勢に他ならない．体験学習を通じて成長する人の特徴は，こうした外向きではなく，内向きの姿勢にあるように思われる．

3　養成訓練上の「落とし穴」

　この問題を，より広く，カウンセラーはもちろんのこと，弁護士や教師，看護士など専門的な対人関係援助職に特有な養成訓練上の問題として考えてみる．これら専門職が立ち向かわなければならないのは複雑で流動的な場面状況である．そうした実践においては蓄積された理論やマニュアル化した技術（技法）がそのまま役に立つことはあまりない．それゆえ厳しい現実の中で，問題を再構成し絶え間ない活動の過程を真摯に振り返る上述の内向きの姿勢＝内省（あるいは反省 reflection；Shöne, 1983）を通して，専門家として成長していくしかない（コラム〈内省的実践家〉参照）．

　こうした意味において，ロジャーズが「純粋性」という理念を導き出し，ジェンドリンによって「体験過程」として発展した概念は卓見であった．しかし，当時のロジャーズたちが理念のみを掲げ，技法を「通路」にすぎないと位置づける一方で，具体的な養成訓練の場において実際どのようなことが起きていたかにはいささか疑問が残る．

　本来，ロジャーズの提示した理念は，すでに見てきたように，まさにカウンセラーの基本哲学そのものであり，その技法的展開は各学派固有のありように，さらに言えばカウンセラーとしての各個人のありように任されている．ところが，その理論的発展段階において，「非指示的カウンセリング」として捉えられ，その技法として「（感情の）反射」が形式化した応答方法として流布していった経緯が，アメリカにおいても日本においても事実として存在する．

　例えば，『現代臨床心理学』によってその全体像を一人で描いたコーチン（1976）は，次のように指摘している．

　　　感情の反射はしばしば，時にはクライエントの言葉を単に反復するだけ，
　　といった奇妙なほど受動的な役割に治療者を置く．ロジャース派でない人

コラム〈内省的実践家〉

　こうした能力を前提とする専門的職業として，カウンセラーの他に，教師や弁護士などがあげられ，ショーン（1983　佐藤訳，2001；1987）によって，内省的実践家（reflective practitioner）と名づけられている．

　佐藤（2001）によれば，「『専門職（profession）』という言葉は，その語源において『神の宣託（profess）』を受けたものを意味している．したがって，最初に『専門職』と呼ばれたのは牧師であり，次に『専門職』と呼ばれたのは大学教授（professor）であり，その次に医者，そして弁護士であった．いずれも神の仕事を代行するものとして登場し，神の意志を遂行することを使命としていた．『専門職』の範疇は，近代以降，牧師，建築家，都市計画者，経営コンサルタント，カウンセラー，福祉士などに拡大するが，いずれも公共的使命と社会的責任において定義される職業であることは変わっていない」（p. 4）．

　この内省的実践家は，マニュアル化された技術によって実践を遂行するのではなく，複雑な実践場面における内省的思考を基礎として問題に当たる．彼（女）らが立ち向かう状況はきわめて複雑で流動的であり，蓄積された理論や技術を単純に適用することで乗り切れるものではない．したがって，そのような複雑な状況の中で問題を再構成する絶え間ない活動過程における内省（reflection-in-action）を通して，専門家として成長していく．そして，この活動過程における内省において重要となる能力が，これまで述べてきたものであることは言うまでもない．

　しかし，実践状況が不確定だからこそ，やみくもに現場に放り込まれるだけでは初心者はつぶれてしまう．そこで重要な働きをするのが経験を積んだ先達である専門家とのコミュニケーションであり，その代表的なものがスーパーヴィジョン（第3部第2章参照）である．

　なお，ショーン（1983　佐藤他訳，2001）では「reflection」は，文脈に応じて「省察」あるいは「反省」と訳され，「reflective practitioner」は「反省的実践家」となっている．また，本書71頁で引用した西平（1993）も「reflective」を「反省的」と訳している．

が見たら馬鹿げたほど捉えどころがないものに見えるだろう．（村瀬監訳，1980, p. 481）

　この「奇妙なほど受動的な役割」は，日本のロジャーズ派（＝ロジャリアン）においてもよく見られたため，丸田（1997）によって次のように批判されている．

ロジャリアンは自分が治療者として純正 genuine であり，クライエントの成長（自己実現）の可能性を強調する余り，クライエントの言葉をオウム返しするだけ……．（p.173）

この「オウム返し」という揶揄的に表現されている「（感情の）反射」の形式化した応答方法が，ロジャリアンの典型的な対応として知られ，批判の対象ともなってきた．

こうしたことが起きた背景として，クライアント中心療法の理論的な到達点と，ロジャーズ周辺の個々人の実践上の到達点との間に大きな乖離があったのではないかと，われわれは考えている．それゆえ，その中心にいたジェンドリン（1974）ですら，「クライエント中心療法の本質は学習（吸収）されていない」（p.213）と指摘しているのであろう．より具体的には，彼は次のように振り返っている．

われわれは，この理論［引用者注：クライアント中心療法］があるにもかかわらず，何年もの間，きわめて限定されたある種の行動（感情の反射）について議論し続け，かつ実践してきた．……理論的には理解を示すためには他にたくさんの行動があるとわかってはいながら，実践にあたっては依然としてこのかなり狭い応答行動（感情の反射）の範囲内にとどまっていた．（Gendlin, 1964, pp.171-172）

クライエント中心療法は，はじめ，セラピストが"感情を反射（reflection：引用者訳)"するとき，深くそして自己のなかから推進されたセラピィ的過程（a deep, therapeutic process）が起こる，という発見にもとづいて規定された．ロジャーズの発見したこの種のセラピスト反応では，セラピストは，クライエントのなかに潜在している感情的メッセージ（affective message）または感じられている個人的意味づけ（felt personal meaning）について彼が感じとったものを，新鮮なかたちで言葉にする．しばらくの間このことは，クライエントの述べていることをセラピストがた だくり返していることと区別するのがむずかしかった．（Gendlin, 1967　伊東訳, 1972, p.80）

第 3 章　核としての体験過程

さらには，こうした養成訓練の中で「クライアントの質問には答えてはいけない」とか，「クライアントの感情を解釈してはいけない」といった暗黙の禁じ手（don't rule）があったことも付け加えている（Gendlin, 1970, pp. 547-550）．また，その指導者であるロジャーズでさえ，次のように振り返って述べている．

> クライエント-中心のオリエンテーション（client-centered orientation）は，まず，ひとつのむしろ特殊なテクニック，もしくは方法，によって特徴づけられていた：すなわち，セラピストは絶えず，クライアントの感情を"反射すること（reflecting）"によって応ずる，ということであった．……しだいにクライエント-中心のグループは，この方法が，ひとつのむしろぎこちない模倣，すなわち，その背後に，恐れているか，葛藤しているか，さもなければ関与していない，ひとりのセラピストが，隠れていることができるような一種の公式，という落とし穴へと開かれている，ということに気づいたのであった．"あなたは……と感ずるのですね"，という反射の公式は，逐語記録のうえではよく見えるかもしれなかったが，行為においては，それは，ひとつの深い応答から，ひとつの不自然な仮面（artificial front）にいたるまで，さまざまでありえたのであった．（Gendlin & Rogers, 1967 手塚訳，1972, pp. 26-27）

こうした振り返りから，理論的にはクライアント中心療法に至ったロジャーズを中心としたシカゴグループそのものに，実践的にはいまだ技法としての「非指示的カウンセリング」が残存していたことが窺える．スーパーヴィジョンをはじめとして，この第 2 部で取り上げたような体験学習という訓練方法が確立していなかった当時において，主として録音逐語記録の検討がカウンセラーの養成において大きな位置を占めていたことによる，いわば「落とし穴」がここにあったと言えよう（第 1 部第 2 章第 3 節「クライアント中心療法の課題」に記述したウィスコンシン・プロジェクトの困難さの一要因には，こうしたロジャーズたちの実践上の未熟さがあったことは否定できない）．

内省的実践家の養成において，先達の模倣は必然とも言えようが，録音逐語

記録の登場はここに新たな問題をもたらしたと考えられる．先にもふれた「カウンセリングと言えば録音テープ，研究会と言えば誰かが自分のテープを出してみんなでそれをめぐって話し合うのが当たり前」という状況が生まれ，しかも「堅苦しい教条主義が横行」（氏原，1985, pp. 107-111）していったことは否定できない．そうした中で，初期の技法（実際には後にロジャーズは捨て去った）とも言うべき「（感情の）反射」が，「オウム返し」という形式化した応答方法（＝型）となって，あたかもクライアント中心療法特有の技法として流布していってしまったと考えられる．

なお，この第2部第2章第1節3(3)で述べた録音逐語記録検討の留意点は，こうした養成訓練上の問題点とそこから起きた不幸な経緯を反省点としつつ，本来的には逐語記録の検討は技法を高めるのに役立つとして記したものである．

また，言うまでもなく，第1部第2章第4節2で紹介したプリセラピーは，この「オウム返し」とは似て非なるものである．当該箇所に再度当たられたい．

4　カウンセラーの必要十分条件再考

そもそも概念的知識をもっていること（having）と，実際にそのようにあること（being）とはまったく別物であることは明らかである．実に，このようなことをいくら概念的知識としてもっていても，現にそのようにあるのでなければ，実際のカウンセリング実践，カウンセリング場面では役立たない．言うまでもなく多くの初学者はそのことによく気づいている．だから，理論的知識だけ，本を読んだだけでクライエントに当たるのに不安を覚えるし，自分は訓練されなければならないと感じ，そして実際，訓練を求めるのである．ここに求められ要請されているのが，自分自身がそれを遂行する体験的知であり，それを援ける体験学習である．アタマで知っていることではなく（それ自体は何の欠点でも欠陥でもない），からだで知ること，身につけることが求められ，それへの援助，すなわち，体験学習が要請されるのである．

極言すれば，実際のカウンセリングの実践，カウンセリング場面で必要なのは，そのようなことを概念的知識として所有していようがいまいが，ともかく，現実にそのようにカウンセラーが存在するということそのものであるということになる．ここにビギナーズ・ラックが生じうるし，それが，ロジャーズ

第 3 章　核としての体験過程　　　　　　　　　167

(1957a) が，特定の概念化された専門的知識をもっていなければカウンセラーとは言えない，とは自分は言わない (p. 101) と言うことの真意の一端でもあろう．何のことはない，当たり前のことである．

　この観点からすると，ロジャーズ (1957a) の論文「治療によりパーソナリティ変化が生じるための必要かつ十分な諸条件」は，いまだ十分には正しく読まれていないという主張もありうる．一般に簡単には，カウンセラーの 3 条件は純粋性，受容，共感であると言われる．いま少し言えば，カウンセラーは純粋で偽りのないこと，クライアントを受容すること，クライアントに共感することということだろう（第 1 部第 2 章第 2 節 1「治療的な過程が起こるための条件」参照）．

　純粋性についてはすでに繰り返し多言してきたが，受容と共感に関して，ロジャーズはそのようなことは言っていないという主張がありうる．ロジャーズが言っているのは，受容，共感ということばを遣って簡単に言えば，カウンセラーが，自分がクライアントを受容している状態にあること，同じく，自分がクライアントに共感している状態にあることである．これは，カウンセラーに，クライアントを「受容せよ，共感せよ」と言っているのではない．もちろんその反対を言っているわけでもないが，言っていることは，簡単に言えば，カウンセラーが，クライアントを受容し，クライアントに共感している自分自身を体験している状態にあるということである．カウンセラーがそのようなありようにあるとき，そしてそのことが最低限度はクライアントに伝わっているとき，クライアントに人格の変化が起こりうる，と言っているのである．いま少し普通の表現を使えば，カウンセラーの側に，「あなたを一個の人間として大切に感じ（ようとし）ている私が今ここに居る」「あなたの感じ方，考え方，やり方が，あなたの感じ方，考え方，やり方としてそのままわかると感じ（られるようになろうとし）ている私がいまここに居る」といったような体験が生じており，クライアントの側からすれば，そのような人が今ここに自分と一緒に居ると感じ取れている，ということになる．これがカウンセラーの一方的思い込みであるのは論外である．

　あえて原理のようにして言えば，ロジャーズは，お題目のようになっている「クライアントを受容せよ，共感せよ」と言っているのではない（実際にはロジ

ャーズがそのように言っていると受け取られる記述は多々あるし，これはこれでロジャーズの考えに反しない明確なオリエンテーションなのだが）．そもそも「受容せよ，共感せよ」といっても現実にはかなり難しい．したがって，クライアントを受容でき，共感できるような，そのカウンセラー自身のありようを探求せよ，と言っている，としか受け取りようがあるまい．これが，ロジャーズ（1957a）が，技法はそれがカウンセラーの3条件を実現するようなもの（通路）であればそれでよい（p. 102）と言っていることの真意の一端でもあろう．各学派や各カウンセラーはみずからの個性に応じてそれぞれの技法をもてばよい．また持たなければならない（ここに河合［1970b］のロジャーズ批判も当然のように生まれてくる）．かくて，次のような報告も，驚きどころか，当然のこととして頷けるのである．

　　驚いたことにロジャース研究所には，日本的な意味でのクライエント中心療法をしているのはロジャース1人しかいなかった．……40数名いた所員でいろいろな技法を使わずにカウンセリングしていたのはロジャース先生1人であった．（東山，1986, pp. 42-43）

ロジャーズ（1950）は，カウンセリングの非専門家に向けてのある講演で，次のように非常に明確に述べている．

　　セラピィの第4の条件は，カウンセラーが，これらの基本的な態度［＝カウンセラーの3条件］を遂行するようなテクニックのみを利用する，ということであります．テクニックは，確かに態度の二の次ですし，下手なテクニックであると思われても，態度が健全であるならば，たぶん成功するでしょう．……最も援助的なテクニックは，セラピストが深く保っている態度のあるものを［＝カウンセラーの3条件］……伝えるようなテクニックである，と思われております．
　　……ある意味では，これらの諸条件はすべてまちがって述べられております，といいますのは，セラピィにとって重要な意味をもっているのは，クライエントによってこれらの諸条件が経験されることであるからであり

ます．……しかしながら私は，その状況を，カウンセラーが知覚するところから述べてみているのであります．（手塚訳，1968, pp. 19-20：傍点引用者）

　カウンセラーのある態度ないしありようがあって，それが遂行ないし体験されていて，では，どんなふうにしたらそれがこのクライアントにより精確に伝わるのだろうか．このクライアントの側から見てどのように伝えられたときそれがより伝わりやすいのか．そこにカウンセラー個々人，各学派特有の技法の問題が生じてくる．また，どのようなクライアントにはどのような形が伝わりやすいかという，いわゆる診断ないし見立ての問題がはっきりと出てくる．すなわち，カウンセラーの基本姿勢ないしありようとしての3条件を，現場のカウンセラーが実感を込めて記述するように，「より高いレベルで具現するためにも，被面接者のパーソナリティや精神力動，面接者-被面接者関係などについての的確な理解が求められる」（羽間・羽間，1994, p. 11）．論理的には，何より，カウンセラーの態度ないしありようの遂行ないしその遂行体験が，自分自身に根を下ろし身についたものになっていることとセットになって初めて，これらの問題が活きてくる．

　この観点から言えば，ロジャーズの技法論的展開が，不十分であったことは否めないし，残された課題である．その中にあって，先に取り上げたジェンドリン（1978）のフォーカシングが新しい理論的，技法的展開であることは論をまたない．同時に，上のような観点から見たとき，残されているのは，その条件を実現するような一般的な固定化された一組の技法の模索というよりは，個々のカウンセラーのありようを活かした，そのカウンセラー自身の技法をそのカウンセラー自身がいかに自分自身のものにしていくか（becoming）という意味での，カウンセラー形成論ないしカウンセラーの技法形成論を展開することであろう．ロジャーズ（1951a, 1957b）が体験学習を強調したゆえんであろう．そして，ロジャーズ批判を行った，河合（1970b）の事例研究法の主張（河合，1976），同じく小谷（1972）の応答構成の開発（小谷，1981），また，すでに取り上げたプラゥティのプリセラピーは，これらへの確かな応答の1つと言えよう．

第 ③ 部
実習編

第1章　事　例

第1節　事例を取り上げる意味とその際の注意

　この第3部「実習編」の冒頭に事例を取り上げる意味と，その際の注意について，簡単にふれておきたい．

　ここでの事例提示の意味　これまで学んできた理論学習や体験学習を踏まえて，実習すなわち実践的体験学習，実際の遊戯療法（play therapy：プレイセラピー）やカウンセリングに入る．が，その際どのようなところに留意すべきかなど，事前にすべて学べるわけではない．体験的にはもとより，知的にもそうした完璧さは期しえないのみならず，期すべきでもなかろう．何より，知的にもすべて学びえたなどありえるはずのないのはもとより，体験に裏打ちされていない限り，臨床の知とは言いがたい．かろうじて臨床についての知と言うことは許されよう．が，われわれが求めているのは「……についての知」ではない．それはいくらもってもかまわないのみならず，その努力は課せられた義務と言うよりは，内発的な倫理性の問題であろうが．

　カウンセリング学習は，初学者であるカウンセラー自身が実際のプレイや面接を進めながら，スーパーヴィジョン（第2章）やケースカンファレンス（第3章）での援助を受けつつ個別に学び，身につけていくしかないところがきわめて大きい．これは現在の知の段階の問題ではなく，事柄の性質がそれを要請し，この領域に働く知のありようがそうしたものであるということである．これまで理論学習や体験学習の重要性を強調してきた．また，いきなりカウンセリング実践を始めてしまう無謀さ，危険性を指摘してきた．が，当然ここまで理論を学べば十分，あるいは，これだけ体験学習を積めば十分，という目に見える

ハードルがあるわけではない．以前に，知識をもつことと実際にそのようにあることとはまったく別物，と指摘したこととつながる（第2部第3章4「カウンセラーの必要十分条件再考」参照）．そこで，

> 初歩のセラピストにとっては，訓練中にできるだけ早く，クライエントたちとの話し合いをもつのが望ましい．……もしある人が，知的な経験的な訓練の長いコースを通ってゆくならば，その人は，実際にクライエントとはじめて話し合うことに，明らかに不安になり始める．その人は，そのときまでに，しくじるかもしれないということを，あまりに多く学んできているので，何かしら自分自身の足を心配そうに見ている，むかしのようになる．こういう理由から，訓練の初期の学生は，できるならばどんな人間的な接触でもないよりはましであるような場面において，いろいろの人に対して援助的であろうと努力することが望ましい（Rogers, 1957b　西園寺訳, 1968, p. 141）

ということは間違いない．しかし，示唆されているのは第2部第1章3「学習のヴァリエーション」で指摘した，いわゆるヴォランティア活動であることには留意したい．

　ともあれ，当然，この程度の学習でいいのだろうかという不安をかかえながら実習に入っていくことになり（そうであって当たり前であるがゆえに，そうであってほしいが），実際身につく学習，理論学習や体験学習が腑に落ちるということはそうした中で生じる．こうした実習におけるカウンセリング学習の実際は，やはり実際の具体的事例に即して提示していくしかない．そこで，以下本章においては，大学院生の最初の事例としてよく登場する遊戯療法の事例と，カウンセリングの事例を取り上げる．前者に関しては，これまでふれることのなかった遊戯療法について若干の記述を加え，後者に関しては，第2章「スーパーヴィジョン」へのつながりも考慮に入れて，スーパーヴィジョン体験を中心に提示していく．

　守秘義務　また，以下第2章，第3章においても，同様に具体的な事例を例示して考えていくが，こうした具体的な事例を取り上げる際に常に注意しなけ

ればならない問題がある．それはカウンセラーがクライアントのプライヴァシーを守ること，つまり，守秘義務の問題であり，大きく捉えればカウンセラーの倫理問題である（コラム〈臨床心理士倫理綱領〉参照）．財団法人日本臨床心理士資格認定協会の臨床心理士倫理綱領第3条は次のように言う．

　　臨床業務従事中に知り得た事項に関しては，専門家としての判断のもとに必要と認めた以外の内容を他に漏らしてはならない．また，事例や研究の公表に際して特定個人の資料を用いる場合には，来談者の秘密を保護する責任をもたなくてはならない．

したがって，以下で事例を述べる際には，特定の個人を指し示すような点については事例の重要なポイントをなくしてしまわない形で必要な修正を行ったうえで提示している．当然のことながら，ここで事例を提示するのは，その中にクライアントとして登場するある特定の個人に焦点を当てているのではない．本書の目的から言って，類似の実習に共通してくるカウンセリング学習の特徴と，それに対応する考え方や態度を理解する点に力点があることを念頭においていただきたい．

第2節　事例1──遊戯療法──

1　事例の概要

プレイセラピスト自身について　プレイセラピスト（play therapist：本書ではカウンセラーと同義．第1部第2章第2節1「治療的な過程が起こるための条件」脚注参照．以下Thと略す）は，20代半ばの修士課程2年．カウンセリングを学び始めて2年目で，実際の事例担当はこれが2つ目である．これ以前にスタートした初めての担当事例は，重度の自閉傾向の子どもとの遊戯療法で，現在も継続中である．その事例では，当初毎週1回ごとに丁寧にスーパーヴィジョンを受けていたのを，次第に2週に1回，4週に1回とペースを変えてきたところである．いわば仮免許での路上教習を終えて，ようやく1人で運転する気

――― コラム〈臨床心理士倫理綱領〉―――

臨床心理士倫理綱領

制定：平成2年8月1日

　本倫理綱領は臨床心理士倫理規定第2条に基づき臨床心理士倫理規定別項として定める．

前　　文

　臨床心理士は基本的人権を尊重し，専門家としての知識と技術を人々の福祉の増進のために用いるように努めるものである．そのため臨床心理士はつねに自らの専門的な臨床業務が人々の生活に重大な影響を与えるものであるという社会的責任を自覚しておく必要がある．したがって自ら心身を健全に保つように努め，社会人としての道義的責任をもつとともに，以下の綱領を遵守する義務を負うものである．

〈責　　任〉

第 1 条　臨床心理士は自らの専門的業務の及ぼす結果に責任をもつこと．その業務の遂行に際しては，来談者の人権尊重を第一義と心得，個人的，組織的，財政的，政治的目的のために行ってはならない．また，強制してはならない．

〈技　　能〉

第 2 条　臨床心理士は訓練と経験によって的確と認められた技術によって来談者に援助・介入を行うものである．そのためつねにその知識と技術を研鑽し，高度の技術水準を保つように努めること．一方，自らの能力と技術の限界についても十分にわきまえておかなくてはならない．

〈秘密保持〉

第 3 条　臨床業務従事中に知り得た事項に関しては，専門家としての判断のもとに必要と認めた以外の内容を他に漏らしてはならない．また，事例や研究の公表に際して特定個人の資料を用いる場合には，来談者の秘密を保護する責任をもたなくてはならない．

〈査定技法〉

第 4 条　臨床心理士は来談者の人権に留意し，査定を強制してはならない．またその技法をみだりに使用しないこと．査定結果が誤用・悪用されないように配慮を怠ってはならない．

　　　　臨床心理士は査定技法の開発，出版，利用の際，その用具や説明書等をみだりに頒布することを慎むこと．

〈援助・介入技法〉
第 5 条　臨床業務は自らの専門的能力の範囲内でこれを行い，つねに来談者が最善の専門的援助を受けられるように努める必要がある．
　　　　臨床心理士は自らの影響力や私的欲求をつねに自覚し，来談者の信頼感や依存心を不当に利用しないように留意すること．その臨床業務は職業的関係のなかでのみこれを行い，来談者または関係者との間に私的関係をもたないこと．
〈専門職との関係〉
第 6 条　他の臨床心理士および関連する専門職の権利と技術を尊重し，相互の連携に配慮するとともに，その業務遂行に支障を及ぼさないように心掛けること．
〈研　　究〉
第 7 条　臨床心理学に関する研究に際しては，来談者や関係者の心身に不必要な負担をかけたり，苦痛や不利益をもたらすことを行ってはならない．
　　　　研究は臨床業務遂行に支障をきたさない範囲で行うよう留意し，来談者や関係者に可能な限りその目的を告げて，同意を得た上で行うこと．
〈公　　開〉
第 8 条　公衆に対して心理学的知識や専門的意見を公開する場合には，公開者の権威や公開内容について誇張がないようにし，公正を期すること．特に商業的な宣伝や広告の場合には，その社会的影響について責任がもてるものであること．
〈倫理の遵守〉
第 9 条　臨床心理士は本倫理綱領を十分に理解し，違反することがないように相互の間でつねに注意しなければならない．

附　　則　本倫理綱領は平成 2 年 8 月 1 日より施行する．

（財団法人日本臨床心理士資格認定協会，2005, pp. 90–91）

になったところで担当した事例である．

クライアントおよびその周辺の人々　クライアントは（以下 Cl と略す）中学 1 年男子．小学校の後半から不登校傾向が見られ，6 年 3 学期には実際不登校．現在（中学 1 年 1 学期）も主に月曜日に「気分が悪い」と登校を渋り，受理時点（7 月前半）までに合計 20 日ほど欠席している．心配した親が 6 月に内科に連れて行ったところ，抗うつ薬を処方される．Cl は薬を嫌がってほとんど服ま

ないが，自分で，「何かやる気がしない，どうしたんだろう」と言っている．
　家族は，会社員で厳しい父親，パート勤務で過保護気味の母親，優等生の姉，年の離れた弟がいる．両親は当初不登校の原因を勉強の行き詰まりと捉え，中学から家庭教師をつけている．
　学校では，友人間のトラブルないしいじめもあるようだが，はっきりしない．現担任も Cl の欠席を「月曜病（＝ずる休み）」と見ているらしい．
　以上の情報は先行した母親との受理面接からのものである．なお，母親面接は並行して別のカウンセラー（以下 Co と略す）が担当した．

2　遊戯療法の流れとセラピストによる振り返り

第1回プレイ（7月末）
　待合室で，すでに顔見知りである母親と Co に引き合わされて Cl に初めて会ってみると，とても中学生には見えない，まるで小学生そのもののかわいらしい男の子で，Th は少し戸惑う．それでも，彼と面接室で会うか，プレイルームで会うか迷っていた Th は，考えていた通りに，直接彼に尋ねた．〈高校生だと面接室で会うし，小学生だとプレイルームへ行くんだけど，君ぐらいだとどっちがいいのか分からなくて僕も困ってしまうんだけど，君はどっちがいい？〉．（以下〈　〉は Th のことば）彼がちょっと困ったようすなので，〈今日は何て言われて来たの？〉と聞くと，「ママがプレイルームがあると言うので」（以下「　」は Cl のことば）．そこでプレイルームを見に行こうかと誘うと，喜んでついてくる．
　プレイルームに入るなり，「わー！　すげーな！　こんなところがあるのか！」と言って，まず三輪車を乗り回す．以後この三輪車は Cl のお気に入りとなり，第4回プレイまで毎回入室直後に乗ることとなる．
　次にしばらくいろんなものを眺めて，プラレールを見つける．「あっ，これ僕もってた」〈もってた？〉「うん，中学生になったら捨てられちゃったの」〈中学生になったら，もうこういう遊びはやめなさいってこと？〉「うん」．
　続いてミニチュア・カーを手に取って，「プラモデルが好きで，前に展覧会に出して2度金賞を取った」〈へー，すごいね．プラモデルって自分で作って色を塗るやつ？〉「そう．それで自分で屋根くりぬいて中にシート作ったり」〈へー，

本格的だね〉「あと，ラジコンが好きなの．昨日もレース出てきた」．

結局，残りの時間を全部使って，プラレールでかなり複雑なレールを組んで遊ぶ．ちょうど1時間経ったところでThが終わりの声をかけようかと思っていると，「お片づけしよう」と言うので，いっしょに片づけてから終わる．

プレイルームから待合室に戻りながら，〈また遊びに来る？〉「うん」というごく簡単なやりとりで，次回の約束を交わす．

Thの直後の記録には次のような感想がついている．〈プラモデル，ラジコンの大人顔負けのところと，実に幼いところがアンバランスに同居．まだまだ遊びきれずに中学生にさせられてしまった感じ．夏休みはプレイルームで退行した彼とつきあってみたい．〉

振り返り　Thは，事例の概要で述べた情報をClに直接会うまでに聞いていて，中学1年生にしては早熟なのではないかという印象をもっていた．第1部第3章「理論の意味するもの」で述べたような，対象としてのクライアントについての類型論的な理解ないしは診断的な理解である．そこから，面接室で会うかプレイルームで会うか迷ったわけである．そこで，ThはClに聞けばよいと考えたわけであるが，「クライアントの主体性を尊重する」という意味で，これ以後Thとしてどう動くべきか迷ったときには（もちろんいつもというわけではないが），なるべくClに直接聞いた方がよいという自分なりの方針になっていった．

ところが，Clに実際に会ってみるとこうした印象とはまったく違って，遊戯療法がピッタリと言っていいくらいであり，Thはかなり戸惑った．それでも用意していた質問をそのままぶつけてしまったのだから，Clが困ったのも無理はない．しかし，この問いは，少なくとも「私はあなたの主体性を尊重したい」というメッセージにはなっている．そうした意味では，ただ単にClを困らせたというだけではなく，ここでは「自分の意思が尊重される」という感覚をClにもってもらえたかもしれない．

一方，Clが困ったのを見たThも困ったのだが，すぐ「今日は何て言われて来たの？」と聞くことによって，結果的に自然と遊戯療法への導入となった．今度のThの問いはほとんど直観的になされたもので，先の問いのようにあらかじめ考えて出てきたものではない．それゆえClの素直な，ある意味では中1にしてはきわめて幼い返事を自然に引き出したのかもしれない．ここでThは，初め

てこのClと現象学的に出会うことができたと言ってもよい．つまり，事前のさまざまな情報を抜きに，先に述べた対象としての理解ではなく，今目の前に居るClをそのまま受け取る姿勢になったのである．したがって，これ以降のThとClの動きはきわめて自然にスムーズに流れ出した．Thのそのときの感覚をあえて言語化すれば，「この子とならば楽しく遊べる」といったものだろう．

　そもそも，まだ初学者である当時のThの遊戯療法についての考えは，「子どもと無邪気に遊べばよい，そうすれば子ども自身がもっている自然な治癒力（これがロジャーズの言う実現傾向だろう）が発揮される」というぐらいのものだった．もちろんアクスライン（1947）をはじめ，いくつかの遊戯療法の本を読み，その原則といったようなものを学びはしたが（コラム〈遊戯療法についてのアクスラインの8つの基本原則〉参照），実際の遊戯療法をケースカンファレンスなどで見聞きするにつれ，そういった知的理解は脇に置いて，いかに自分が子どもに還って無邪気に遊べるかがポイントであると感じていた．それこそ，遊戯療法の中でのロジャーズの言う純粋性だけを考えていたと言ってもよい．一方で，当時のThはエンカウンター・グループを中心とした体験学習や，慢性疾患の子どもたちのキャンプへの参加体験を通して（高田・斎藤・保坂，1991；遊戯療法を考えると後者の方がはるかに大きな体験であったと思うが），そういうことがある程度できるという自分なりの自信をつくりつつあった．

　そして，いわばこの「無邪気に遊べ」を拠りどころに臨んだこの遊戯療法で，「これならOK」という出会いと展開があり，十二分に遊べたという感覚をもってThは第1回を終了している．この「遊べた」，そして当然これ以降も「遊べるだろう」という感覚が初期のThを大きく支えていたことは間違いない．ちなみに次回の約束についてのやりとりは，お互いどこかで当然という感覚でやりとりされており，この第1回の展開を象徴しているように思える．

　また，その他でThが記録している会話はプラレールをめぐるやりとりであるが，これも「もってた」というClのことばにThが引っかかって思わず聞き返しただけであり，何か意図をもっていたわけではない．しかし，意味あるものとしてThが記録（記憶）したのは，ここから，「遊びきれずに中学生にさせられてしまった」という自分の大事な面をClが提示し，Thが確かにそれを受け取ったからであろう．

第1章 事　例

コラム〈遊戯療法についてのアクスラインの8つの基本原則〉

1. セラピストは，暖かく親密な関係（a warm, friendly relationship）を子どもとの間に発展させなければなりません．そうした関係の中で，よいラポート（親密感）ができるだけ早く確立されます．
2. セラピストは，子どもを正確にそのまま受け容れます（accept as he is）．
3. セラピストは，おおらかさ（a feeling of permissiveness）をその関係につくり出します．そうすると，子どもは，自由に自分の感情を完全に表現できると感じます．
4. セラピストは，敏感に子どもが表現している感情を認知し（recognize the *feelings*），その感情を子どもに反射して返します（reflect those feelings back）．そうすることで，子どもは，自分の行動の洞察を得ます．
5. セラピストは，子ども自身が自分の問題を解決する能力に深い尊敬の念（a deep respect for the child's ability）をもち続けます．子どもは，解決する機会が与えられれば解決します．選択したり，変化したりする責任は［セラピストが負うのではなく］子どもが負います．
6. セラピストは，子どもの行動や会話を方向づけようとは決してしません（not attempt to direct）．子どもが先導し，セラピストはついていきます．
7. セラピストは早く治療しようとはしません（not attempt to hurry）．治療は徐々に進む過程であって，セラピストはそれを心得ています．
8. セラピストは，制限を設けますが（establish limitations），それは，治療が現実の世界に根を下ろし，子どもがその関係における自分の責任に気づくのに必要な制限だけです．（Axline, 1947, pp. 69-70）

　最後にThが意識していたのは終了の仕方であるが，これは見事にClの「お片づけしよう」ということばで解決している．これを聞いたThは，まるで幼稚園児の発言のように思えて，彼の退行を考えると同時に，時間を守る優等生（ただし幼稚園児としてであるが）のような行為にも見えた．しかし，一方でClの方から言ってきたことで，Thの主体性尊重という精神がすでにClに伝わっていたとも読めたし，Clの健康さを示すものとも思えた．

第2回（8月上旬）

　早く来室して，待合室で母親といっしょに待っている．母親のそばに居ると実におとなしく，Thが話しかけてもほとんどしゃべらず，返事の代わりにうな

ずくぐらいである．このようすに，すでに述べたように第1回で十分に遊べたという感覚をもっていたThは，若干戸惑った．しかし，それも，入室してすぐClが例の三輪車を嬉しそうに乗り回す姿を見ているうちに消えた．

すぐにClが前回まったく見向きもしなかった箱庭に興味を示したので，Thが簡単に説明すると，真剣に取り組み始めた．その制作過程でClは，「(左側について) これは大事故なんだ」「(右側について) 暴走族が襲ってくるから兵隊で守らなくっちゃ」などと，半分独り言のように，半分Thに聞かせるように，ことばにしていった．Thはそれに対して〈ふーん〉〈そう〉とうなずくか，ときどき〈あー，守らなくちゃいけないんだ〉と繰り返す程度にしか応答していない．つまり，ただひたすら見守っていた，否，見守るしかなかったと言った方が正確だろう．ちなみにClは，左側から作り始めて右側に移り，前者を夏の世界，後者を冬の世界と名づけたが，特にそれ以上の説明は加えなかった．

それから，人形同士が殴り合うボクシング・ゲームで15ラウンドの試合をする．2人とも興奮して大騒ぎになったが，結局小差でThが勝ち，Clは実に悔しそうであった．最後にClが箱庭の写真を撮っておきたいと言うので，相談室のカメラで撮影してから片づける．すでに時間を超過していたが，Clがまだ箱庭に残したオートバイで遊ぼうとするので，母親面接も終わっているからと言って終了する．

直後の感想〈箱庭は，彼の混乱した内界を示すと同時に，彼自身の強い治癒力を感じさせる．ボクシング・ゲームにおける彼の力強さが母親の前でも出てくれればよいのだが．〉

振り返り　Clは箱庭を通じて，前回の遊戯療法によって意味ある存在と認めたThに対して，みずからの内界を素直に提示してくれた．だからこそ，Thが余計な介入（感想，コメント）をせずにそのまま受け取ることに意味があったのだろう．この後すぐ，ThはCoとともにこの箱庭を検討している．Coを呼んだのは，自分だけの検討，読み取り，見立てに自信がなかったのかもしれないし，1人では受け止めきれなかったからかもしれない．もちろん，この箱庭の意味は遊戯療法が進むにつれて少しずつ見えてくるものであり，最初からこんな意味があると決めつけることはできない．しかし，Thにとっては，Clがその内界を箱庭というイメージの世界で提示してくれたゆえに，その問題の重さ，深さと

ともにその豊かさ（それを「強い治癒力」と表現している）も同時に感じ取れてよかった．ClはこのTh箱庭を通してThに，現象学的アプローチとしての共感と，類型論的アプローチとしての見立てあるいは診断的な理解の両立を可能にしてくれたように思える．

　言うまでもなくここで言う見立てとは，すでに述べたように共感に幅や深みをもたらす柔軟なものでなくてはならない．一方で，この見立てをもたらすいわば客観的な視点，臨床像を初学者がどうもちえるのかといった問題がある．初学者は当然共感に傾き，こうした視点をもちにくい，あるいは，そもそももつことができない．仮にもてたとしても，今度はそれが，今目の前に居るクライアントをそのまま受け取ることを妨害する．いずれにしても，もともと矛盾しやすい両者の微妙なバランスを保つことができないと言ってよい．したがって，初学者のこうした視点は，記録（録音テープやVTRを含めて）を通じてスーパーヴィジョンやケースカンファレンスに頼らざるをえないし，そうすることによって安心して共感的アプローチに集中する方がよいのかもしれない．

第3回プレイ（8月中旬）

　早くから来ていたようで，待合室の前の廊下で人と挨拶するThの声を聞いて，Clが顔を出す．Thと母親の丁寧な挨拶を真似ておどけてみせる．最後に母親がThに向かって，「お願いします」と頭を下げると，Clもまったく同じように真似てふざける．今まで母親とThといっしょに居る場面ではおとなしかったので，ずいぶん違う感じがする．

　いつものように三輪車を乗り回した後，まずおもちゃの置かれた棚を探索する．テニスのラケットをもち出してきたので，2人で打ち合う．それがだんだん攻撃的になってきて，Clの提案で野球に変わる．それも，バッターはピッチャーを狙って打ち返し，当たれば得点になるというルールである．2人ともだいぶ興奮してきて，次はサッカーに移って大暴れになる．途中でClが「タンマ，疲れた」と言うので休憩し，水を飲みに行くと「気持ち悪い」とダウンしてしまう．冷房なしで，ただでさえ暑い中，ボールが窓の外に出てしまうからと閉めきって暴れていたのだから無理もない．しばらく風通しがよくて涼しい廊下のソファー・セットで休むことにする．

5分ほどで回復してプレイルームに戻るが,「今度はおとなしく遊ぼう」と言って,レゴで車を作って終了する. Cl が気持ち悪くなってしまったことを気にした Th が〈大丈夫? お母さんに言わなくていいかな?〉と聞くと, はっきり力強く「うん」と言うので, 2人で「ママには内緒」と約束する.

次回より Cl と Th, 母親と Co の時間の都合が合わなくなり, 別々の時間に設定する.

直後の感想〈攻撃的に暴れるのはいいが, 彼の体力を考慮する必要あり.〉

振り返り 前回の待合室での Cl のようすには少し戸惑った Th も, 今回の Cl のおどけた調子にはうまく合わせることができた. むしろ, 第1回から「遊べた」という感覚を強くもっていた Th は, 同時にすでに Cl とよい関係ができたと思い込んでいたふしがある. そして, それがおそらく, Cl が Th に対してもった安心感より少し先んじていたゆえに, 前回の戸惑いが生じたとも言えよう. しかし, 今回は第1回および第2回を踏まえて, Cl と Th の歩調がピッタリと合っている安心感があった. Th はここで, 本当によい関係をつくりつつあるという実感がもてた. いわゆるラポート形成ができたと言ってもよいだろう.

これが推進力となって, プレイの流れは大きく展開していく. むしろ早すぎて, Cl をダウンさせてしまったのかもしれない. 暑い中, 冷房もなく閉めきって暴れるという状況を十分考慮しなかった Th の不注意さがあるにしても, 展開の早さにブレーキをかける必要もあったのだろう. しかし, この Cl のダウンを2人で「ママには内緒」と約束できるところに, 関係形成の象徴を見る思いがする.

先に共感と見立ての両立についてふれたが, 当然関係形成は前者につながる. 初学者は, 本来は強力な武器になりえる見立てを十分に使いこなせない. したがって, 先に述べた前者, すなわち共感的アプローチに集中するということは, この関係形成に焦点を当てると言い換えてもいいだろう. 別な言い方をすれば, 十分な関係形成がつかないうちは, 客観的な見立て(類型論的アプローチ)は初学者にとってむしろ邪魔になりやすいとも言えよう(ロジャーズが, 専門的知識や診断は治療において本質ではないと言った真意を思い出す; 第1部第2章第2節2「この理論で取り上げられなかったもの」参照). 上級カウンセラーの視点という助けを頼りに, 客観的な視点は脇に置いて, みずからは今目の前

に居るクライアントとの関係形成に没頭することこそ必要なのかもしれない．問題は，初学者にとってのそうした環境がいかに与えられるかといった点にもあるだろう．この事例においてそうした点で恵まれていたのは，この遊戯療法が夏休み中に行われたということにある．

Cl が不登校という主訴で来談した以上，症状改善という意味での登校状態が当然問題になる（それは主として母親面接の中においてであり，ときに学校関係者との連絡上であったりするが）．こうしたとき，いわゆる診断的な見立て（類型論的アプローチ）が好むと好まざるとにかかわらず要求される．これは，ときに母親・学校関係者だけでなく，母親担当の Co から出てくる場合もありうる．この事例では，夏休み中ということが幸いしてか，そうしたことがまったくなかった．そのことが治療チーム全体にある種の余裕を与え，ひいては Th に関係形成への集中を可能にしたとも言えよう．

ここで治療初期の見立てを要求するのは間違っていると言うつもりはまったくない．そうした見立てを強調する治療初期の環境から，それをもちにくい，ないしは，もてない初学者のプレイセラピストをいかに守るかといった点を考えてみたい．こうしたとき，ある程度経験を積んだ母親面接者であれば，意識してコ・ワーカー（共同作業者）であるプレイセラピストを守る動きを取るかもしれない．このことは，クライアントとプレイセラピストの関係がつくまで診断的な見立て，つまりは客観的な視点（類型論的アプローチ）をあえて活性化させないようにすることになる．より具体的に言えば，母親面接での子どもについての情報（つまりはクライアントとプレイセラピストとの関係においては直接つながらない客観的な見方）を過度に伝えないという配慮になるだろう．

もちろん，本来対等な関係であるコ・ワーク（共同作業）については，話は別である．ここではあくまでも初学者のプレイセラピストとのコ・ワークに限って述べている．いずれにしても初学者のプレイセラピストが安心してプレイに没頭できるための環境づくりという面は，スーパーヴィジョンを受けるといったことだけではなく，もう少し議論されてもいい．

第 4 回プレイ（8 月下旬）

10 分早く来室し，Th が待合室のドアを開けると，「来たよー」と元気な声．

時間まで待ってもらってから、〈行こうか？〉と声をかけると、「えー、行くのー？」とおどけた調子．こちらも、〈えー、行かないのー？〉と合わせる．プレイルームに行く途中で、「ママは（家からここまで）1時間半かかるって言ったけど50分で来れた」〈1時間半もかかるって？〉「うん．ママ、トロイんだもん．」というやりとりで2人で笑う．

プレイルームではお決まりの三輪車に乗りながら、新しいプラレールを見つけ、「今日はプラレールをやろう！　この辺のものをどけて、砂場のまわりを全部囲んでダイナミックに作ろう！」〈よーし！〉2人で1回目よりはるかに大きくて複雑なレールを組んで遊ぶ．最後には時間を気にしながら、「もうちょっと」と言ってなかなか終わろうとしない．1時間を過ぎたところでThが〈あっ、時間だ〉と言うと、「あと、これだけ」と長い連結列車を作って動かして終了．それから片づけたので、10分ほど超過．

直後の感想〈前回の不調にこりたのか、1回目のプラレールに戻る．が、1回目に比べ、大きなものを作り、終わる時間もズレるようになった．枠を外れる動きとも言える．〉

振り返り　これまでに述べた「遊べた」という感覚やよい関係をつくりつつあるという実感は、初期のプレイセラピストを支える重要な基盤であることは言うまでもない．が、一方で自分が今行っている遊戯療法の意味を専門的に確認することも必要であろう．そのためにはプレイの流れに身をまかせるだけではなく、やはり客観的な視点からその変化の過程を読み取らなくてはならない．

具体的に例をあげれば、関係形成の目安としてあげてきたClの待合室での態度の変化もあれば、終了の仕方や、この回から1人で来室するようになったという治療構造の変化、そしてもちろん遊びそのものの変化がある．終了で言えば、初回みずから「お片づけしよう」と言い出した優等生が、今回Thの終わりという声を無視して延長してしまうまでになっている．これをThは「枠を外れる動き＝自由さ」と肯定的な変化と捉えている．また、母親といっしょに来談する形から1人で来ることになったことで、母親の悪口（＝トロイ）を冗談にするまでになっている．まさにThの期待する自立の動きと言えよう．こうした遊戯療法のいわば入口と出口における変化の過程に加えて、プレイ（＝遊び）の流れを通しての変化の過程が見えてくる．例えば、プレイ開始直後の三輪車

第1章 事　　例

に乗るという儀式も，この第4回で終わりになった（ここでは詳細な記録に基づいて論じることができないのでこれくらいにとどめておく）．

　こうしたことを確認する作業によって，遊戯療法を続けていくことの意味を見出すことができる．そして，この作業に必要なものが先にあげた客観的な視点，すなわち見立てをもたらす視点（類型論的アプローチ）にほかならない．しかし，繰り返しになるが，初学者にとっては客観的な視点をもつことは難しい．しがたって，スーパーヴァイザーやケースカンファレンスでの意見等の援助が必要であるとともに，こうした視点こそ体験を重ねて身につけていくべきものと言えよう．

　こうした視点を十分にもてない場合に陥りやすいのは，クライアントの現実（日常生活）での大きな変化（症状改善）だけに目を奪われることである．しかし，普通，症状改善（この事例で言えば登校状態）は難しく，期待したほど早くは現れない．特にまわりの大人（親・教師）ほど，面接にせよ遊戯療法にせよ，その中で行われていることの結果（症状改善）を過度に期待しやすく，それが転じて治療に対して疑問ないし否定感をもちやすい．それがゆえに中断につながる危険性もある．それを乗り越えるためにも，治療の流れの中に変化の過程を読み取り，それに基づく見立てをもつ必要がある．

　　その後終結まで
　最後に，この遊戯療法の終了までの展開について，ごく簡潔にふれておく．9月，10月とおよそ週1回のペースで来室していたClも，11月に入るとキャンセルすることが出てきた．理由は，「友だちと遊んでいて帰るのが遅くなった」とか，「（来室を）忘れてしまった」などである．それが年が明けて1月からは，「試験があるから」と2週先に予約するという場合も出てきた．そして，予約はするものの，来室自体は月1回というペースになっていった．

　一方，現実生活では，9月最初の月曜日の欠席以来，Clの「不登校」は消失したことが母親から報告された．ちなみに，後に報告されたことであるが，夏休み初め（7月中）にあった補習はすべて欠席していた．そこで，Thから，3月末つまりその年度の終わりをもってこの遊戯療法を終了することをClに提案した．もちろんこれは，この間の2度のケースカンファレンスでの議論と，Coとの話

し合いを踏まえてなされたものである．そして，最終的に Cl 自身の了承を得て終了となった．

3 プレイセラピストの目標

ロジャーズの考えや実践を，彼のオハイオ州立大学時代の教え子アクスライン（1947）が遊戯療法において展開していること（第1部第2章第1節2「クライアント中心療法の誕生」参照），『開かれた小さな扉』(Axline, 1964) において情緒障害児ディブス（Dibs）との交流を感動的に描き出していること，はよく知られている．さらに，ウィニコット（1971）の次のようなアクスライン評もよく知られている（cf. 岡村，1999b）．

> ……深層に及ぶ心理療法は解釈作業なしに行える．このよい例がニューヨークのアクスラインの研究である．……私はアクスラインの研究を特段に高く評価しているが，それというのは，それが……私の強調している点，つまり，重要なのは子どもが自分自身を突然発見するという契機であるということにつながるからである．重要なのは私の才気ばしった解釈などという契機ではないということである．(p. 59)

ともあれ，子どもとの遊戯療法の場での交流は，大人でありセラピストである自分を見失うことなく，しかも，子どもの，今生きており，考え，行動し，感じている世界への正確で生き生きした共感をもち続けること，そして，その共感や共鳴を可能な限り言語的・非言語的なチャンネル（通路）を通して相手に伝達する試みをし続けること，がまず第1に要請される．

しかも，この共感や伝達を十分になしうるためには，セラピストは子どもと居る治療の場面で生き生きとした自分自身であり，一生懸命に子どもと自分との共同の場をつくり続けようとする自分であり続ける必要がある．透明で真実であり，自分の感情とその表現とが一致していることが要請される．

また，セラピストは，子どものどのような態度や考えや感情も，それがセラピストにとって価値的に承認しがたいものであれ，自分を悩ますものであれ，それを否定したり，あるいは，もしそうでなければ受け容れられるのにといっ

た条件をつけたりすることなしに，相手の今のありように共鳴できることを目指す．

　もちろん，今まで述べてきたことがセラピストによって完全に遂行されることなどありえない．セラピストは理想の人格でもないし，治療場面が悉無律（全か無かの法則）で支配されるわけでもない．セラピストが子どもと居るプレイルームの中での行動が，今述べた3つの原則に沿って，その実現の方向で流動しつつあることで十分である．もちろん，現実の場面は起伏に富み，矛盾に満ちている．セラピストの形式的なセラピストらしい行動という表面を保つことよりも，悩み，困惑して，悲しみ，喜び，怒りながら，セラピストの人間味がそこに溢れ出る交流が望ましい．基本的態度をいつも忘れないで，しかも常にその人そのものであるという困難な課題がそこにある．以上，面接の場合と何ら異なることはない．

　こうした目標を本事例のセラピストは「無邪気に遊べ」という一言で言い表している．それをめぐってのセラピストの具体的行動は事例記述の中で生き生きと再現されている．これ以上の説明は不要であろう．しかし，面接を含めたカウンセリング学習全体への一般化のために，少し付言しておきたい．

　シンガー（1970　鑪・一丸訳編，1976）は，心理療法の目標でもあり，カウンセラーや教師など人を援助する職業に必要な特性としての「情動的健康さ」について，子どもらしさ（childlikeness）という概念をあげ，次のように説明している．

　　　それは晩年に現われてくるような子供っぽさ（childishness）ではなくて，活動性によって特色づけられる子供らしさである．そして，この子供らしさは様々な形態をとって現われる．つまり，注意を集中して溶け込むこと，自己の体験に開かれていること，驚きを受け入れる用意があること，不確実さに進んで耐えること，そして，知覚し探求していく焦点を柔軟に移し変える能力といったものがそうである．(p. 75)

　これが，上述したプレイセラピストの目標，ひいてはロジャーズの言う純粋性につながっていくことは言うまでもない．さらには，以前にふれた非防衛性

という概念も同じことを指していると言えよう（第2部第3章1「カウンセリングの学習過程」参照）．

　こうしたことが大人相手の面接よりも子ども相手の遊戯療法の中で具現化しやすいことが体験的に知られている．だからこそ，初めての担当事例として遊戯療法がよく行われ，本事例のように，この子どもらしさだけを拠りどころに，無心に，それこそ無邪気に遊べた結果，クライアントである子どもにとっても，セラピストにとっても有意義な体験が生まれる．おそらく遊戯療法という治療空間は，こころの健康さである子どもらしさ，ひいては純粋性，非防衛性を体験する恰好の場を生み出すのであろう．若いカウンセラーの卵が遊戯療法から実習・実践を開始することは，ゆえなしとしない．

　と言うのも，

　　　遊びこそが普遍的なものであり，健康の徴である．まず，遊ぶことは成長を促進し，したがって健康を促進する．次に，遊ぶことを通じて仲間関係ができる．さらに，遊ぶことは心理療法におけるコミュニケーションの一形態になる．最後に，精神分析は，自分自身とのコミュニケーション，他者とのコミュニケーションのために，遊ぶことが高度に特殊化された形態として発展してきたものである．（Winnicott, 1971, p. 48）

　　　心理療法は2つの遊ぶことの領域，つまり患者の遊ぶことの領域と治療者の遊ぶことの領域との重なり合いの中で生じる．心理療法は2人の人間がいっしょに遊ぶことに関係している．したがって，遊ぶことが可能となっていないとき，治療者の仕事は患者が遊ぶことができない状態から遊ぶことができる状態になることに向けられる（p. 44）

とさえ言いうるからであり，さらには「セラピストが遊べないとしたら，その人は心理療法に適していない」(p. 63) とさえ言いうるからである．したがって，遊ぶことが可能となっていないとき，セラピストの仕事は自分が遊べない状態から遊ぶことができる状態になることに向けられなければならない．そして，若いカウンセラーの卵がこうした自分自身を育ててもらう場として，遊戯療法

は恰好の場となるだろうからである（第1部第1章2のうち「相互的人間成長の場」参照）．

第3節　事例2——カウンセリング——

1　事例の概要

カウンセラー自身について　カウンセリングを学び始めて6年目．社会人との本人面接は本事例が初めてである．これまで主として教育相談の領域（岡村，1995c）での親面接や遊戯療法に専念し，2～3の事例についての毎週の継続的スーパーヴィジョンを通じて，初学者として自分なりのカウンセリングの感覚をかろうじてつかみかけてきている．本事例担当の年からは隔週でそのときどき気になる事例についてスーパーヴィジョンを受けている．

クライアントについて　高卒6年目の独身OL．主訴は「大学を受験するかどうか．対人関係がどうしようもない」．実父はクライアント（以下Clと略す）が小学校入学直前に病死，母はClの高卒・就職と同時に内夫と出奔，以来Clは当時小中学生の弟妹の面倒を見ている．面接は週1回1時間．退勤後片道2時間をかけて規則正しく通ってきた．

初回面接までのこと　当該相談機関のシステムは，電話申し込み，受理面接，受理会議でのカウンセラー（以下Coと略す）指名，そして初回面接という，相談機関側から見てごく一般的なものだったが，本事例ではそれを崩した．と言うのは，初回面接前夜，閉室時にClが飛び込んできた．切迫したようすが伺え，今にも消え入りそうである．相談システムを伝えるなど及びもつかず，かといって今すぐ相談に応ずることも不可能な状況下，翌日の初回面接を約した．Clの，気持ちを残しつつもあまりにもアッサリとした（とCoには感じられた）引き下がりように，かえってCoに気持ちが残った．明日本当に再会できるだろうか．また，当該機関のシステム侵犯への複雑な思いも残った．

こうした相談システムに関連して，神田橋（1989）の次のことばは引用しておきたい．

巷間流布しているインテイク面接［受理面接］などというものは，精神療法がまだ始まっていないつもりでおこなわれるとしたら，治療にとり有害無益である．資料集めの姿勢が助力の意図を薄め，その結果，推察の精度は下がるし，患者の持っていた助けを求める姿勢は歪められ，陳述に付随する雰囲気は濁ったものとなる．ましてや，インテーカー［受理面接者］と治療者とが別人であるなど，もってのほかである．救急医療におけるたらい回しと同じ効果が加わる．これらはすべて，精神療法家が精神療法の最も基本的構成単位であると錯覚したために起こった過ちである（引用者注：「治療を求めている人が精神療法の最も基本的構成単位である」p. 13）．いわゆるインテイクで聴取される資料は，主訴について2人で考えていく流れのなかで，必要になったときどきに問うて語ってもらうというのが，精神療法における定石である．この定石を踏んで進むと，闇を透かす推察の精度が確実に上がってくる．治療者の感覚が精緻になるからでもあるが，患者の伝え方が的確になるからでもある．（pp. 44-45）

2　カウンセリングの流れとスーパーヴィジョン

初回から第6回まで

初回：「監視され内面を操作される」と語り出す．Coは緊張し覚醒水準が上がっていく自分を感じる．そして，「迫害・関係念慮的」ということばが，実感を伴わないまま脳裏を横切る．続いて家族について語る．「私と母と弟妹の家に，高校のとき男が転がり込み，卒業後就職すると母はその男と家を出た．以来弟妹の面倒を見ている」．Coにはその薄幸が身に沁みる．猜疑深そうな，強烈に何かを求めているような眼差し．どんなふうにこの人と居られるのか覚束ない．

2回：Coは早くもその覚束なさを表明してみた．「大変な状況の中でよくやって来られた．だが，『大変でしたね』と言ったら嘘を言ってるような，何とも言えない感じがした．今までの生活と現状とどんな関係があるのかないのか……」．Clは小学校入学前後を語る．「小学校の頃から人嫌い，人間不信．父は小学校入学直前に病死だという．で，引っ越し．そのとき私だけ一時預けられたが，迎えが来ず，飛び出して母のもとに帰った」．記録には「Coとしては正体のハッキリした人間像を示すこと」とある．3回：男性との話しにくさについて語る．Co

は今ここでもそんな感じか問いかけ，Cl はそうだと率直に応え，記録には「男性との話しにくさ＝Co との話しにくさを処置」とある．**4 回**：「母との関係の仕方が悪かった．操作され飼い馴らされてきた．苦労や負担をかけてはいけない，と．なのに捨てられた」と憤然と語る．記録には「Co はもう少しここに居て，聴くこと」と自戒されている．**5 回**：「自分が生きてる感じがよくわからない，実感が伴わない」と，昔から，そして今も面接の内外で最も激しく闘った精神症状である離人感を訴える．当日 Co は体調不全にもかかわらず，記録には「自分も少し乗ってきた」とある．**6 回**：Cl は引き続き離人感について言語化しようとし，さらに，「気ごころ知れた，かなり話をする人がいる．理解できたような感じで喜びを分かち合う場面があるが，『そうなんだよね』と笑っている私が何だかよくわかってない．実感として残らない．何でこういう感じになってしまうのか．相手も確かに居るはずだが，視界から消えるともう居なくなってしまう．そういう感じを人に言ってもよくわからないようで，やっぱり違う感覚でいるんだろうな」と語った後（以下［　］内は補足説明．数字は初めからの発言回数を示す．)

Cl 33　［いつものように非常にか細い声で］と言うか，その気ごころ知れたような，かなり話をする人といくらか近しくなれて，そのとき思ったことを一生懸命書いて渡す．わかってくれそうだという期待．だけど，詩か何かを読んでるような感じで，「面白い感覚ねっ！」って．「そういう発想なんだ，そういうふうにしか感じられないんだ」と一生懸命説得するんだけど，「どうもそんなのわかんない」と．自分がすごい健康じゃないような．聞いてもらいたいと思うけど，相手をよほどよく見て話さないと全然通じない．わかってもらおうと思っても，「あなたがどこに居るのかわかんない」と．

Co 34　［控えめに］悪くすると変だと思われる．

Cl 34　［声をひそめて］ええ……

Co 35　で，健康じゃないという思いが募る．

Cl 35　ええ．それ以上親しくなれたとしても，おかしくなっちゃいそうで．

Co 36　［わりとハッキリと］どういうこと？

Cl 36 　1つには恐い．何か恐い．それ以上踏み込めない．おかしいな……
Co 37 　それ以上には進まない，進めない．それ以上進んじゃうと恐い．
Cl 37 　言ってもそれ以上にはわからないからやめる……でも，どういうふうに人と接したらいいか．こういう話をするんですが，何かその実感がない．
Co 38 　［弱く］実感がない．
Cl 38 　そう……それ以上おそらく人に近づくこと，できないんじゃないか．
Co 39 　今のとこ，それ以上人と近づいたり接したりできない．
Cl 39 　ええ，すごく表面的なものだけど．最初のうちは一生懸命聞いてるんだけど，そのうち自分が分かれちゃう．話したり聞いたりしてる自分が，もう1つ自分の影みたいになっちゃう．
Co 40 　［弱く］話す自分と聞く自分と分かれちゃう．
Cl 40 　ええ．よく自分でも言えない．
Co 41 　［「ひょっとして……」と浮かんだ思いをわりとハッキリと］今，少し分かれてきてるような感じですか．
Cl 41 　今感じてます，そう……［その実感を味わうよう］
Co 42 　話してるとわかんなくなっちゃうというのは，今起こっているその感じ．
Cl 42 　……［一瞬からだの強ばり］
Co 43 　［直ちに］今，ちょっと恐いですか．
Cl 43 　ええ……
Co 44 　ここでこうして話してると，表面的にスーッと話すというふうになれなくて大変．
Cl 44 　うん，うん……［静かに頷く］
Co 45 　ここに居ると，もう少し逃げないで考えてみよう，話してみようとしておられる．
Cl 45 　はい……［穏やかに黙り込む］
Co 46 　来るの，しんどいかな．
Cl 46 　［虚を突かれたようにハッキリと］いいえ，楽しみにしてます．
Co 47 　［意外の感に打たれつつ］どんな楽しみですか．
Cl 47 　……普段言えないこと，みんな聞いてもらえるから……来るまでは夢の道を歩いてるような感じなんだけど．

Co 48　［続きを促したく］来てしまうと
Cl 48　うまく通じたというとき，すごくホッとする．
Co 49　「この人の言いたいのはこういうことだ」とわかると，こっちもホッとする［これを言いつつホッとする］．
Cl 49　（笑）［場が和む］……
Co 50　［前回のClの発言を思い起しつつ］ここに居るときも，「礼儀正しくなきゃいけない，失敗しちゃいけない，甘えちゃいけない，人の邪魔しちゃいけない」感じ，強いかな．
Cl 50　［いささか戸惑いの感じで］ここで？
Co 51　ええ．
Cl 51　［簡明に］あります．
Co 52　そう．
Cl 52　［いささか言いにくげに］そういう感じにはなってないかもしれないけど，意識はしてます．
Co 53　［軽く同意を求めるように］大変だ．
Cl 53　（笑）……
Co 54　あなたが言ってるよりリラックスしてるのではないかと思ってたんだけど，その辺があなたで，相手に合わせるのかな．
Cl 54　（笑）……［思い切ったように］すごく人に甘えてみたい．恐い．
Co 55　［いささかたじろぎつつ］甘えてみたいけど，恐い．
Cl 55　絶対拒否されちゃう．
Co 56　［その断定の強さに打たれつつ］決まってるよう．
Cl 56　「甘えるなっ！」って怒鳴りつけられそう．
Co 57　［断定の強さの感覚が伝わり違和感なく］「甘えるなっ！」って．
Cl 57　……ものすごく……何て言うのかな，誰かに
Co 58　［感覚に相当することばの提案］しがみつきたい
Cl 58　［直ちに］ような気がする．でもそういうこと，絶対ダメ．
Co 59　［提案したことばに違和感を感じて］しがみつきたい？　だきしめられたい？
Cl 59　だきしめてもらいたい……

- Co 60　［Cl（の思い）にどう応じて居たらいいか模索しつつ］お父さんが亡くなられてからどんなふうに生きてこられたか伺って，頑張って，頑張って，頑張ってやって来られて，拠りどころも支えもなく，ただ頑張って．そういうのを思うと本当に休まることもなかったし，少しは安心して人にだきとめられて，本当に安心できるという感じも当然もちたいだろうし，それはもてなかったろうな．あなたのそういう気持ちは当然のような気がする．
- Cl 60　（溜息）［絶望という感じか］……もう一度子どもに戻りたい．
- Co 61　［この感覚なら恐がらずに受け取れる］子どもに戻りたい．［わりとハッキリと］どれくらいの子どもですか．
- Cl 61　幼稚園くらい．
- Co 62　幼稚園くらい．［前回，Cl「電車の中で赤ちゃんに笑いかけられ泣けてきた（涙）．何も考えずに思ってることが表現できたらいい，と」を思い出して］赤ちゃんじゃない．
- Cl 62　赤ちゃんまでいかなくていい．
- Co 63　［ややホッとしながら］赤ちゃんまでいかなくていい．［立て直すようにわりとハッキリと］幼稚園くらいのあなたってどんな感じでしたか．
- Cl 63　悪戯のし放題．
- Co 64　［意外の感に打たれつつ］悪戯のし放題．
- Cl 64　……
- Co 65　妨げなく自由に伸び伸びですか．
- Cl 65　［再び思い切ったように］もっと親に甘えたい．
- Co 66　［悪戯のし放題と言うのとの違和感を感じつつも］もっと親に甘えたい．
- Cl 66　ええ……
- Co 67　ほとんど甘えられずにやってきた．
- Cl 67　……もっと甘えたかったんだけど，ダメだった．何かそうしちゃいけないような
- Co 68　［直ちに］気がしてた．
- Cl 68　ええ……
- Co 69　［直観を抑えがたく口にしてみた］甘えてったけど拒否された？

Cl 69　［苦しげに］うー．あんまり記憶にはないんだけど（涙）すいません……よくわかんないんだけど，何でも自分ができてなきゃダメみたいだった．弟妹のいたせいもあるし，父が亡くなったせいもあると思うんだけど……何かもっとだっこしてもらいたかったんだけど．
Co 70　もっとだっこして甘えたかった．
Cl 70　ええ．［思いを振り切るように］でも，それはダメなんです．
Co 71　「そうやっちゃいけない」って，動けなかった．
Cl 71　ええ……小学校に入ってからも，どうしてもだっこしてもらいたくて行ったんだけど，何かお荷物を扱うような感じで
Co 72　だっこしてもらえなかった．
Cl 72　ちょっとしてもらって，「もう疲れたから」って言うんで，「やっぱりダメなんだ」って思って．
Co 73　「ダメなんだな」って思った．
Cl 73　……
Co 74　［何か身に沁みるものを感じて］かわいそうだった．
Cl 74　（泣）……
Co 75　だけど飼い馴らされた．
Cl 75　ええ，そう……
Co 76　甘えさせてはくれなかったけど．
Cl 76　……迷惑かけちゃいけなかったし，自分が父親の立場に居なきゃいけないような感じがあって．
Co 77　［意外の感に打たれつつ］小学校の頃からですか．
Cl 77　ええ．父が死んでから，何でそう思ったのかわかんないけど，「シッカリやって，絶対母に迷惑かけちゃいけないんだ」みたいなこと思ってて，取り乱しちゃいけないし，悪戯はしてたんだけど母親の
Co 78　顔を窺いながら
Cl 78　ええ，できることと，できないこととより分けて．いじめっ子にいじめられて帰るんです．父親が居ないっていうんでいろいろ言われて．父が居ないことは気にならなかったけど，侮辱されたというか集団で言われることがたまらなく嫌で，泣いて帰ったんだけど，「どうしたの？」って

母が聞くので，言おうと思うんだけど，「いじめられた」と言っちゃいけないような感じで，それを言えなくて苦しくて泣けてきちゃって．［ひとしきり語った感じ］

Co 79　「お母さん，もっと大変になる」って思った．
Cl 79　ええ……
Co 80　一人で全部背負ってきた．
Cl 80　……（泣）何を考えるんでも母が基準になってて，何が自分かわかんなくなっちゃう……いろんなことしたいと思っても負担がかかるから言い出せないで……
Co 81　自分を無くしちゃう．
Cl 81　ええ……［泣きながら沈黙］
Co 82　［終了時刻］終わりましょうか．
Cl 82　ええ．はい．
Co 83　手に汗かいちゃった．あなたは目に涙だけど．また来週．

第1回スーパーヴィジョン　スーパーヴァイザー（以下 SR と略す）は，おおむね次のような感想を述べた．魅惑的な Cl だ．生育歴の物語としての再構成の仕方からしてそうだ．初回にしてはよく自分のことを話している．Cl に関する Co の印象（Cl の眼差し）には，Cl のアンビヴァレンスが読み取れる．4回「母との関係」は大事だ．5回の離人感の開陳は，4回の自分自身の不可欠の一部である母の喪失の開陳と無関係ではないだろう．また，赤ちゃんに涙するとはカウンセリングへの反応が早い．6回「視界から消えるともう居なくなってしまう」という発言も大事．また，「だっこしてもらいたい」には，SR だったら「だっこしてあげたくなるんだけど，Co だから困っちゃう」と言うかもしれない．過程を通じてインとアウトの交替性がある（初回イン，2回アウト，4回イン，5回アウト，6回イン）．同じことが第6回の準逐語記録にも読み取れ，Co が近づけば離れ，離れれば近づく（Co を近づけては離す）の繰り返しがある．Cl のさびしさにどのように応じて居られるか．過敏に反応しない温かい関係，深入りしないことが関係を確かなものにすることもある．

スーパーヴィジョンを受けて　まず，この Cl との面接にずいぶん意欲的にな

っている自分を発見した．面接開始の経緯からしてそうであることに気づく．意欲的に事に当たることは悪いはずはない．が，ときにそれは人の目を曇らせる．自分の意欲の程度はつかんでおいた方がよい．次に，Coは「初回にしてはよく話している」とはまったく感じてもいなかったので，この感想には虚を突かれた．話をしてくれないClではなく，話をしてくれるClであることに安心している自分，それほどに，話してくれないClに恐れをいだいていた自分を発見する．それとともに，何より今ここに居るClを感じ取ることが大事だと，いまさらながらに思った．ほどほどできているかと思ってもいたが，まだまだだなと，さわやかだった．第3に，CoのClについての主観的印象・体験（Clの眼差し）からのClの姿の理解には，これが逆転移の活用ということの一端かと感じた．自分の感じていることは，やはりどんなことでも，正当化する必要なしに大事にしたい，大事にする価値がある．第4に，5回の離人感の開陳についての，4回とのつながりでの感想には，Clの行動をカウンセリング関係の中で理解することの感触を得，かつ確認した．こうした見方は，当初やや客観的すぎはしないかと感じていたが，Clの生をCoとの関係の中で連続性あるものとして見取ることの意義は腑に落ち，そして新鮮だった．第5に，赤ちゃんのエピソードへの感想には，Clの前進する力の読み取り方，感じ取り方を学び，同時にそのことに疎い，すなわち，Clの力の発現に伴うClの労苦を感じ取ることに疎い自分を発見した．そもそも，力の発現には労苦が伴う．その力の発現のみならず，それに伴うその労苦をも受けとってこそ，Clを受け取ったことになるという体験自体も新鮮だった．まずは自分自身のこととしてよく感じ取れた．第6に，だっこへのSRの応答案には，それほどClの近くに居てなお自分自身で居るのは今の自分には至難だと感じると同時に，応答という具体化された形でそのことがどう実現できるのか，1つの目標を見た思いだった．このSRのCoとしてのありようの真髄を，何気ない形で披瀝された感じだった．第7に，イン・アウトの指摘はまったく意外だった．面接過程を見るのはSRに助けてもらうとして，1回1回の面接，1つ1つのやりとりに専念してみようと思い，以上の点同様，SRにもそのことを伝えた．

　以上について，SRは，Coが面接過程を語っているときと同様，穏やかに聴き，時折Coに体験過程にふれてみることを促したり，その意識化や言語化を助ける

ような，質問や繰り返しや感想をしたりするのみで，Co は安心してこの Cl と会っているときの自分の感覚を味わい，ことばにしてみることができた．最後に，Co には，自分以上に Cl を近く感じ取っているように思われた SR から，Cl に深入りしない関係について言われたのはありがたくも，Co のカウンセリング熱への解熱剤のようにも感じた．よい関係をつくろうとするあまり，現にある関係を Cl とともに生きようとしていない．また，個々の応答として具体化するにせよ，居方が課題であるという Co の思いが理解されたとも感じた．総じて，SR に自分が温かく受け止めてもらえている，そして Cl が大事に感じ取ってもらえている，また Co としての成長の方向性が示唆されている，と感じられ，この Cl と面接を続けていく勇気と，この SR のもとで Co としてもう一段成長してみたいという思いが，鬱勃として湧いてきた．

第 7 回から第 11 回まで

7 回：「関係を深めていこうとすると疑いが生じる」，だが，「面接するのには少しホッとした」．今度は Co の方が Cl に飲込まれそうな不安を感じて，Co「『あなたの感じ，本当にわかります』とは言えない．嘘言ってるような気がしちゃう」，Cl「現実感ってどんなものですか」……Co「(Co に) 裏切られちゃった？」，Cl「そんなことない．自分というのが希薄で不安」．記録には「脱錯覚 (Winnicott, 1971, pp. 11-12, 15-16) が早過ぎた？（現実吟味の強制.）少し距離をつけたかった？ Cl の方も？」とある．また，Cl に「ことばの意味が生まれてくる以前」の体験の質を感じている．**8 回**：前回のことが気にかかり，Co から「傷ついてないか大丈夫か気にしてたが……」と言うと，Cl「すべてわかってもらえるというのは勘違い，当たり前，みんなこういうの背負ってる．理解されたり，理解するって難しい．ここではかなり本音が話せる」．また，「今一番恐いのは死ぬこと．死の足音が聞こえる」．記録には「重過ぎて Co 浮いちゃう．自殺したりしないか，一見元気そうに見えるだけに．『時間をかけさせてください』と言っちゃおか．ことばとからだが Cl の方も離れてる？」とあるが，この頃，面接直後 Co は強烈な離人感に襲われる．**9 回**：「自信がついてきた，楽になってきた，周りがシッカリ見えてきた．先週までは意味が自分に全然無かった．そうではない期待がもてる」．「私の分身だ」と幸福の樹を託され，Co「預

からせてもらう．あなたの魂を預かったような気がする．大切にする．預けておけないと思ったら言って」．記録には「何か『もうひとつ添わない，添ってない』と Cl に言われそうな感じ．7 回のことを気にしてる．Cl もやはり感じてるのではないか」とある．**10 回**：すると，Cl「自分も他人も憎んでる．……Co には不信に近いものをもってる」，Co「今ここで起こっていることこそいっしょに見てきたい．嫌な気持ちしてなきゃいいが……」，Cl「こういう感じをもってることを認めたくない．また来ていいですか？ 何でも思っていること言った方がいい？」，Co「どんな感じをもってても，それだけでは悪くない」．記録には「Co の応答，早すぎ，行きすぎ，解釈しすぎもある．なぜここに居て，聴かない？」とある．**11 回**：「小学校に戻りたい．一人で静かなときを過ごしたい．人生をブッツリ断ち切りたい．自分は自然淘汰されるべき人間．生きる自信がない．生きてていい？ 今日は何言っても自分のことばじゃないみたい．自分がわかんなくなってきてる（涙）」，「Co に全然近づけない．外と同じことが起こってる．これ以上近づくと両方とも壊しちゃう」，Co「とても大切な問題のような気がする」．記録には「Co は何でこんなにソワソワしてる？ 待て！ Cl の世界を壊すな！ Cl は言いにくいことを言ったんだ」とある．抑うつ的で重たい面接だった．

第 2 回スーパーヴィジョン　SR はおおむね次のような感想を述べた．Cl について，自我への痛みという点で神経症圏とも精神病圏とも言いかねる．シゾイド性格を考えたい．次に，SR は，Co の離人感のような，2 人とも同じような（これはあくまで Co 側の想像だが）感じになって，訳の分からない未知の世界に踏み込みさまようような感覚の体験をトンネル現象と呼んでおり，カウンセリングでよく体験する，ある種必然的なものだと感じている．その離人感を筆頭に，Cl の内界が Co に入ってきている．第 3 に，10 回の Co への不信の表明には，不思議がってみたらどうなるだろう．最後に，11 回，愛は破壊的だね．攻撃性をプラスに受け止められるかな．Cl が Co に不信や不満を言えるという関係は重要だね．

スーパーヴィジョンを受けて　先ず，Co が 7 回に Cl の体験の質について言及したのに応じて，SR なりの Cl についての見立てが初めて話された．第 1 回スーパーヴィジョンで言われても，Co には感じ取れなかっただろう．Co なりに初期

相応の心理査定ないし見立てをもつことの重要性は言うまでもないが，それを急かさず強いず，Co に，それにつながる Cl の体験の質の感覚が無理なく浮かび上がってきたときに示唆されたことはありがたかった．次に，トンネル現象の指摘．ある現象が起こって不思議でないことの理解は確かに人を救う．とかくあれもこれもおかしく思えたり，異常に感じられたり，問題化したがるのが初学者だろうから．第3に，10回「不思議がってみる」というのは，もちろん不思議でもないのに不思議がってみることではない．SR の，現実に根差した，わからないのにわかった気にならない，素朴な人間のこころへのあくなき好奇心，あるいはその際の共感の極意，その基盤となる素朴な人間的感覚を披瀝されたように感じた．実際，Co への不信の表明それ自体はカウンセリング過程でよくある現象にせよ，だからといって個々の Cl に即してどういうことでそうなのかは，素朴に不思議と感じるのが自然だろう．トンネル現象の指摘とは逆に，あって不思議はないものの，あること自体の不思議さ，そこに表現されている Cl の姿に目を閉ざすことはできまい．第4に，Co が，11回に指摘された愛の破壊性について，この Cl に即して一層実感するのはもっとずっと後になってからである．先取りすれば，Cl の母への愛が Cl 自身を生かすと同時に破壊してきたということであり，Co の Cl への愛が Cl を生かすと同時に破壊もし，また，その逆も然りということである．無意識の世界においては，主体と客体，主語と目的語は，述語を軸にいくらでも変転可能である．

　ところで，Co は自分自身のこの Cl との居方を定めようと苦労しており，いささか自戒的あるいは自虐的になっているが，このことについて SR からの特段の感想はなかった．しかし，これに関連して，「Cl の内界が Co に入ってきている」という感想には大いに感じるところがあった．この自戒的自虐的な落ち着けなさこそ Cl の生きている姿なのだ，と思われた．当否はともかく，第1回スーパーヴィジョンで感触を得た逆転移の活用を自覚的に試みた結果得られた確かな感覚だった．と同時に，1人の Co としては，攻撃性をポジティヴに受け止める重要性や，不信や不満を言える関係の重要性はアタマでは理解できていたが，それが本当にできるのは Cl の現に生きている姿が感じ取れているときであるということを，いまさらながらに発見した．

第 12 回から第 25 回まで

12 回：「何を話したらいい？　話し始めるのが恐い，応答してると緊張してくる，話が進んじゃうと困る，調子よく話してるようだけど空回りしちゃう」と，ほとんど沈黙．記録には「フィロバティズム（Balint, 1968, pp. 64-72, 159-172），Cl の沈黙を守ること．Co の急ぎすぎの明確な指摘」とある．**13 回**：Co，風邪でキャンセル．電話で，Co「今お互いしんどい時期，大切なときだが……」，Cl，トーンを下げて，「ええ」．**14 回**：「先週休みで助かった．もう一度やり直すような感じ．相手と近づくとなると混乱する」「1 つ黙ると連鎖反応で黙ることになる．言えない自分が居る，から飛躍して，言う内容が下らない，自分はダメとなる」「自分を守ってる．私の赤ちゃん，脆くボロボロになっちゃいそう．精神的成熟って，自分を曝け出しても傷つきにくく，対等にやること．大事にしすぎて成長してない．成長が早くなってきた．環境がよくなるまで我慢してたよう」．記録には「『自分は未熟である』ということを言うのは何と勇気の要ることか」とある．**15 回**：伸びやかに笑いながら，「自分を出せるような感じ．思わず悲鳴を出してしまい，まわりが笑ってるのを見て自分も楽しい．自分の能力はここまでと決めつけ，あきらめるので自分が小さくなってた．進んでく力もあるみたい．これからでも間に合う？」．記録には「悲鳴は産声，トーン変化．自我はサポートすること，評価してもいい」とある．**16 回**：「本心を受けてもらうのが恐い．ある人に手袋を編んでプレゼント．が，その後会話できず．自分を見せるのが恐い．突破してみたい気はあったが．自分へのこだわりは消えたが不安．現実の中で自分がよくわかんなくて．やっと現実に入ってきたが」．記録にはクライアント像について「どうせ私には誰も興味をもってくれない．まったく同一化するほど同じでなきゃ嫌だ」とある．**17 回**：「感じることもできないと卑屈になってたが，感じる能力だけはあると救いを見た．好き嫌いもわからないくらいだった」．**18 回**：「自分は城，壁に囲まれて守ってる．破って出ないと自分として生きられない」「人を憎んでる．それを肌身に感じるのが恐くて，何も言わず誤魔化してわからないことにして，自分はできない，ダメだということで全部閉じて」「ありのままになってみたい．自己主張しようと格闘しているのが今のありのまま？」．記録には「Cl は頑張って言ってる．それを Co はわかってる？」とある．**19 回**：Cl，風邪でキャンセル．**20 回**：記録には「応

答を間違えるということには，ある積極的な意味がある？」とある．**21回**：明るいはずんだ声，「飲み会で楽しめた．腹の探り合いをしてるというのは私の思い込み」．初めて夢の報告「『親子4人［父抜き］と他の人と展望台で展望を楽しんでると台が崩れ，自分以外は転落．だが家族は助かった』．みんな無いものにしてしまえば今の煩わしさから解放される？ でも家族の場合はできなかった？」．**22回**：「変な感じがあるが言えそうもない」とキッパリ言って，沈黙．Co「そのまま過ごせる感じ？」，Cl「はい」，Co「それを聞いて少し安心した」，Cl「呑気に黙って居るのもいいなと思って」，沈黙．終了直前，Cl「今日はここに座らしてもらってありがたかった」，Co「(Co自身Clと) こんなにゆったり居られたのは初めてかな？」，Cl「私もすごく．ことばを出す努力なしにゆったり座って居られてよかった」．**23回**：「自分にこだわったり恐がったりしなくていい．今日の私は私らしい？」「こうするのが望ましいと言われると受け入れてたが，根本では嫌なのを押し込めるから変になる．この辺を意識できるだけでずいぶん楽」「親の前でも今みたいに話せたらいい」．気管が開放された声に決定的に変わった．**24回**：「人にすがりつく状態を想像してつくり上げてた．断ち切らなきゃ．が，やるせなく切なくて．想像世界にばかり浸りきってると，ここには生きて居ない．でもそれを無くすと，居場所がない．いつも誰かにだきつきたくて，そういう人を後から後から補充してる．が，もうやめたい．現実の中に，自分の中に頼りがほしい（涙）」．**25回**：メモ持参「彼はもう私の中に入ることはない．彼は私を認めない．私は彼と張り合ってる．人間って独りなのか，孤独なのか．でも私は私で生きよう」．「こういうメモをしなくてもいいようになりたい．私を気に食わない人がいる，全面的にではなく部分的に．『いけ好かない』と面と向かって言いたい」「まだ中学生くらい？ 自分としてはずいぶん成長した」．

第3回スーパーヴィジョン Coとしての居方も，固定したという意味ではなしにある程度定まり，この事例についてのスーパーヴィジョンの間隔が長くなり，したがって報告する回数も多く，それに時間の多くが費やされ，SRの感想は少なかった．が，いずれも意外なものだった．13回のCoのキャンセルはClの身代わりかな．16回のプレゼントは自分自身に与えてほしいものかな．17回の「感じる能力だけはあった」という気づきは大きい．Clの投影（同一視）

は活発だね.

スーパーヴィジョンを受けて　13回,16回についての感想は,Co がまったく考えていなかったものだった.また,17回の気づきの大きさはCo も感じてはいたが,SR ほどの大きさは感じていなかった.Cl の力を読み取る1つのメルクマールを感じた.また,投影という点から振り返ってみると,投影の引き戻しと言うべき現象が進んでいることが見て取れた.

今回は,この Cl とのかかわりを通じて Co なりに感じてきた Co としてのありようについても話してみた.先ず,15回「自我はサポートすること,評価してもいいのではないか」ということに関して,Cl がみずからの達成を喜んでおり,それが直に Co に感じ取られているとき,その喜びの程度より多すぎず少なすぎず「よかったね」など口をついて出るのは自然なことで,励ましとは似て非なるものではないか.Co の中には,命令,禁止,訓戒はもとより,再保障や勇気づけ(Rogers, 1942, p. 20–21　末武他訳, 2005, pp. 24–26)に対する強い抑制があり,ここで言っているのはもちろん再保障でも勇気づけでもないが,それから派生して,Co の受容や共感の体験を伝達する手立てに明確な欠陥をもっていたと言ってよい.それを少なからず乗り越える契機になる思いであった.次に,20回「応答を間違えるということには,ある積極的な意味があるのではないか」ということに関して,もちろん応答は正確であるに越したことはないが,応答がズレざるをえないときがあるのではあるまいか.すなわち,Cl に明らかな変容が起こっており,Co がそれに追いついていけてないという積極的なサインであることがありうるのではないか.ここで大切なのは,Co が追いついていけてないからといって自罰的になることではなく,Cl に起こっているが Co にはまだ感じ取られてない Cl の変容を読み取り,感じ取れるよう,Co が変容することではないか.以上,SR は黙って聞いていたが,(発言内容に賛意が示されたというよりは)このように自分なりに Co のありようについて模索する Co に,SR が積極的な関心を示してくれていたことが嬉しく,今回のスーパーヴィジョンに限らず,スーパーヴィジョン全体を通じて何よりの支えだった.

その後終結まで

26回から43回まで　思いもかけず母が病気入院する.甲斐甲斐しいその看病

の過程を通じて，現実的に母と男と対決すると同時に，内的には母に見捨てられた思いと母自身の薄幸に直面する．そして，自分の対人関係の原型を母との関係の仕方に発見すると同時に，母との関係の仕方における自分の責任を担い直す．**第4回スーパーヴィジョン**：今回は特に報告した回数が多く，SRの感想はほとんどなかったが，Coにとっては目くるめく展開をジックリ聞いてもらった感じだった．

44回から62回（終結）まで 対人関係についての気づきを，父生前の具体的出来事にまで及ぶ想起で肉づけしていき，ついには母への憎しみに直面すると同時に，母への思いやりを語り，みずからの主体性の感覚をつかんでいく．そして，Clの大学進学断念と異動とを機に，2年に及ぶカウンセリングを終結した．Clは出会ったときと同様，思いを残しつつも（とCoには感じられたが）アッサリと去って行った．**第5回（50回終了時点）・第6回スーパーヴィジョン（終結時点）**：SRは，このClとの体験の感動を禁じえないCoに，ことば少なに感想した．Clのさびしさに，Clがみずからのペースで自分を見つめる，保護された，傷つけない居場所が提供され，Clは歩き始めている．そして，ハムレットがホレイショに言う「天と地の間には……どんなことでもありうる」という台詞を教えられ，19世紀のある治療者はこれをハムレットの原理と名づけて，患者に対するときの重要な2原則の1つとしていることを教えられた（中井，1982，p. 120）．

フォローアップをしていないので，Clがどうなったか，どうしているか，Clにとってのこのカウンセリング体験の意味はどうだったのか気にかかる．しかし，このときなりのベストはお互いに尽くしえたのではないかと思う（思いたい）．ハムレットの原理の教えは，Coの，このClの体験への感動をそのままに保存させるとともに，治療的万能感を穏やかに諫めた．そのときどきという感覚．そしてCoは，居場所ということばと，Coとしてのありようを学んだ（岡村・加藤・八巻，1995）．

3　スーパーヴィジョンを受ける姿勢

ここでは，次章「スーパーヴィジョン」へのつながりのもと，ある面接事例とそれへのスーパーヴィジョンの過程を，カウンセリングの初学者であるスー

パーヴァイジー（以下 SE と略す）の体験の側から提示した．SR の支えということが主題であるが，面接過程にしたがった記述のみにとどめ，まとめとしての記述は行わない．次章の，主として SR の体験の側からのスーパーヴィジョン事例の提示と対照し，それを参照しつつ，スーパーヴィジョンについて理解するよすがとなれば幸いである．

　ただし，この SE のスーパーヴィジョンを受ける姿勢について一言しておきたい．スーパーヴィジョンはかつて監督指導などと訳されたことがあるが，この SE の体験としては，このスーパーヴィジョンは，現実のこのカウンセリングへの援助であったと同時に，このカウンセリングの体験を通じての，SE の，Co としての成長への援助であった，と言うほかない．そこには援助はあったが指導はなかった，というのがこの SE の体験だった．あるいは，この SE が Co として自分自身を活かす方向での提示はあったが，（SR の中にある，あるいは誰のものかしれない，誰のものでもない抽象的一般的な）あるべき Co の方向への提示はなかった，というのがこの SE の体験だった．あるいは，この SE は自分を活かすことを可能とするようなスーパーヴィジョンは求めていても，何かが指導として外からつけ加えられるようなスーパーヴィジョンは，もともと求めていなかったと言うべきか．これは，この SE がカウンセリングを学び始めて 6 年目，初学者として自分なりのカウンセリングの感覚をかろうじてではあるが，ようやくつかみかけてきていたことと無関係ではないかもしれない．

　なおまた，後述されるカウンセラーの内閉的自罰的反省，精神主義的タテマエ的反省（第 4 章 3「カウンセラーの内閉的自罰的反省」参照）について少しふれておきたい．この SE の，Co としての，この Cl との関係における自分自身のありようの模索は，やはり内閉的自罰的反省，精神主義的タテマエ的反省と言うべきか．いまだカウンセリングの学習をし始めて 6 年目の初学者として，この SE がそうした姿勢から自由になりえていないことは伺えるが，その一方，この SE が，抽象的一般的な Co が取るべきであった，Co に要請される態度との間で格闘しているのでないことも読み取れる．そこには，本書が狙いとしている自分らしさを活かしたカウンセリングの実現への，この Co なりの苦闘もハッキリと読み取れる．こうした苦闘の中で初めてスーパーヴィジョンが実を結ぶものであろうことも明記しておきたい．つまり，自分自身の体験過程との照合・

意識化・言語化という営みなしには，スーパーヴィジョンは，スーパーヴィジョンを受けているこの個別具体的な事例に関しても，また，一般にこの個別具体的事例の体験を通じての，SE の，Co としての成長にも寄与しえないということである．

以上要するに，初学者の Co としては，スーパーヴィジョンを受けるに際して，ハッキリ Cl に定位すると同時に，自分自身の，自分自身を活かした Co としての成長にも定位したい．

第2章　スーパーヴィジョン

1　スーパーヴィジョンとは何か

　主として，カウンセリングに携わっている人が，自分が相談を受けているクライアントについてや，そのクライアントとの関係について，多くは自分より経験を積んでいるカウンセラーに相談し指導を受ける関係をスーパーヴィジョンと言う（溝口，1990）．

　このようなスーパーヴィジョンにあっては，当然の上下関係が存在する．また，みずから求めた関係であることが多いだろうが，学習プログラムの必修となっているなどの事情によっては，必ずしもそうでない場合もある．しかし，基本的な関係の望ましい姿は，一言で言えば，相互の信頼関係である．信頼関係は初めからあるのではなく，少しずつ形成される．この点で，スーパーヴァイザー―スーパーヴァイジーの関係は，基本的にカウンセラー―クライアント関係と類似している．こうしたスーパーヴィジョンの機能として，次のようなものがある（佐治，1992c）．

(1)　関係の安定性（信頼関係）の提供

　スーパーヴィジョンにおいて最も重要な要因の1つは，スーパーヴァイジーが，クライアントとのカウンセリングにおいての基本的な安定感を，そのクライアントについてのスーパーヴィジョン，さらに広くさまざまなクライアントについてのスーパーヴィジョンを受けながら獲得していくことである．その底流には，今ここでのスーパーヴァイザー―スーパーヴァイジー関係の安全性が要請される．この要請が満たされるには，スーパーヴァイザーがスーパーヴァ

イジーに伝達する共感・透明性・真実性が十分なければならない．それが不十分であるか，あるいは，それをスーパーヴァイジーが受け取りえないときに，この安全性は損なわれ，望ましくないスーパーヴィジョン関係となる．

　安全で安定した関係は，両者間の信頼関係が育つとともに成立する．しかし，もとより完全な信頼関係は望むべくもない．完全な信頼関係を望むよりは，どのような欠点・問題が2人の間に今あるのか気づき，それを検討し，少しでも両者の信頼性の溝を埋めることを考えるのが現実的である．したがって，スーパーヴァイザーはスーパーヴァイジーとの関係をそのときどきに吟味・検討し，問題と思われる点をスーパーヴァイジーに伝え，相互に合意に達するよう努力する．このことは，先に述べた共感・透明感・真実性をスーパーヴァイザーがスーパーヴァイジーに伝達しようとすることと同じ次元で可能となる．

　しかし，スーパーヴァイザー―スーパーヴァイジー関係の安全性を強調するのは，カウンセリング状況を甘く見て，安易にクライアントに対することをスーパーヴァイジーに許すことでは決してない．逆に，クライアントの問題の本質を明確に把握し，それに直面することができるための必要条件であるからである．

　例えば，カウンセリング場面でスーパーヴァイジーが，クライアントに会うのをためらう，恐れる，避けたくなるような気持ちになっているときは，特にこのスーパーヴィジョン場面での許容性・安全性が重視される．カウンセラーとしての自信のなさ，不適格性などを考えつつあるスーパーヴァイジーが，スーパーヴィジョンの場で自分が非難されたり，不適格感を強められたりしてしまう体験をもつならば，単にこのクライアントとの関係にとどまらず，将来にも大きなマイナス体験として定着してしまう危険性がある．すべてのクライアントに対していつも満足できる素晴らしいカウンセリングができることなどあり得ないことを，スーパーヴァイジーが安心してみずからに認めうるような場としてのスーパーヴィジョン関係でありたい．このような安全なスーパーヴァイザー―スーパーヴァイジー関係を準備することで，カウンセリング状況でのスーパーヴァイジーの不安や怖れを軽減するのに役立つのが，スーパーヴィジョン関係の大きな仕事である．

　こうしたスーパーヴァイザー―スーパーヴァイジー関係の情緒面での安定が

果たす効果を第1にあげなければならないのは当然だが，これを基盤として，加えていくつかの知的な理解の効果をあげておかなくてはならない．すなわち，スーパーヴィジョンの機能として，以下(2)(3)で述べるような，クライアントと会うときのカウンセラーのこころ構えや，さまざまなスキルの伝達が行われる．だが，その前提としては，両者間の安全で安定した関係が形成されていなければならない．この関係が，スーパーヴァイジーがカウンセラーとして必要な学習を促進させ，クライアントに会うときの，明らかなあるいは暗々裏のモデルとなるからである（第2部第2章第1節1(2)「第2次学習」参照）．

(2) クライアント理解への援助

そもそも経験の乏しいカウンセラーは，自分自身がどのような理由でクライアントとの間で問題状況をつくっているのかが分からないままでいることがよくある．その理由は，クライアントのパーソナリティの特徴についての理解と，そのようなクライアントがカウンセリング場面で示す対人関係の特徴についての把握の不十分さとに由来することが大きい．

理論や本で読んだ知識としては分かっているつもりでも，その記述は多く典型例についてであり，具体的・現実的なクライアントの示す状態像の複雑さは，単純化された記述では捉えにくい．さらには，実際の事例の示す状態像はいくつかの典型例にまたがっている．例えば，あるクライアントの特徴が，DSM–IV–TR（American Psychiatric Association, 2000）に描かれているパーソナリティ障害のB群のうち境界性パーソナリティ障害とC群のうち回避性パーソナリティ障害に重なっているなど，決して稀ではない．実際，種々の重複も議論されている（牛島・福島，1998）．

このような実際の事例についての学習は，スーパーヴァイザーのわずかな示唆や言及によって大きく進展する．特にカウンセリング初期のクライアントについての情報が不十分な時期に，このような示唆や指摘がスーパーヴァイジーのそれから後の面接に役立つであろう（第1章第3節2のうち「第7回から第11回まで」参照）．

(3) 関係理解への援助

　経験の乏しいカウンセラーは，上に述べたクライアント理解の不足だけではなく，今クライアントとの関係で何が生じているのかを把握していくことも難しい．そもそも経験を重ねてきていても，自分が今その渦中に居るクライアントとの間に何が生じているのかを把握しにくい場合が生じること，を承知していたい．そのことは，かなり多くの修羅場を経てきていると自認している当のスーパーヴァイザーにも当てはまることが，当のスーパーヴァイザー自身に自覚できてはいても，その混乱の本質をなかなか洞察できずにいることからしても自明である．

　特に，若いカウンセラー，20代後半から30代の人は，みずからの青年期において青年期のクライアントに出会うとき，みずからの心情と重なる体験をクライアントの問題と重ねて共有することが多くなる．カウンセラーとしてのアイデンティティに十分でないため，また，その不安定な心情のゆえに，クライアントの青年期特有の問題と共振れし，そのために相互に不安定さを増幅することにもなりかねない．さらに，最近取り上げられ問題にされることの多い境界性パーソナリティ障害の場合，カウンセラーというもの自身が，そのような心性や人格特性に近いとさえ考えられるがゆえに（成田，1989），クライアントの問題の感じ方，葛藤のありように巻き込まれやすい．誠実で真剣にクライアントと対しているほど，自分が巻き込まれている状況に気づきにくく，たとえ気づいていても，その点についてスーパーヴァイザーに示唆されたりすると，かえって反感を感じ，受け容れがたさを示す．この点，十分問題の生じやすいところで，カウンセラー―クライアント関係，および，スーパーヴァイザー―スーパーヴァイジー関係が二重に重なってくる点に特に注意しながら，スーパーヴィジョンを進める必要がある（年齢や生活状況がはっきり違っていると意識できるスーパーヴァイジーとの場合でも，ときにスーパーヴァイザーはスーパーヴァイジーとの距離を忘れがちになるのが，一方で人間的な接点ともなり，この点を一概に否定しきれない．この点がスーパーヴィジョンの面白みでもあるが，やはり例外的な場合であるとして用心するのが安全であり，スーパーヴィジョンに相応しい対応であろう）．

　このような場合，スーパーヴァイザーは，スーパーヴァイジーはクライアン

トとどの点でどのように異なっている 2 人の独立の人格であるかを慎重に話し合う必要がある．相手への敬意・尊重ということの意味が深く話し合われるのに適切な機会となりえるかもしれない．そうしたことが，スーパーヴァイジーが面接場面でのクライアントとの関係を正確に把握していくこと，ひいてはその関係の混乱の本質を洞察していくための援助につながっていく．

　当然，転移・逆転移の問題，抵抗の諸相がここに関連してくる．教育カウンセリング（第 2 部第 2 章第 3 節「教育カウンセリング」参照）で，スーパーヴァイジー個人の問題に特有なそのありようが少しでも明らかにされていることが，ここでのスーパーヴィジョンにおいても，スーパーヴァイジーが自分のクライアントとの関係を理解するのに役立つであろう．

(4) スーパーヴィジョンのポイントと教育カウンセリングへの橋渡し

　特に経験の豊かなスーパーヴァイジーの場合には妥当しないのかもしれないが，初学者のスーパーヴィジョンの場合，なるべく今のスーパーヴァイジー―クライアント関係の中で重要と思われる 1 つか 2 つくらいのポイントに絞って検討するのがよい．しかし，今まで取り上げてきたスーパーヴィジョンのすべての場合に通用することだが，次のことを常に考えていたい．すなわち，スーパーヴァイジーの問題を，当初スーパーヴァイジーが提示したものであれ，スーパーヴァイザーが取り上げたいと思ったものであれ，除去しよう，除去とまでいかなくても軽減しようという目標を設定しないことが大切である（第 2 部第 2 章第 2 節 2(1)A「一個人としての自分の問題はどのようなものであるか」参照）．その問題は変容しうるし（カウンセリング場面でのクライアントの問題と同じである），次第に別のテーマに移行していくこともある．よほど特別なものでない限り，それにこだわる必要はない．

　もちろんスーパーヴィジョンの目標としては，スーパーヴァイジーがクライアントと会っていく過程で，今，自覚的・無自覚的にいだいている問題にどれだけ向き合い対決していけるようになるか，が 2 人の間の課題となる．別の言い方をすれば，みずからの問題に少しでも楽に直面し，クライアントと会いながらみずからも考えていけるようになるか，を考えていく過程をスーパーヴァイジーが進むこと，を援助していくのがスーパーヴィジョンの場である．

それに付随して言うならば，スーパーヴィジョンは，教育カウンセリングの場と区別して，カウンセリングの実際において生じているスーパーヴァイジーの問題に焦点を合わせるのであって，スーパーヴァイジーのパーソナリティの問題を治療的あるいは教育カウンセリング的に扱うことはしないということである（コラム〈スーパーヴィジョンの目的と方法についての考え方〉参照）．したがって，個人的なパーソナリティ障害の問題，特別な家族内の問題などをもっているスーパーヴァイジーの場合は，スーパーヴィジョンよりも先行して，あるいは並行して，個人カウンセリグを受けることを勧めたい．場合によっては，教育カウンセリングの形を取る．なお，この中のどちらを選ぶかは話し合いによって決定し，個人カウンセリングの方がより困難な問題がある場合であるという漠然とした判断以外に，はっきりした判別基準はない．

(5) スーパーヴァイザーの留意点

最後にスーパーヴァイザー側の留意点を記すことによって，スーパーヴィジョンの機能をより多角的に検討してみたい．

a　スーパーヴァイザーは，自分がスーパーヴィジョンを行っている姿勢全体が，スーパーヴァイジーに対して大きな影響を及ぼしていることを知っていなければならない．(1)で述べた安全な関係がスーパーヴァイジーに対してもつ，計り知れない重要な意味だけではない．相手のことだと見えやすい問題が，スーパーヴァイザー自身の問題としてはそれほど鮮明には意識できないでいたことが，ときどき分かる．埋没されたままで陽の目を見ていなかった自分自身の問題がはっきりしてくる．そうした意味では，スーパーヴァイザーは，スーパーヴィジョンの場において，スーパーヴァイジーに対してと同時に，自分自身に対してもスーパーヴィジョンを行っているのである．このとき，スーパーヴァイザーが自分の気づきに喜びすぎるのはスーパーヴィジョンの場を損なうだろう．が，まったくそれを抑えてしまうのも真実でない．正直に，淡泊に，スーパーヴァイザーにとって，今のスーパーヴァイジーとの話し合いが大きな発見につながったことを告げ，その意味の大きさがスーパーヴァイジーの体験として生きうるように話し合えるのが望ましい．スーパーヴァイジーにとって先輩であり先生格であるスーパーヴァイザーの，このような新しい気づきの表明

コラム〈スーパーヴィジョンの目的と方法についての考え方〉

　スーパーヴィジョンの歴史を見ると，その目的と方法について2つの考え方がある．

　フロイトの，治療者の中立性，解釈の妥当性と有効性を分析治療の根本であるとする伝統を受け継ぐウィーン学派では，教育分析者とスーパーヴァイザーは別人であるべきとされ，スーパーヴィジョンの中では解説的知的教育がなされる必要が強調され，逆転移の問題は教育分析中になされるべきであるとされている．

　一方，フェレンツィ（Ferenczi, S.）を創始者とするハンガリーのブダペスト学派では，治療環境としての分析者そのもの（のパーソナリティ）を重視すべきだとされ，スーパーヴィジョンは監督分析と呼ばれ，個人分析（教育分析）の延長として考えられ，教育分析と同一のスーパーヴァイザーによってなされる．教育分析の中での転移感情と，スーパーヴィジョンのもとで，治療の中での逆転移に焦点を当てられ，このことが，被分析者が学ぶべき中心であると言われる．

　しかし，今日ではスーパーヴィジョンにおいては，①理論的な治療の原則を治療の実際に適用する方法を教えること，②臨床上の必要に応じて治療者が自分自身を創造的に活用することを教えること，の2つが必要と考えられている．

　なお，スーパーヴィジョンの目的・方法，構造については，西園（1994）に詳しい．

やその意味の大きさについての言及は，それが率直に生き生きと伝わるならば，どれほど大きな学習の糧となるか計り知れない（われわれがスーパーヴィジョンを受けた体験の中での大きな学習であった）．

　b　スーパーヴィジョンはどこまでもスーパーヴァイジーの役に立つのが目標である以上，スーパーヴァイザーの現在の関心に沿って話し合うことは避けたい．もちろん，スーパーヴァイザーの関心あるテーマが入り込むのを抑える方が不自然な場合もある．例えば，今のスーパーヴァイジーとクライアントとの問題が，スーパーヴァイザーにとっても，その切り口や幅や深さの違いはあるにしても，やはり焦点になっていて，どこかで重なる場合がある．しかし，できるだけスーパーヴァイザーの現在の関心の方向に相手を引き込むのをやめるのが当然であろう．

　c　上記(2)(3)に付随して，年長のカウンセラーが年若いカウンセラーのスーパーヴァイザーになる場合の問題を指摘しておきたい．1つは，スーパーヴァイザーとして自分がすでにある程度解決してきた問題であると意識してしまうた

めに，スーパーヴァイジーの問題への共感が薄められてしまい，どうしても理論的・知的な話題として取り上げることに重点が置かれがちになるおそれである．この場合と反対に，若さや情熱への羨望が平静な対応を誤らせ，同様な対応へと導いてしまう危険性もある．これはどちらの場合もスーパーヴァイザーとしての未熟さを露呈している．スーパーヴァイザーの資格なしと言われても仕方がない．

　d　上記(4)に関連して，ときに自分のカウンセラーとしての個人的特性を，スーパーヴァイジーの方で問題にしてくることがある．スーパーヴィジョンの場では，スーパーヴァイザーはそのテーマをまったく無理したり拒否したりはしないが，あっさり切り上げるようにして，必要なら別の教育カウンセリングの機会を紹介することにしたい．これは，スーパーヴィジョンを必要以上に錯綜した状況にしないためのスーパーヴァイザー側のこころ構えである．クライアントと会っているときのスーパーヴァイジーが自分のパーソナリティの問題にとらわれてしまい，クライアントのために役立つという目標からそれて，自分の満足のための面接にしてしまわないための，最小限のスーパーヴァイザーのこころ配りである（もともとスーパーヴィジョン関係は明確な契約をもとにして始まるので，ここで述べた問題は当初の契約の際に明らかにされるべきことではある．しかし，基本的なスーパーヴィジョンについての考えは，契約では解決できない面をもっている）．

2　スーパーヴィジョンの事例

　以下にスーパーヴィジョンの事例を4例あげて，どのような問題がそこで取り上げられているかを検討してみる．なお，ここで取り上げる事例はスーパーヴィジョンに現れるすべての場合を包含しているのではない．類似の問題が提出される場合でも，スーパーヴァイジー（以下 SE と略す）の年齢や経験によって，その問題の難易の程度やスーパーヴァイザー（以下 SR と略す）がかかわる重点の置き方はそれぞれ異なってくることを十分考えて対応しなければならない．

(1) 事例1（43歳，男性，企業人事部勤務）
——スーパーヴィジョンに入る前の予備的な面接で教育カウンセリングを勧めた例

この事例は，前項(4)で述べたように，スーパーヴィジョンに入る前の予備的な面接で教育カウンセリング，それも入口の初歩レベルを勧めた例である．現在のように学会レベルでの事例研究や，グループ・スーパーヴィジョンのレベルが高まっているときに，このような人に出会うことは少なくなっているかもしれない．が，一方でカウンセリングの裾野が広がったことや，地域や職場の事情で，このような人たちもいることを承知しておく必要がある（たとえ，財団法人日本臨床心理士資格認定協会の「指定大学院」を修了し「臨床心理士」の資格をもっていても，理念の問題ではなく現実の問題として，ありえる）．

SEは大学の心理学科卒だが，学生時代，特にカウンセリングに関心をもって勉強はしなかった．「ある企業の人事部に入り，新人社員や中堅社員の研修を15年担当して，その点ではベテランと評価され，社員の相談や，社内での広義のカウンセリングにかかわるようになって10年近くになる」と言う．「最近カウンセラーとしての自分に行き詰まりを感じ」，スーパーヴィジョンを求めての接触が始まる（「　」内はSEのことば）．

90分の予備的面接を2週間に1度ずつ4回行って得たSRのSEについての率直な印象は，今までの仕事のやり方がSEの自己認知と大幅にズレていて，SEの言うカウンセリングとは，転課・転属（社内での，または別の類似の仕事への異動）などを求めてくる人たちの配転先を探すとか，職場内での対人関係のトラブルについて，本人や仲間，上司から訴えてきたときに，「調停のためのアドバイスを与える」とか，直接その職場に出向いて「実情を調査し，問題の根を探り，2人あるいは3人のトラブルに関係している人たちの関係を調停する」ことがほとんどであることが分かった．そして，関連の学会や研究会なども最近5年ほどの間にようやく数回顔を出しているにとどまる．SEは人事部でのエキスパートと自認しているのだが，それは，会社内での研修プログラムの整備や，その実施に当たってたまたま生ずる人間関係のトラブルを「事を荒立てないで」処理する仕事に関してのことであって，その点で，SRの考えるカウンセリングとはズレていることが分かった．SEがいる会社にとっての重要な存在であり続けてきたこと，SEがこれから狭義のカウンセラーたらんとしていること

とをどう考えていくのかについて話し合いながら，SR はひどく迷ってしまった．
　差し当り，SE が今やっている仕事については，特にアドバイスや示唆することもなさそうである．ただ，SE にカウンセリングの広い深い様相を少しは知ってもらう必要があると考えて，スーパーヴィジョンの実際例を書いてある著作と，教育カウンセリングの紹介をして，教育カウンセリングを体験するように，知人を紹介することにした．その後 1 ヵ月に 2〜3 回，その人のもとに通って，教育カウンセリング（？）と勉強を続けている．

(2)　事例 2（24 歳，男性，大学学生相談室勤務）
――共感と理解についてクライアントに伝えることの問題
　一般論として前項(3)で述べた，青年期のカウンセラーが青年期のクライアントと同一視が生じやすくなって，2 人の関係が不安定になっている場合，クライアントへの共感や理解をどのように伝達できるのか，また，その伝達の際にどのような点に注意すべきか，という問題を考えてみよう．
　SE は社会福祉の修士課程修了後（財団法人日本臨床心理士資格認定協会の「指定大学院」修了後「臨床心理士」，としても同じである），今の仕事に就いて 1 年目．独身．この 1 年間に 15 例ほどのクライアントに会っている．スーパーヴィジョンを申し込んだ背景には，「クライアントとの関係が中断したり，キャンセルが増えたり，最近上手くいかない．面接していても，前ほど熱心になれない」ということがある．

【1 回目のスーパーヴィジョン（3 回目の面接について）】
　SE　　クライアントさんは短大 2 年目の男子．学生生活に興味・意味を失っているとの主訴．父が高校時代に病死，母は父の病気と入院が長かったこともあり（10 年），フルタイムで仕事，家に居ることが少なかった．寒々とした家庭．2 歳年下の妹と自分も，経済的に苦しく，バイトの明け暮れ．妹は高卒で就職．無理して頑張って，息切れしたのかな．成績は中くらいのところです．
　SR　　このクライアントさんをどう見ていて，どういうところに焦点を当てて受け取っていこうとしていたのかな．
　SE　　温かさや潤いがない環境に負けまいとやってきたが，エネルギーが

足りなくなってきたようすです．私としては，もうちょっとで卒業だし，何とか頑張って続けるようにサポートしたい．それと，父親が前から居ない感じなので，男性性，世の中に出て他人の中でやっていくモデルをもたないできて，社会生活に自信がもてないのかな．何とか励まして，仕事に就けるまで会っていきたい．

このようなクライアントにこころからの共感，好感がもてず，クライアントが挫折する恐れを感じ，もう少し元気を出してほしいと，クライアントをサポートし励まそうとする SE の姿勢が目立つ．その一方で「よい子できた燃えつき症候群」とか，「男性性のモデル」「自己主張，自我同一性（のモデル）の欠如」といった，やや生硬なことばでのクライアントの描写が特徴と思えた．このことについて SE にどのように対応できるのかを考えたいと思った．

【2回目のスーパーヴィジョンの後半部分】

SE　　彼は，「これではダメだと分かっているけれど，もう気力がなくなる一方で，学校の欠席も増えている．もう学校をやめちゃおうと思うが，バイトやパートの仕事で生きていくのは嫌で……」と言う．このままだと相談に来てももっと落ち込む感じで，相談に来るのもやめたくなっているようす．どうしたらいいか，私としても困っている．最近会う学生は，こういううつ状態とかアパシーふうの人が多くて，私の働きかけに反応しない．

SE は，現実に元気のないクライアントを目前にして扱いようがないという感じで語り続ける．

SR　　SE はこのような無気力なクライアントさんを前にして，自分自身も元気がなくなっている．クライアントさん自身の困り方や落ち込みを分かること，その気持ちに SE として共鳴し共振れする幅と言うか，ゆとりがなくなっちゃっているように思える．うつや無気力の人に対すると，その気持ちを何とか早く変えてやりたくなる感じだね．

SE　　そうなってしまう．

SR 自分にとっても落ち込んだ気分はとても嫌な感じで，早く追い払いたくなるかな．

SEはこの後，自分自身について，「クライアントさんが語る父の病気中のつらかった思いを聞くと，自分も滅入る．病気とか不幸に対して抵抗力のない弱い自分らしいと思っている．社会福祉の勉強や仕事を選んだのも，自分のそういう性質に関係してるかもしれない」と語る．しかし語り方が淡々としていて，自分の特徴にこだわり，自分が共鳴している苦しさをまったく受け容れることができないというのではなさそうだと思えたので，次のように示唆した．

SR 自分がクライアントさんの気持ちを聞いていてつらい気持ちになり，それを早くなくしたいのは自然な気持ちだろう．自分が落ち込んでいてはいい面接ができないという気持ちもあるかな．
SE ええ，失格だと思います．
SR でも反対に，こちらだけが明るく居るというのはもっと困るね．（少し間）……今日の話ではっきりしたと思うのは，自分のつらさ，重苦しさ，無力感が強く出てきて，クライアントさんのつらさ，重苦しさ，無力感をそのまま受け取って，……自分が今感じている自分のそれとは別のもの，相手のそれとして，……感じ取り，ことばではっきり表現して相手に伝えることをしていない．あるいは，できないで居た，ということじゃないのかな……

この後，SEと30分ほど（1セッション90分），共感とは何か，それが面接場面でもつ意味について話し合う．少しSEに分かってきたと思えることは，「クライアントの気持ちに感じて，自分が苦しくつらくて重く無力に（漠然とではあるが）感じることが共感の基底だ」と思っていたらしいということである．確かにそれは真実でもある．同じ人間として苦しい相手を感じて，その苦しさがこちらを縛ったりするのは当然でもあり，だから相手の気持ちが軽くなるよう働きかけたくなる．

SR　日常的な人間関係は，そこが対応の中心になりやすい．ところが，こころの専門家としてのカウンセラーは，そこにとらわれて動けなくなるのでなく，相手の苦しさ無力感を，自分とは違うその人の感じ方として受け取ることがどうできるか，……それが今までのSEに欠けていたように思える……

　共感は，クライアントに，分かってもらえている安心感・安全感をもたらす．また，共感は，動けない自分はダメだというクライアントの自分への思い込みからの解放，また，自分への無力感・否定的な感情からの解放をもたらす．自分への無力感・否定的な感情があると，相手からの否定的な感情を感じ取ってしまう．このことは，SEが以後10数回のスーパーヴィジョンの間に体得していったことであり，SEはこのクライアントの卒業まで面接を続け，完全にとは言えないが，うつ感情から抜け出していくのに役立った．

(3)　**事例3（30歳，女性）**
　　――**カウンセラーの力・力量・役に立つ感じをクライアントに伝えたくなることの問題**
　カウンセラーが自分に自信がもてないとき，クライアントに対して，自分の存在の意味や大きさをアピールしたくなることが無意識に起きてしまう．自分がクライアントに対して影響力をもつ，役立つという感じを伝えたくなる．事例2のようにクライアントを支持し励ましたくなるという問題と平行して，カウンセラーとして自分が有能だということを意識的・無意識的に相手に伝えることで，面接時の不安を解消したいという気持ちになる．
　SEはカウンセラーとして面接を始めて約6ヵ月だが，それ以前にインテーカーの仕事，病院での心理臨床，事例研究会への参加を経験している．専門学校で臨床心理学の勉強をしている20歳の女性クライアントと面接を始め，スーパーヴィジョンを依頼してきた．
　SRとしての印象は，さまざまな研修や臨床の実践の機会をもっているが，大学では臨床や心理学とはまったく関係のない学科を出ているし（財団法人日本臨床心理士資格認定協会の「指定大学院」修了後「臨床心理士」，としても同じである），自分としてカウンセラーとしての自信のなさ，アイデンティティのも

てなさを感じている，と思われた．その反面，なまじな専門家風の自信ありげな態度を他のカウンセラーに見るとゾッとするほど嫌気がすると言う．この専門家としての自信のもてなさと，専門家風の態度を見るときの嫌悪感は，SEの問題の中核であるとSRには思われた．最近この態度は，SE自身，自分で意識できるようになり，かなり修正改善されたと意識している．ここ1, 2ヵ月のスーパーヴィジョンでの話し合いを取り上げる．

SE　クライアントは臨床実習に参加するのを恐れている．前から人に嫌われるのを恐がっていて，自分から壁をつくって遮断している．新しい対人関係に入るのに，気がつくととても気張っていて，過剰に自己主張してしまう，と意識している．

SR　面接記録を読むと，クライアントさんが，「相手を信じられなくて分かってもらおうと力んでいる」と語っているとき，SEは，「今の相手との関係に関係なく，自分だけの動きになってしまう」……「いつも，そのままの自分で居られない感じが多いのかな……（間）……」と言っているが，どんなふうにクライアントさんに理解されていると思うかな．

SE　この後クライアントさんは，「どこまでが自分のありのままなのかが分からなくなる．自分の全部が出せるわけでもないし」と語っている．こちらの言いたいことがそのままは受け取られていない．

SR　「相手との関係に関係なく」「相手が見えなくなる」「そのままの自分で居られない感じ」という言い方が，少なくともスーッとそのまま相手に通ずる日常的な普通の用語ではなく，やや生硬なカウンセラー用語だということが分かりますか……．カウンセラーは自分の言いたいことが分かって言ってるつもりだろうが，こういう言い方は聞く方の聞き方次第でどういうふうにも取れる．意味の幅が広すぎて，焦点がぼける．……意識してはいなくても，ついカウンセラーらしい発想，カウンセラー臭のあることばになっている．……当たり前の日常的なことばで，具体的な内容を伝えることが大事だと思える．……SEは，いかにも専門家風なカウンセラーがとても嫌いだと言っていたが……．

私から見ると，少しそういう自分が嫌だと思っているカウンセラー臭さが，そういうことばづかいに出ていると思えるが……．

SR はさらに，「自分がカウンセラーとしての学習を十分でないと思っている引け目が，そういうところに出てるかもしれない」と言いたかったが，そのことを言うのは差し控える気持ちになった．

SR　このクライアントさんは心理学の勉強をしている人だということで，カウンセラー的なことばになじみがありそう．だから，SE がそういったことばを遣うと，クライアントさんの方もどういうことを SE が言おうとしているのかを深く考えることなく，そのことばを遣う傾向がありそう．その点用心しないといけないと思うがどうだろうか．

（この後も，SE はクライアントに対して，「相手にまかせられない気持ちが強いのか」とか，「自己主張が強く，私の言うことを拒否しているのではないか」とクライアントに対して指摘し，「拒絶しているのか，防衛として自己主張しているのか」と介入して，クライアントは混乱してしまう．似たようなやりとりの中でクライアントが沈黙がちになっていく過程のときに，SE は沈黙しているクライアントに焦点を当てようと試みるが，クライアントは自分が何を話そうとしていたかが分からなくなり，その気持ちと，SE の問いかけとが噛み合わず，空白になっていく場面が見られた．）

ここでのスーパーヴィジョンの過程は，SR の方も急ぎすぎていて，2 人の間で十分なコミュニケーションが成立していないまま進んだという拙さがあり，そのため，SR の伝えたいことを理解してもらうのにかなりのセッションが必要となった．一方で，SE の専門家コンプレクスが，自分に力量があることを伝えようとして，ここで述べた形で現れていることも事実と思われる．この SE の場合，ことばの遣い方の問題が確かにあるが，クライアントの問題の捉え方には正鵠を射ていると思える面も多いので（前項(2)「クライアント理解への援助」参照），その点を評価しつつスーパーヴィジョンを進めることになった．

(4) 事例4（28歳，女性，精神科医）
――境界性パーソナリティ障害のクライアントに会っていて，スーパーヴァイジーが自分の問題と意識せぬままに重ね合わせて混乱し，クライアントのアクティング・アウトなどを引き起こしてしまう場合

前項(3)「関係理解への援助」に指摘したように，初学者であるカウンセラーは，青年期のクライアントに独特の親近感をもちやすい．みずからも周辺人であり，アイデンティティを十分もちえないでいる不安定さのゆえに，同じような状態に居るクライアントに共鳴しやすく，巻き込まれやすくなる．そして，SRの距離を置いたクライアントへの見方に，冷たい理解のない態度だと反発を感じてしまう．また，病院や相談機関で境界性パーソナリティ障害をもつ青年と面接する機会が多くなり，2年，3年と面接が長引くにつれ，どのようにみずからの困惑や苛立ちを処理できるのか，他の専門家との協調問題をどうするかなどで悩むことが増えてきた．

SEは，臨床の専門的教育・訓練を数年にわたって受けてきている（財団法人日本臨床心理士資格認定協会の「指定大学院」修了後「臨床心理士」以上）．クライアントは現在修士課程2年の女子学生．修士論文提出を控えての苛立ちと無力感，学部時代から4年間にわたって外来でカウンセリングを受けているSEに対して，日常生活においても接触を強く求めてくるなどのアクティング・アウト的な愛着要求と，その満たされなさへの激烈な怒りの表現，面接時間を故意に延長し，SEを困らせるなどが起きている．

  SE ときどきは，「時間を延長して申し訳ない」と言うようになり，2年前はそんなことまったく言わなかったし［時間延長もこの頃ほどは頻繁でなかったこともあるが］，「少しは自分をコントロールできるようになった」と言ったり，「少しよくなったね」と2人で認め合えて嬉しくなったりする．でも次の回はひどく遅れて来て，すごく延長してしまう．それでまた苛々させられて……．苛々させられるし，苛々するのが当然だ．こういう境界性パーソナリティ障害の人に対しては，そう感じながらやっていくしかないと自分で思っていても，もうやりきれない［こう語りながらも苛立ってくるようす］……．

第 2 章　スーパーヴィジョン

　　初めはこんな大変な人と思わないでいるうちに，ズルズル相手のペースにはめ込まれてしまった．先輩や仲間からいろいろ言われてもどうにもならず，その人たちにも怒ったり．私の怒りの源はいろいろありそう．一方ではこのクライアントさんのもっている潜在的な力，可能性を感じているのに，それを生かしていけない私の無力さへの怒り，もう 1 つ大きいのは，まわりがこのクライアントさんに対して冷たく傍観者的に見ていることへの，クライアントさんを分かってくれないことへの怒り……．クライアントさんの立場に立って見直してみると，これは繰り返し語られているが，幼児からの，満たされない依存，愛着欲求がものすごく強くて，両親，特にお母さんへの不満がすぐ爆発する．訳が分からなくなってメチャクチャな言い方でお母さんを罵倒する．その同じ感情を私に向けてくるとしか思えない．仕方ないなと思っても，もう嫌になって疲れ果てて……拒否したくても向こうはベッタリ離れない．

SR　そのときどきの自分が感じている困惑や苛立ち，怒りや無力感でどうしようもなくなる，これだけ長い期間一生懸命会ってきたのに……．自分の苦労もよく分からないでまわりからいろいろ言われて，なおさらのことやり切れなくなっている……

SE　［溜息，ガッカリの様子］自分の中にたまってくる苛立ち，怒り，悲しさ，無力感も大きいが，面接時間以外に，夜遅く自宅に電話をよこしたり……，以前に自殺未遂があったとき，やむをえず，「どうにもならず死にたくなったりしたら，電話してもいい」と言ってあるが……．電話でまでぶっつけてこられると，ときどき，「もういい加減にしてくれ」と言いたくなる，そんなに度々起きる感じではないが……．自殺を仄めかしてこっちを困らせて喜んでいると言うと言いすぎで，どうしようもなく私にぶっつけてくるのだろうが……．

SR　難しいクライアントさんなので，私の言うことを受け取って，それを実践できるかどうかは分からないが，SE が，自分自身がまともに攻撃や非難，ベッタリの依存，ときには完全な無視の対象になっていることを我慢するのでなくて，そうなっている自分を積極的に使うこと

を考えてみてはと思う．

　自分で自分を，2人の関係を展開する手段，道具として生かすこと，それは，例えば怒りの対象そのものにされているSE自身を，「カウンセラーにそんなふうに思われていると思ったら，このカウンセラーをメチャクチャにやっつけてしまうしか，自分の身のもたせようがなくなるよね，本当に嫌な相手だよね」と，相手の立場に身を置いて，自分自身を自分がまったく対象化して，こころから言えると，2人のそのときの感情が違ってくると思えるよね，その立場に自分を置くことは，修練が要ることだけど．ゲーテの『親和力』の中で，オッティリエが日記に書いている「相手のことばをその表現のままに受け取ること［が大事だ］，それが教養（修練）というものだ（Mitgeteiltes aufzunehmen, wie es gegeben wird, ist Bildung.）」がそういうときに役立つことばと，私は思っている．

　SRは，次のような感じ方の上で，SEと共鳴できると直観していた．パーソナリティ障害のクライアントに対して，「SEはどういう点で魅力を感じるのか．周辺人として同じような感じ方が私にもあるのだ」(佐治, 1990) と．SEは，「クライアントと居て無力でどうしようもなくなるとき，クライアントとの一体感をときに味わう」と言う．「それにはやや自虐的な感じが伴っているかもしれないが……と」付加しながら．

　カウンセラーは，クライアントが接近してくるときの一途さと，それに伴っている拒否の強烈さの両極端に曝されるときの壮絶な分裂感情をどう味わうのか．どこまで可能かはいつも問題として残るが，クライアントとの不即不分離の2者関係の中に身を置くしかないのだろう（cf. 羽間, 2002）．カウンセラーがクライアントの感じ方を自分のものとして引き受ける前述の姿勢は，その1つの実現の形である．

　「クライアントがカウンセラーである私の中につくり出す拒否感と，それをつくり出すすごい能力に驚きを感じる」と，SEは語った．この感じ方は，境界性パーソナリティ障害の人に接近するカウンセラーとしての共感（現象学的アプローチ）と，対象化して見る姿勢（類型論的アプローチ）との矛盾しながらの

両立を示す．これはカウンセラーのそのときどきの自己表明で示すしかない．

　パーソナリティ障害の人と会うときは，まとまらないカウンセラー自身が現れるのが当然なのだ，ということを SE が受け取れたとき，少し安心したようすが見え，簡単には実現できないことをも踏まえて，SE はこのクライアントに対することを持続できたのであった（この事例については，成田（1989）に多く教えられたことを特記しておく）．

第3章 | ケースカンファレンス（事例検討会議）

1　記録の重要性

　実習として事例を担当するに当たっては，当然毎回記録を取ることを前提とする．面接を録音するにせよ，プレイを録画するにせよ，それとは別にカウンセラー自身の振り返り（内省）による記録が，カウンセリング学習には必須である．それにしても，クライアントとカウンセラーとの間に展開する過程を記述することは実に難しい．しかし，この記録すること自体がカウンセリング学習になっていく．

(1)　客観的事実の切り取り

　振り返りによる記録を取る際には，すべての過程を記録するのでない限り（それは不可能だが），意識的にも無意識的にも特定の事実をカウンセラー自身が主観的に切り取って残す作業になる（カウンセリング場面におけるカウンセラーのかかわり，応答さえ，それなしにはありえない）．初めて事例を担当して毎セッション終了直後に記録を書こうとしたとき，記憶に残っているどの部分を書くべきか戸惑った経験は誰しもあるだろう．結局，最初は記憶している限りのすべてを書き残すことによって膨大な記録が生まれる．
　しかし，その事例への理解と見通しがつくにつれ，どのようなところに焦点を当てるべきかおぼろげながら見えてくる．それによって，どのような事実を切り取って記録として残すべきか判断がついてきて，毎回の記録はまとまりのある短いものになっていく．経験を積んだカウンセラーにおいても，初学者ほど顕著ではないが，初回の比較的長い詳細な記録から，過程が進んで理解と見

通しがつくにつれて，短い，ポイントを押さえた記録になっていくことに変わりはない．

　当然初学者にとっては，スーパーヴィジョンやケースカンファレンス（以下カンファレンスと略す）を通して，事例についての理解や見通しが得られるような援助が必要であろう．それによって，記録として残すべき事実としてどのような側面に着目したらよいかが見えてきて，まとまった短い記録が書けるようになっていく．着目すべき側面は，当然事例ごとに発見されなければならないのであって，援助は究極的にはその発見のコツを身につけることへの援助とならなければなるまい．

(2)　主観の記載

　しかし，カウンセリングにおける客観的事実（対話や行動）のみを記録として残していけばそれで十分か，というと，そうではない．前章で提示した事例からも明らかなように，そうした客観的事実に対してカウンセラーがどのような印象（主観）をもったか，ということこそなくてはならない．しかも，自覚的になくてはならない．津川（1994）は，こうした記載の仕方について，次のように記している．

　　　Dさん（引用者注：23歳の転換症状をもった女性）：先生，頭の中が大砲のように鳴っていて，痛くて痛くて耐えられないんです．
　　　私（引用者注：カウンセラー）：頭の中が大砲のように鳴っていて，痛くて痛くて耐えられないんですね．
　　　Dさん：ええ，そうなんです．先生，もうわたし耐えられません．
　　　私：痛くてもう耐えられない，そういう感じなんですね．

　このように逐語調に記載していけば，2人の間のやり取りに嘘はない．一言一言が正確である．しかし，言葉は正確かもしれないが，2人の間に流れている雰囲気や感情は記載されていない．では，同じやり取りを次のように記述したらどうなるだろうか．

第3章　ケースカンファレンス（事例検討会議）

「先生，頭の中が大砲のように鳴っていて，痛くて痛くて耐えられないんです」と，明るく笑いながらDさんは話し出した．「頭の中が大砲のように鳴っていて，痛くて痛くて耐えられないんですね」と，私は共感しようと返した．「ええ，そうなんです．先生，もうわたし耐えられません」と，ニヤニヤした深刻味のない表情で彼女は言った．「痛くてもう耐えられない，そういう感じなんですね」と，私はDさんの痛みを感じ取ろうと繰り返した．

「明るく笑いながら」とか「ニヤニヤした深刻味のない表情で」といった私の観察を入れただけで雰囲気が伝わりやすくなるし，「共感しようと」や「痛みを感じ取ろうと」というような私の面接態度を入れると，2人の間の食い違いが少し読者に伝わる感じがある．さらに，次のように記述したら，どうなるだろうか．

「先生，頭の中が大砲のように鳴っていて，痛くて痛くて耐えられないんです」と，明るく笑いながらDさんは話し出した．「頭の中が大砲のように鳴っていて，痛くて痛くて耐えられないんですね」と，共感しようと私は言ったが，何か変だなと心の中でつぶやいていた．「ええ，そうなんです．先生，もうわたし耐えられません」と，ニヤニヤした深刻味のない表情で彼女は言った．彼女の深刻味のない表情と深刻な訴えのギャップに私は戸惑いを強く感じた．「痛くてもう耐えられない，そういう感じなんですね」と，私はDさんの痛みを感じ取ろうと繰り返したが，こういった発言はむなしい気がして，その次にこう言った．「頭の中が大砲のように鳴っていて痛くて痛くて耐えられない位なのに，明るい表情で明るく話して下さって，何かギャップを感じてしまうんだけども」．彼女はワッと泣きだして，「先生は鋭いところを突きましたね……苦しくても明るく振舞っているのが，私のいけないところだと分かってはいるんですが，苦しいと親に言ったとしても，誰も分かってくれないですし……」

以上の3パターンを整理すると，最初は対話のみである．次は対話＋雰

囲気（客観的様子）の記載があり，最後は対話＋雰囲気（客観的様子）の記載＋臨床家の印象の記載で構成されている．最後の「何か変だなと心の中でつぶやいていた」「彼女の深刻味のない表情と深刻な訴えのギャップに私は戸惑いを強く感じた」「こういった介入はむなしい感じがして」という3ヶ所は私の抱いた印象である．「印象」であって確証はないから記載しなかったとしたら，読者は最後の介入の意味も分からなければ，なぜクライエントが泣きだしたのかも分からないだろう．（pp. 168-169）

　どの事実が重要か判断し，雰囲気（客観的ようす）を的確に捉えていくことも重要だが，それについてのカウンセラーの印象（主観）こそ記録として必要であり，ひいてはそれこそが初学者のスーパーヴィジョンやカンファレンスにおいてきわめて重要な位置を占める．自覚されたこの記載ないし報告の程度，つまりはその深さによって，そうした場におけるカウンセリング学習が実りあるものになるかどうかが決まる，と言っても過言ではない．その深さとは，カウンセラーの体験過程と照合され，意識化され，現実化＝言語化されて記載，報告される程度，にほかならない．

　この体験過程への照合・意識化・現実化は，第1部「理論学習編」において述べたロジャーズの純粋性のことであり，第2部「体験学習編」でふれた体験学習能力と基本的に同じことを指している（少なくとも第2部第3章「核としての体験過程」参照）．

(3)　カウンセリング学習としての記録を取り，まとめること

　スーパーヴィジョンやカンファレンスへの事例の提出は，上に述べたような自分の記録に基づいて，それをさらに自分なりにまとめて物語ることから始まる．「物語る」とは，主体の関与を前提として，その人が再構成した「筋（ストーリー）」を「かたる」ことであり，それがカウンセリングを「人間の『科学』として主張するため」の「もっとも適切な表現手段」である（河合，1992, pp. 79-80）．ここで言うストーリーこそが，そのカウンセラーの理解と見通しに裏打ちされた事例のまとめである．土居（1992）も「精神科的面接をストーリを読むことに喩え」，その真意を，「ストーリの主人公である相手の精神状態を理

第3章　ケースカンファレンス（事例検討会議）　　233

解するための視点を与えるという点」に置いている（pp. 51-52）．

　しかし，自分の担当する事例への理解も見通しも十分にもてない初学者の事例提出は，聞く側にしてみればストーリーの見えない独白であることも多く，それを延々と聞かされてはたまらないことがある．基本的に持ち時間（スーパーヴィジョンであれば1時間半程度，カンファレンスであれば2～3時間程度）の半分程度以内に「かたる」ことが求められよう．したがって，初学者のカンファレンスへの事例提出を考えれば，2～3回分からせいぜい数回分（スーパーヴィジョンを受けていることを前提にしても10回分程度）でまとめることが望ましいだろう．また，初学者の担当する事例であれば，可能ならば受理面接の検討を行って，ある程度の，事例についての理解と見通しをもって臨める方がいいだろう．

　いずれにせよ，こうした点で，記録を取り，それをまとめること自体がカウンセリング学習になっていく．

2　ケースカンファレンスの実際

　ここに紹介するのは，あるスクールカウンセラーたちの週1回の日常的なカンファレンスの1コマである．メンバーは，ほぼ男女半々，計10数名，主として30代，40代の中堅であるが，初学者と経験者がほぼ半々，ほとんどが非常勤である．毎回，司会者，事例提出者，指定討論者，記録者を決めているが，役割に拘束し合わないようにしている．この回の司会者はX，事例提供者はA，指定討論者はY，記録者はZ，B以下は参加者である．検討時期は事例が中学3年の初夏の頃である．

　先ずレジュメが配布され，これに基づいて事例が紹介され，検討課題が提示される．次に若干の事実確認がなされ，そして検討に移る．ごく一般的な進め方だろう．このカンファレンスでは，結果としてカウンセラー自身の純粋性への援助が主調をなしているのが読み取れるだろう．ただし，見出しは「かかわれなさ」をめぐっての論点によって付した（岡村・加藤・八巻，1995, pp. 129-147をもとに再構成）．

レジュメ

事例　中学3年女子

2年1学期
- 担任より不登校で相談．「父，長患いで入院中．母，家のことができない．祖父母（父方）と妹で生活」．担任に，「本人と会う場合は放課後か土曜日がよいのでは」と示唆．
- 期末テスト前，担任から「本人と会う予定」との連絡．「1時間くらい話し合えた．本人『試験，頑張ってみる．みんな前を向いて座っているし，話も少ないので，試験中は何とかなるかもしれないが，それ以上は自信ない』」．
- 期末テスト，普通に受験．
- 期末テスト後，普通に登校．朝，日直のため職員室に出席簿を取りに来た時，私と挨拶のみする．担任より，「転校生といろいろ話し合っている様子」．

2年2学期
- 1週間登校，以降欠席．
- 終業式の日，担任と会う．
- 年末，父親逝去．

2年3学期
- 学年末，夕方登校，担任に会う．「塾に週3回通い始める．登校するには勉強しておかなければという気持ちらしい」．

3年1学期
- 始業式の日，母と本人，担任と私と面談．担任交替．これからの進め方，保健室登校の件も話す．母親には別室で，学校との連絡方法や家族関係を聞く．
- 1週間後，私が職員室から戻ると，本人が相談室の椅子に座っていた．鞄持参の登校．「おはようございます」と元気な挨拶．「担任に会うかどうか」聞くと，「提出物があるので会う」．職員室に行く．その時鞄を持参する．戻らないので見に行くと，担任と話している．数十分後再度見に行くと，担任の机で勉強している．「どうしたの？」「ここで勉強するの」．再び数十分後見に行くと，下校していた．
- 以降，登校なし．
- 1週間後，母親来室．「本人『1週間前は疲れた』」．これからの接し方について相談．私は「待っている」．母親「学校にそういう場所があることは安心です」．母親も明るくなってきた．母親「早く元気にならなくては」．
- 担任より，「修学旅行1週間前，本人宅で会う．修学旅行不参加．母親『最近

電話にも出る．友だちにも会える．電話の時も顔がこわばらなくなってきた」」．
振り返って
　登校して来た日はゆっくりとさせるべきだったが，担任が勉強をさせていたので，そのままにしてしまった．本人にとってはとてもつらい時間であったことを母親から聞く．「もっと気楽に」と言えなかった．

（1）ケースカンファレンスの実際
【事例の提示】

A　……どうしてこの子のことを知ったのか定かでないんですが，2年のときは担任がこの子にかかわって，私はその担任の相談を受けるという間接的なかかわり方でした．

　3年の4月に新担任から，「あの子が来てるから会ってくれる？」と言われて行ったら，お母さんといっしょにいました．「顔色いいわねぇ」と声をかけたら，ちょっとこわばった表情をしました．この子との最初の出会いです．そのとき，「保健室登校という形もあるのよ」と話したり，お母さんには今後の学校への連絡の仕方などを伝えたり，お父さんが亡くなった後の家族や生活のことなども聞きました．

　その後まったく連絡がなかったんですが，1週間後突然登校して来ました！　私が保健室に戻ったら椅子に座っていて，「おはようございます」と言うので，「あら，おはよう」と応えましたが，内心は，「ああ登校して来たんだ！」と驚いたり喜んだりで，「どうしようか……！」というのが本音でした．とりあえず，「登校したときは一応担任に報告することになってるんだけど，どうする？　私がしてもいいし，あなたが会いに行ってもいいし」と言ったら，「提出物があるから行きます」とエライ元気．「大丈夫？」，「大丈夫です」．鞄をもって行こうとしたんで，「置いてけば……」，「（提出物が）入ってるから……」．戻って来ないんで見に行ったら，担任が熱心に話してました．声をかけようかとも思ったんですが，「まあいいか，後で話せばいいんだし……」と，戻りました．

　でも，いっこうに戻って来ないもんですから，もう一度見に行ったら，

担任は授業に行ってて，本人は担任の席で勉強してるんです．「あらー！しまったー！」と咄嗟に思ったんですけど，「まぁ，ここで勉強するの？」と尋ねたら，「うん，先生がここでしろって」．「あら，かわいい字書くわねぇ」と声をかけたりしたんですけど，何となくそれ以上とっつけなくて，結局そのまま私は戻りました．チャイムが鳴ったんでまた見に行ったら，もう下校してました．

　以後登校も連絡もなく，1週間後お母さんが突然いらして，「うちの子には学校に行くとは言わないで来た」とかで，「先日はたった1時間だったけど，ずいぶん疲れたみたいです．勉強したのがすごくショックだったみたいです」と言われました．「私も実は，それは驚いたんです．職員室に行ったら勉強してたんで，声をかけるのもちょっと躊躇してしまったんです．その後行ったらもう帰った後で，ほとんど話すこともできないままだったんで，ずっと気になってたんです」など，1時間くらい話しました．お母さんも，「保健室登校という考え方があるのは気が楽です．早く元気になります」とおっしゃってました．

　そのとき，今後本人にどう接しようかという話をしたんですが，それまでの私の子どもたちへの接し方は，「来たわよっ」って感じで家を訪ねたり，「喫茶店にいるから出てらっしゃい」と呼び出したりして，オシャベリしてました．そのことを話すと，「うちの子はそういうことは嫌がるから待つだけにしてください．今やっと動き出した時期なんで，ゆっくり待ってあげてください．たぶん直接来られたり強く出られたりすると嫌がると思いますから」と言われました．ちょっと肩透かしを喰らったような感じがしたんですが，その場は，「そうですか」と応え，「今度来るときは，好きなアニメでも何でももって来て，いっしょに話しましょう．外で会ったら，『この前はつらい思いさせてごめんね』って声をかけるかもしれないけど」，と伝言してくれるよう頼みました．それからもうだいぶ経つんですが，それっきりお母さんからも本人からも連絡はありません．

　実は，その後修学旅行のことで本人に会おうと思えば会える機会はあったんですが，お母さんに言われてたんで，何となく連絡を取りにくくて，担任にしてもらいました．担任が訪問したら，本人が会ったそうです！

第3章　ケースカンファレンス（事例検討会議）

その後も，中間テストを口実に話そうと思って受話器まで取ったんですが，結局やめてしまいました．

【検討課題の提示】
A　私としては「最初が肝心」というイメージがあって，それなのに，この子にはどうしてあんなに消極的だったのか，それがずっと引っかかって……．実は今日も家の前を通って来たんですけど，やっぱり何か引っかかるものがあって，訪問するのを躊躇してしまいました．「私らしくないなぁ，どうしたんだろう」と自分でも分からないし，はがゆい．正直言って，この子にどう接していいか分からない．

【事実の確認】
B　2年1学期末テスト前，「試験，頑張ってみる．みんな前を向いて座っているし」というのは？
A　「試験のときは会話がなく，みんな前を向いて座っているから，話かけられなくていい」と．実際，教室で受験しました．成績は優秀ですが，暗い感じの子です．

　お母さんは，お父さんの看病がなくなって子どもにかかわれるから，3年は登校できるだろう，という期待があったみたいです．それまでお父さんの看病で毎日病院通いでした．

　このまま待ってたら出てくるのかなぁ．学期末にもう一度チャンスがあるけど，私なりのやり方で積極的に家庭訪問していいのかなぁ．「待ってて！」と言われるんだから，待ってなければいけないのかなぁ．今日みたいに通りがかりに，「家はここだったなっ」って感じで，入ってってもよかったのかなぁとか，気持ちが揺れてます．
B　お父さんの病は長かった？
A　10年近かったようです．

　あっ，そうだ！　3年になるとき，新旧の担任と話してて，「少し積極的に出ていいかしら」って聞いたら，「どうぞ」って言うんで，春休みに1回手紙を出してた．「外に出るような時期なら，ぜひ会ってほしい」というようなことを書いた．
B　担任はどういう感じの人？

A　2年の担任は30代後半の女性で，キチッとしていないと気がすまないような几帳面な人．子どもたちのことも細かく指導して，言いすぎる面もあります．だから，この子のことも定期的に私に報告しました．3年の担任も30代後半の女性，ズボラな感じですが，雰囲気的にはあの子に合ってるようです．

B　2年の担任が引き続き受け持たなかったのは？

A　クラス替えで，2年の担任はもう1人の不登校の子を引き受けました．1クラス1人分くらいの不登校の子がいて，何人も重なると大変なので，1人ずつ受け持ちました．

C　家族のことを少し教えてください．

A　お父さんは芸術家でした．お母さんもピアノを弾くそうです．すごく素敵なお母さん！　家では本人は本ばかり読んでいて，妹さんは小学生と聞いてます．

【緊張感は伝染して動けなくさせる──事例検討（その1）──】

X　行動的な先生が，なぜかこの子に関しては積極的に働きかける気持ちにならない．その辺の気持ちをもう少し……．

A　私自身どこか勘で動くとこがあって，「嫌だなっ」と思ったときは積極的に出ません．この子に対しては，「何か嫌だなっ」という気持ちがある．それが何なのか．「待ってくれ」と言われたのが嫌なのかなぁ．いつもなら勉強していたときも，「しなくていい．行こ，行こ」という感じで引っ張るんだけど，そんな気になれなかった．「あっ！　勉強してるんだね．きれいな字書くんだね」って言ったっきり，次のことばが出なかった．勉強させた担任に対しての気持ちがあってなのかなぁ．連携がダメなのかなぁ．その後，担任に「ああいうときには，もっと気楽にさせてあげてほしい」って言ったけど，やっぱりここにひっかかってるのかなぁ．でも，今までだったら，急に登校して来ても上手く対応できた．この子に関しては遠慮してるのかなぁ．

D　私の対応の仕方は，「登校して来るまで待つ」式だから，先生の話を聞いててギョッとした．私がこの子だったら逃げちゃう．学校に来ることはものすごく勇気を必要とする．「手紙ももらったし，行かなきゃなんないんじ

ゃないか」という思いが私だったらする．彼女の緊張を先生は敏感に感じてたから積極的に動けなかったんじゃないかなぁ．
X　この子独特の雰囲気を先生が敏感に感じ取って，いつものようには動けなくなってるんじゃないかということですね．
A　お母さんが，「この子が学校に行くのは外国に行くのと同じような感じでいてください」と担任に言ってるので，緊張して登校したんだろうけど，その緊張して登校したところと私の気持ちとが一致しなかったような気もする．
D　私はエネルギーのある人にいきなり来られると，ウッという感じになる．そんな感覚に近いんじゃないかなぁ．存在感のある人には，ある程度の距離がないと不安になったりするんですが……，私だけかもしれませんが……．
A　いや，その通り．圧迫感もあるかもしれない．
D　自分にとっての安全な距離，こっちが近づくのはいいけれども，向こうから来られると嫌だな，というのがある．
A　私自身も，引っ込むというのは初めて．だから戸惑ってる．ただ，私の感覚として，行こうかどうしようか迷いつつも，自分の動きを引っ込ませるような何かが最初の頃あった．
B　この手の子にはある種の感覚があって，「こうすればきっといいだろう」という思いが一方でありつつ，動けなかった．
A　それから，お母さんに，「ああいうやり方もこういうやり方もある」と訴えたけど，すべて否定された．このままで登校して来るのかなぁ．私はすごく困ってる．本当に困ってた．
D　それをそのまま言えば……．
A　素直に，「私自身困ってる」ということを伝える？……そうか……．

【間接的援助と直接的援助の間で動けなくなる──事例検討（その2）──】

X　先生のこの子の印象は？
A　一番最初に会ったとき，「ああ，元気そうじゃない？」って言うと，「うむっ」っていうような目つきをした．本人は，「元気じゃないわよっ！」って言いたかったのかな．
Z　その最初の反応が意外だったことが，それ以後のかかわりに影響を与え

てることは？

A　どこか勘で動くようなところがある私が，勘で動けない．私なりのやり方でやろうと思うんだけど，それをさせないような何かがある．

　最初の顔色のこともあるけど，勉強してたときのショック．やっぱり連携の問題かなぁ．担任に対して，私自身強く怒っているのかなぁ．

　最初の登校には気をつけなくちゃいけなかったのに，そうしなかった私のやり方が，私自身すごく嫌だ．4月でザワザワしてたから気が散りすぎてた．この子に対して，「今日登校して来るかな……」と常に準備をしてたんじゃなくて，突然登校して来たんで戸惑ってしまって，気を遣えなかった．勉強してたのがものすごいショックだったのは，登校を促したにもかかわらず，それに対しての私の準備不足と言うか，「この子が来る！」という気持ちになってなくて，期待を裏切ったかな．普通は相談室に靴ももって来るんだけど，この子は下駄箱に入れて履き替えて来た．職員室にも平気で入った．この子は十分準備して来たのに，私は準備が足りなかった．

B　2年のときは，先生は直接接触しないで担任のかかわりを援助するようなコンサルテーションだった（2人の専門家，一方をコンサルタント，他方をコンサルティと呼ぶ，の間の相互作用の1つの過程で，前者が後者に対して，後者のかかえているクライアントに関係した特定の問題を，後者の仕事の中でより効果的に解決できるよう援助する関係：山本, 1986, p. 90）．ところが3年になると，直接かかわるように暗黙の要請を受けてたんじゃないかな．その辺の切り替えはなかなか難しい．でも，コンサルタントとしてのスクールカウンセラーの立場からすると，勉強させてた，勉強してたってことは，担任はどんな動きをする人なのか，それに応じてどんな動きをする子なのかを直接知る機会になる．

A　私が積極的に出るよりも，今までのような感じで担任を通した方が，この子には上手くいく？

B　それは分からないが，修学旅行の件も担任を通して聞いてるように，それまではそういう感じできてる．集金，班決めなど現実的なことがあったからそうなったというのはあるかもしれないが，それが2人の関係のありよう，状況のありようを自然に形づくっていくことがある．

もう1つ，お母さんが「待っててください」とおっしゃったことにも引っかかってるようだが，「私がわざわざしゃしゃり出ていくのはどうかな」という思いもあったかな？

　それから，D先生が言われた緊張感を，思った以上に感じてるかな？

【拒否に直面して動けなくなる──事例検討（その3）──】

C　お母さんとお話なさってますね．そのとき受けた印象は？

A　2年の担任によると，「すごく暗い人で，話してるとこっちまで暗くなる」って言うんですが，私から見ると，すごく素敵な方でした．この子の不登校をすごく理解してる．「今はずいぶんよくなってきてます．今までは外に出なかったり学校の方に向かなかったのに，最近は休日だったら出られるようになって本を買いに行く」など，いろんな観察をしてます．

C　突然登校して来たことに対してどんな思いでしたか．

A　「どうしよう，どうしよう．来ちゃったのか！」という感じでした．

C　この日は鞄のことを気にしてらして，「置いて行ったら……」と先生は仰るのに，彼女は拒否して，もって行ってしまいました．先生は最初から何か拒否されていると感じたという気がします．

　お母さんとの連絡も上手くいっていません．連絡方法を前もって言っているのに，これだけ休んでいて，それだけ理解しているお母さんだったら，子どもが学校に行けば，「今日行きましたので……」と連絡があっても不自然ではありません．

　その辺の切れ具合が気になります．

X　試験のときも，「みんなが話しかけないから居やすい」というように，1人の世界，読書癖というか，読書の世界で自分のこころを確かめるような，人とのかかわりを拒否し，寄せつけないような雰囲気があるのかな．その辺を先生が敏感に感じ取って，もうひとつこちらに引っ張れない．かかわることを拒否される雰囲気をもってる子なのかな，という思いで聞いてました．

A　時間のかかりそうな子だから，やっぱりあまり積極的に出ない方がいいのかもしれない．今までの私なら，気になってたら，「気になってたんだよ」と接触できた．でも，この子に対してはそれができない．気になって受話

器を取るんだけど，躊躇してしまう．「こんなんじゃない，こんなんじゃない」という気持ちがあるんだけど，何か感覚的なものが，「行っちゃいけない，行っちゃいけない」と言う……．

【その時々の思いをつかまえていよう──事例検討（その4）──】

Y　3つのことを思っていました．1つは，先生の気持ちの定まらなさ．「やっぱりちょっとどこかおかしいな」と思いながら，普段と違う動きになっています．そこで自分をどう動かしていけるかということが，この子に対しても，勉強をさせた担任に対してもあります．

　もう1つは，この子のお父さんが長い病気の間，お祖父ちゃん，お祖母ちゃん，そして妹さんと生活しながら，家でも居場所がないし，お母さんは遅くならないと帰って来なかったり留守にすることも多かったりしました．その間この子はどんなふうにしていたのかな．それが不登校と結びつくかどうかは分からないけど，少なくとも，「1人でいたい，1人で閉じこもっていたい」という彼女を強めただろうという気がします．そう思うと，この子への接触はかなり難しいし，ずいぶん考えたり用心したりするだろう．

　しかし，そのことと，こちらがビクビクすることとは違うだろう．その点は，担任との連携の問題が大きかったんだろう．2年の担任と3年の担任とずいぶん違う感じですから．

　登校するまでの過程で，その間は，「登校しないならしないで仕方ないな」と思っていたのか，あるいは，その間でも何か期待したり，いろいろな思いがあったりしたのか，その辺を聞きたいのですが……．

A　いつ登校して来てもいいように，実はノートをつくってたんです．不登校の子どもが登校してきたときに，「ちょっとここに何か書いて」って言って，本人が何か書いたら私は赤字でどう思うか書く．ノートはどの子にもつくる．この子にもつくってた．だけど，いざ登校したときには使えなくて，私が後でメモしただけでした．

Y　それは大きい．その期待感というのはプラスにもマイナスにも働いていたんだろう．登校して来たときのこちらの戸惑いと喜びをどうするかという困り方とかにね．

たいてい担任と会わないのに会っただけに，担任とのコンタクトの取り方も，担任には，「ちょっと先生に提出物があるそうだから……」と言って，本人には，「終ったらもう一度戻るように」と言えたかもしれません．それがその後の展開に役立ったかどうかは分かりませんが，この辺に引っかかっているとすれば，何かやり方もありえたかな．
　ただ，このお母さんとの関係は難しい．お母さんはわりと保守的な人で，苦労してこの子のためにいろいろやっていたのは分かりますが，「あんまり引っ張り出すことはしないでほしい．無理なことはしないでほしい」と最初から言われてしまい，先生らしい働きかけをしにくくさせてしまったんじゃないかな．

A　そうですね……私から子どもにではなく，お母さんに連絡を取るという方法もあるでしょうね．方法を変えてみるというのもいいんでしょうね．

Y　電話でもよかったんだろう．お母さんが後日来室するまでの間に，「勉強をさせられててとっても気になってたんだけど，どうだったのかな」と連絡を取ってみるとか．

A　お母さんとなら会えると思います．やっぱり私が私らしくない．手を引いているのが私をイライラさせてるんだと思う．

【「あっさり」がんばろう――**事例検討（その5）**――】

A　今まで担任に指導してたのに，直接その子に接しなければならなくなった．その切り替えが上手くいかなかったという面もあるかな．切り替えが上手くいかないのに，私がオドオドしてて，お母さんに連絡しなかったり，ちょっと手を引いたりしてた．頑張ります！

Y　あんまり頑張り過ぎるのもね……．あっさり頑張れるといいね．

B　先生の動けなさを考えると，おそらくこの子もある意味で先生と似たような動けなさを体験しているのかもしれない．そのときに，こちらだけ，「頑張ります！」では子どもとズレが生じてしまうこともあるような気がする．「そんなにスッキリ上手くいかなくてもいいか．今までみたいにいかないな．でも，新しい体験ができるかもしれないな」，そんな方が自分も相手も楽なのではないかな．

Y　自分が素直に自然に動けるためには，やっぱりそのときまで待つことだ

と思います.「あんまり頑張りすぎないで,あっさり」と言ったのは,こちらが動いても向こうがそれに乗ってこないときには,無理をしないことも大事.最初から上手くいくことばかりではないから,そこは少し辛抱が要る.

A　何か動けないところがあるということは今までの私にはなかった新しい体験です.あっさりと,頑張ってみます.

(2) ケースカンファレンスにおけるディスカションの方向性
—— かかわりの3つの方向（求心的,求関係的,遠心的）について

自分のかかわり方をさまざまな角度から検討し,自分のありようを課題に取り上げたAカウンセラーとのカンファレンスを振り返って,カウンセラーの置かれる状況を中心に,少し一般化して構造的に考え,カンファレンスにおけるディスカションの方向性の1つを示唆したい.

学校に来ない子,来たがらない子とカウンセラーとしてかかわる場合,大きく分けて3つの方向がある.第1は,当の子どもに直接カウンセリング的にかかわる方向,第2は先生とその子の間に立ってコンサルテーション的にかかわる方向,第3に,先生やその子の学級や友だちの動き方,かかわり方に注目しながら,親のあり方,家族の状況などにも視野を拡げて,長期的かつ広範な展望のもとに,必要に応じてそれぞれへのかかわりをもちつつ見守る方向,の3つである.

第1の方向は,普通に言う個人カウンセリングの形であり,この際は子どものこころの内界に焦点が当てられ,こころの力動,今の気持や感情への理解,直接的な共感的接近と支持が中心に置かれる.「求心的」な活動と呼ぼう.この事例で言えば,例えば,突然登校して来たこの子に,わずかの時間でも,登校してきて緊張し不安を必死に押し隠し,1人で居る方が安心かもしれない気持ちや,長い父の病気とその死の衝撃を秘めたままいるであろうあたりに,思いを込めて話しかけることから始まるだろう.もちろんこの場合にも,第2,第3の視点を少なくとも視野の中に,あるいは,周辺にはもち続けていなければならない.

第2の視座が向けられる方向は,第1の求心的方向に比べれば,脱求心化の

方向と言える．が，先生と子どもとの関係に目を向けている点から言えば，子どもと先生との関係への「求関係化」の方向と言える．そして何よりここで前提となるのは，先生とカウンセラーとの求関係的なありようが変化改善されていくことである．2人の間で話されるテーマはある1人の子どもをめぐってではあるが，それを通して，今までと違う他の先生方とカウンセラーとの関係が展開する．子どもたちをよく見るのが第1の方向であるならば，先生との関係も大事，というのが第2の方向で，先生も苦しんでいることへの共感が出発点となり，カウンセラーも変わらなければならない．間にいる立場としてのつらい仕事がそこに生まれる．連携を考えればずっと楽にできる余裕も，第2の方向が展開する結果として生まれていく．

　第3の方向としてあげたいのは，第2の方向と一部重なる「遠心化」の方向であり，別の言い方では，3つの方向全体を通じても言える「異文化間交流」への方向と言ってよい．遠心化と呼ぶのは，今ここでの相手（子どもや先生）との望ましい援助的な関係をつくる努力と同時に，子どもを取り巻くさまざまな状況，学校全体のありよう，家庭内の対人関係，父や母や兄弟姉妹関係などなどを忘れていないことである．これらの状況の中で，今のこの子に必要な安定や成長のために何をするのが必要で，実際何ができるのかを常に考えていること，自分のやっていることを広い視野で見ていることを指す．子どもや先生に焦点を合わせての熱心な働きかけは，気づかぬままに近視眼的になっているかもしれない．この近視眼を矯正する1つのポイントが，文化の違う人とのふれあいの観点である．広い視野という場合，見ている領域は広くても，それを見ている眼が自分（の立場）に固着していては，結局自分なりの見方をまわりに押しつけてしまうことになる．それでは，そのときどきの必要な働きかけと言っても，自分の必要のためにやっているだけで，周囲とのかかわりはもてず，周囲が必要とする援助にはならない（第1部第3章2「フィールドワーク」参照）．

　カウンセラーとして訓練を受けており，その方向での仕事の重要さはもとより自覚していなければならず，その熟練への努力は当然のことであるが，カウンセラーはその職種から来る当然の文化（論理的思考，他人を見る見方，子どもへの見方や接し方，親への対応の態度などなど，広く言えば人間観，価値観）をもっており，その目でまわりを受け取る．一方，先生や他の人たちはそれと

違う文化をもっていて当然である．もちろん，こういった職種からくる価値観と1人1人の個人独自のものとは分かちがたく重なっている．しかし，個人の考え方も，その人の育ち方，家庭の風土という文化に左右されている面も多い．そういった自分なりの文化と，先生，子どもたちの家族などの文化との接点を探り，文化の異同を捉えたうえでの接触を考えることが大切である．カウンセラーとしての自分の考え方を見つめると同時に，他の人はどう思っており，どの点で自分が相手を受け容れにくいのか，どういう考えの人とならスムーズにかかわれるのか，という認知も大事なことである．

　この事例では，担任の先生が勉強をさせたことにカウンセラーはこだわっている．なぜ先生はそうさせたのか，どこで違和感を感じたのか，をカウンセラーは分かっている．しかし，先生とコミュニケートしにくい点はどうしてなのか，何を伝えればいいのか，相手の反応の何を恐れているのか，などがより明らかになり，それでは具体的に相手に分かるようなことばでどう伝えればいいのか，がはっきりしてくるときに，新しい文化への入口が見え，こちらの文化も分かってもらえる．これは確かに困難なことなのだが，異文化間のコミュニケーションを図ろうとしているという意識をまずもっていることが大事だと思える．

3　ケースカンファレンスのありよう

　志村（1995）によって，それを再構成しつつ，初学者のカンファレンス体験を紹介し，カンファレンスのありようをめぐって自覚化を試みたい．カンファレンスは，経験を積んだカウンセラーにとっても初学者にとっても，カウンセラーとしての成長を促進しうる学習の場であるという意味では同様に大切な学習の機会だからである．が，と言うことは，成長を促進しえない学習の場にもなりうるということだからである．

　最初のカウンセラーは，数年前まではいくつものカンファレンスに進んで参加していたと言う．

　　　その頃は何かに憑かれたようにあれこれ参加していて，思い出すと恥ずかしいが，それなりの理由が考えられる．1つには，いろいろな事例を聞く

こと自体がとにかく新鮮だった．また，事例を担当し始めたばかりで，いろいろなかかわり方にふれることがとても参考になった．経験を積んだカウンセラーの鋭くも温かいコメントに，目からウロコが落ちる思いも体験した．ナマの事例を聞くことを通じて，理論学習では学習しえないカウンセリングの「いろは」を学んだような気がする．

カンファレンスに参加するということは，事例を単に聞くということではない．聞く側としているときも，流れてくる情報をただ受け取るだけというようなものではない．理論学習では学習しえないものを学んだということばにあるように，そこには体験的な要素が多分に含まれている．提出されているカウンセラーとクライアントとの交流を，いろいろなことを感じ取り，こころを動かされながら，揺らされながら聞いている．聴くと言い換えられよう．そして，感じ取ったものを伝え，交流し，参加していく．事例を聴くことで2次的にそのカウンセリングに参加し，自分の中に動くものを感じ取り，それを意識化し言語化し，それを伝えること．それを相互に行い，それぞれが生きた体験をしていくことは，カウンセリングを行うときの重要な基盤そのものである．

ところが，だんだんといくつかのカンファレンスからは遠のいてしまった．出ると何となく疲れを感じてしまい，出たくなくなってしまった．どうしてなのか考えてみると，その会全体の雰囲気があまりに1つの学派，理論に偏っていた場合だったような気がする．

さまざまな理論を学習し，みずからの拠って立つ理論をもつことは必要だし，大切なことである．だが，理論を大切にするあまり，クライアントをその理論の眼鏡でしか見られなくなってしまう危険性は常にある．それぞれの理論は特有のことばをもっており，そのことばでクライアントや，クライアントとの間に起こっている事象を説明したり，理解したりする．そうすることで見えてくるものはある．が，ある面に光を当てれば，その面ははっきり見えるようになるものの，別の角度から見えるはずの面や，陰になった部分は見えにくくなってしまう．見えていない面があることに気づきつつ，見えている面について取

り上げるのは，それはそれで意味あることだし，活かすこともできる．しかし，1つの（角度からの）光だけで見えているものをすべてであるかのように扱ってしまうなら，その対象はある意味で殺されてしまうことになる．そもそも，その対象自身の光学を発見し理解したい．前項(2)で述べた遠心化の方向，異文化間交流への方向とつながるものである．

次も，同じようにあるカンファレンスから遠のいてしまったカウンセラーの体験である．

> 理由は，その会全体の雰囲気が，クライアント，あるいは，クライアントとカウンセラーをあまりに対象化し過ぎていたことにあるようだ．クライアント，あるいは，クライアントとカウンセラーが俎板の上で切り刻まれるのを見ているようで，どうにも居心地が悪かった．参加者の多くや，ときにスーパーヴァイザーや事例提出者までもが，クライアントという1人の人間，あるいは，クライアントとカウンセラーという生きた人間と人間とのかかわりのまったく外にいて，自分をそこに関与させることなしに，分析したり批評したり指導したりするのを聞いていると，何ともやるせなくなって，すぐにでも逃げ出したくなった．

クライアント，あるいは，クライアントとカウンセラーとをある程度対象化し，クライアントの状態やカウンセリング関係について見立てを行い，見通しを立てることは必要なことである（第1部第3章「理論の意味するもの」参照）．だが，カウンセリングは，対象化された患部を見つけてそれを切除する外科手術のようなものではない（むしろ内科医の知恵に学びたい）．もしクライアントがまったく対象化されてしまったなら，クライアントはカウンセラーとかかわることはできなくなるし，もし事例提出者がクライアントとの過程ごとまったく対象化されてしまったなら……．カウンセリングが何よりクライアントのためにあるように，カンファレンスは，やはり事例提出者がクライアントとのかかわりに活かせるような何かを得られる場でありたい．

しかし，だからと言ってカンファレンスに参加しなくていいということにはならない．例えば，本章1「記録の重要性」で述べたように，事例を提出する場

合，何セッションもを限られた時間内で紹介できるようにまとめるが，そのことを通じて，それまで気づかなかったことに気づいたり，感じ取れなかったことが感じ取れたり，得られることは多い（第2部第2章第1節3(3)「録音逐語記録検討の諸問題」も参照）．また，参加者のコメントから，また参加者の事例にふれさせてもらうことで，最初のカウンセラーが言うように，目からウロコが落ちる体験もあるのである．

　　安心して事例を提出できる場がほしい．特にスーパーヴィジョンを受けるほどではないが，カウンセリングが一区切り迎えた感じがしたときや，行き詰まりを感じたときなど，これまでを振り返りたいと思ったときに，俎板に乗せられるという脅威なしに提出して検討できる場があることはとても支えになるから．今は私にとってそうした場があまりない．
　　カウンセラーにもいろいろな人がいて，さまざまな考え方，見方，ありよう，立場があることは分かっているし，一概にこれが良くて，他は悪いと言えるものではないことも分かっている．だから，できることなら自分とは違う他を排除してしまうのではなく，ぶつかり合うことがあっても，互いに活かし合えるようになれればいい．ただ，現実には，ぶつかり合うには対等でないということを言い訳にして，排除はしない代わりに逃げてしまっている．それを情けなく感じている反面，逃げるが勝ちと囁く自分もあって，何となくすっきりしない思いでいる．

　おそらく理想的には，クライアントとともに歩むのがカウンセリングであるのと同じように，今参加しているこの場でも，参加者の1人として事例提出者とともに歩むよう努めながらそこに居続けることで，徐々にこのカウンセラーが望んでいるような場に変わっていくのかもしれない．しかし，現実には今ある場が変わるには相当の時間の経過ないしエネルギーが必要とされるだろう．このカウンセラーのような気持ちになることがあるのも無理ないこともあるかもしれない．
　3番目のカウンセラーは，自分自身のクライアント体験から，カウンセラーとしてのありようやカンファレンスでのありようを考えていると言う．

私のクライアント体験は，自分が本当に必要を感じたとき，機会に恵まれてのものだった．それは，教育分析を受けるなどという，ある種カリキュラムをこなすようなためでなく，多くのクライアントがおそらくそうであるように，大袈裟な言い方をすれば，人生をかけて自分と向き合い，癒され，生きるための作業をしていく場を求めてのものだった．そのときそこにともにいてくれたカウンセラーのありように支えられて，そうした作業を行えた．だから，自分がカウンセリングをするときも，見立てや見通しは立てつつも，理論に当てはめようとしたりせず，クライアントの人生にふれさせてもらっているという謙虚さをもちたい．カンファレンスでもその姿勢は同じでありたいし，カンファレンスという場自体もそうありたい．

　クライアント体験をすることはカウンセラー養成として要請されている（第2部第2章第3節「教育カウンセリング」参照）．その体験をする者の構えやいだいているものによって，そして，出会ったカウンセラーによって，体験するものはおのずと個々に異なってくる．それは日常のカウンセリング場面で繰り広げられることとまったく同じである．教育分析とあえて言わず，1人のクライアントとなったと言うこのカウンセラーの体験は，おそらく深いものだったのだろう．そこで得たカウンセラーとしてのありようを，カウンセラーとして決して忘れられない．そして，それが自然とカンファレンスなど他の場でも，その人のありようとしてにじみ出てくるかもしれない．
　最後のカウンセラーは言う．

　カンファレンスでのスーパーヴァイザーの役割は，カウンセリングにおけるカウンセラーのそれと似ていると思う．いいカンファレンスだと感じる会では，スーパーヴァイザーが会全体を温かくつつんでいて，その中で参加者は自由に討論できているような気がする．そうした会は，その会自体が育っていく感じがするし，自分自身もそこで育っているような感じがもてる．

確かに，スーパーヴァイザーが大枠として存在していて，参加者が不当に攻撃したり傷つけたりしないように見守っており，参加者に信頼してそこにいるから，参加者はかなりの自由と責任をもってそこに参加できるという面がある．スーパーヴァイザーが守りとしての枠となる．そして，そうした守りの中にいて，その守りを体験することで，カウンセラーとしてのありようを体験として学べる側面もある（第2部第2章第1節1(2)「第2次学習」，第3部第2章1(1)「関係の安定性（信頼関係）の提供」参照）．

以上の初学者のカンファレンス体験はあまりにも自明のことであって，何をいまさらかもしれない．しかし，これらの体験から浮かび上がってくるのは，初学者が求めているのは，抽象的・一般的なあるべきカウンセラーの方向に当てはまるように指導されることではなく，いろいろな見方，感じ方，やり方の中で，カウンセラーとしての自分自身の体験をより豊かにしていくことであって，何が正しいのかということに閉じこもっていきたいとは思っていない，ということである．そして，カンファレンスの場を，自分がどのようなありようをしているのかについて，みずからに問い直す機会としたい．それらのことを問いかけ続けることのできる場は，終わりのないカウンセリング学習にとって不可欠なものだからである．

第4章　事例を検討することの意味

　事例の検討を十分にすることがカウンセリング（学習）の初めであり，また終わりだということには，誰しも異存がないであろう．本章では，この事例を検討することの意味について特に取り上げ，第3部「実習編」のまとめ，および，本書全体のまとめとしたい．

1　事例を記述・検討する3つのレベル

　事例を検討することの重要性を強調するのは，カウンセリングという領域では，体験から学び，体験を活かしながら学習を進めていく必要があると考えるからである．伏見・麻柄（1993）は，学校での授業について，教師が「経験を生かす」という問題を次のように取り上げている．

> 　三上［満］は中学校の社会科教師だ．古代史における中国・朝鮮と日本の関係を教えるさいに次のように説明したという．
> 　「日本という国は，中国というお母さんから栄養を吸って育った赤ちゃんみたいなものだ．その証拠に（朝鮮半島をゆびさして）ほら，こんなにいいおっぱいがついているだろう．」
> 　なるほどとうなずく者，でもちょっといやらしいなという顔をしている女子生徒．そのときある男子生徒が叫んだという．
> 　「あ，それで九州（吸収）っていうのか！」
> 　教室中が爆笑した．ちょっといやらしいなという顔をしていた生徒も笑っている．この男子生徒は比喩をより適切なものにしてくれたと三上は述べている．

1時間の授業のそのまた一部分の紹介なのだが，子どもたちがこの授業をとても楽しんだ様子がよく見てとれる．それだけではなくて，
- ・古代の日本が中国の文化を朝鮮半島を経由して受け取っていたこと
- ・その受け入れ口は九州であったこと
- ・またその当時は中国や朝鮮にくらべて日本は小さなおくれた国だったこと

なども，おそらく生徒の記憶に残りやすかっただろう．

とてもいい授業だなあと私たちは思うのだ．けれども，

　　「うーん，いい授業だったなあ．さすがは三上先生だ！」

で終わってしまうと，これからの自分の授業作りの参考にはならない．

私たち教師は自分の授業作りを豊かなものにしたい．そのためにうまくいった授業の経験を生かしたいし，他のすぐれた授業からも学びとりたい．「経験を生かす」とは具体的にどうすることなのか，三上の授業にそって考えてみよう．

このことは，「教え方の特徴をどう記述するか」という問題に置き換えることができそうだ．ひとつの（同じ）授業であっても，大ざっぱに言って，3つの異なるレベルでその「教え方」の特徴を記述してみることができると私たちは考えている．とは言っても，そのすべてが生産的だと考えているわけではない．どのレベルで記述するかによって経験を生かすことができるかどうか決まるのではないかと考えているのだ．

まず第1のレベル．その教材（授業）だけにあてはまる特徴を記述するレベルがある．三上の授業だと，

　　「"おっぱい""きゅうしゅう"という言葉を使ったから子どもたちが授業にのってきたし，また理解しやすかった」

と記述することができる．

なまの授業に即してであれ，文章になった授業の記録を用いてであれ，授業の検討会や研究会はこのレベルで討論が行われることが多い．たとえば，

　　「あそこのあの発問がとても有効だった」

「あそこではむしろこういう説明のほうがいいのではないか」
などというように．

　このレベルで授業を検討することは，言うまでもなくとても大切なことだ．このような検討を抜きにしては授業の改善はありえないからだ．

　けれどもこのレベルである授業の特徴を指摘（記述）しても，他の教材を扱う場合にはそのままでは利用できない．どんな授業をする時でも「おっぱい」「きゅうしゅう」と言っていればうまくいく，などということはありえない（どころか，かなり"あぶない"世界だ）．「その教材（授業）だけにあてはまる特徴を記述するレベル」ということからすれば，これは当たり前のことだ．

　これとは反対に，とても抽象的・一般的なレベルで「教え方」の特徴の記述や指摘が行われる場合がある．これを第3のレベルの記述と呼んでおこう．

　先の授業だと，
　　「子どもが興味をもちやすい話だったから授業がうまくいった」
というような記述がこれだ．

　すぐにわかるように，これでは何も言っていないも同然だ．「抽象的」「一般的」過ぎると言って言えないこともないが，それではこれらの言葉に悪い！

　この程度のことはその授業について深く思いめぐらさなくても口にできることであり，その授業のなんらかの特徴を「抽象」した，あるいは「一般化」したというしろものではない．だからこの場合も，ここでも経験を他の教材（授業）を扱う場合に利用することができないのである．

　残念なことに，教授行為がこのレベルで記述されたり指摘されたりすることが往々にしてある．
　　「もっとわかりやすく教えないといけない」
　　「子どもの発達段階に即した教え方になっていない」
　　「本当に理解するとはどういうことかをふまえた授業をしなくてはならない」
などなど．

こういう話を聞いて,「うーん,なるほど」などと思わないようにしよう．私たちが必要だと考えるのは,上に述べた2つの間に入るレベルでの記述なのだ．これを第2のレベルの記述と呼んでおこう．つまり,「その授業だけにしかあてはまらない記述」でもなく,「つかみどころのない一般論」でもない．「他の教材を扱うときにも翻訳可能なレベル」で教え方の特徴を記述していくことが必要であると考えている．

たとえば先の三上の授業を,

　「人でないものを人にたとえたから,子どもたちは授業を楽しみ理解もしやすくなった」

と記述してみる．

このように記述すると,別の授業を作る場合にも,

　「うむ,ここでこれを人にたとえることによってわかりやすくできないかな」

と考えてみることができる．

「他の教材を扱うときにも翻訳可能なレベル」とはこのようなことを言っているわけである．

第2のレベルで教師の教え方を記述するにしても,記述の仕方はひととおりだけではない．もう一度三上の授業に戻って,

　「シャレやダジャレを用いたから,子どもたちは授業を楽しんだ」

と記述してみる．

これも「他の教材を扱うときにも翻訳可能なレベル」であることには違いない．そして,もし,このような特徴の記述(把握)を行う人があったとすれば,その人のその後の授業はだいたい見当がつく．おそらくシャレとダジャレのオンパレードだ．

「他の教材を扱うときにも翻訳可能なレベル」で,どのように特徴を記述していくかというのはとても重要な問題であることが,このことからも見て取れる．

私たちがこの本で書きたいのは,この第2のレベルでの「教え方」の記述なのである．言い換えると,他の教材を扱うさいの応用可能性を高く秘めた授業作りの"原理"や"原則"の数々と言ってよいかもしれない．

そして私たちがその具体例も豊富に示すことをこころがけたい．なぜなら他の教材を扱うときにそれらの"原理""原則"が翻訳可能であるためには，多くの具体例を蓄積していることが必要だと考えるからである．（pp. 4-7：傍点引用者）

長い引用になったが，その含意はすでに理解されたことと思う．つまり，伏見・麻柄（1994）が言うところの「経験を生かす」ということ，ひいては教え方の特徴をどう把握するかという問題は，カウンセリングの事例における特徴をどう記述し，かつ，検討するかという問題に置き換えることが可能であろう．理想を言えば，カウンセリングにおける事例検討の意味を，伏見・麻柄（1994）の言う第2のレベル，すなわち，われわれの領域で言えば，そのクライアントとのその後の面接に役立つ，ひいては他のクライアントにかかわる際にも役立つレベルにおいて追究し，願わくは他の対象や形態のカウンセリングへの応用可能性を高く秘めた，自分らしさを活かしたカウンセリングの原理・原則を見つけたい．

2　記録の重要性再考

しかし，すでに第3章1「記録の重要性」で述べたように，まず伏見・麻柄（1994）の言う第1のレベル，すなわち，その事例だけに当てはまる特徴を記述することの重要性を再び強調しておきたい．繰り返しになるが，この記録すること自体がカウンセリングの学習になっていく．その際重要なことは，カウンセラーの体験過程との照合およびその意識化（そして，現実化）であり，その深さによって第2のレベルへのステップ・アップが決まると言っても過言ではない．

津川（1994）はカウンセラーの「つぶやき」に注目することで，この点を次のように述べている．

どのような過程で，〈つぶやき〉が生まれるのかという問題を考えてみたい．
クライエントといて，自分が何かいつもの言葉（たとえば，ただ腹が立

つとか悲しいとか）では表現しきれない気持ちを抱いたとき，私は自分の心のなかを覗いてみる．うまく意識化できず表現もできない気持ちを抱いている自分の心は，もやもやしていて何とも落ち着かないことが多い．そんなとき，敢えて，このクライエントの今のキーワードは何かとか，スタッフの誰かに一言でこのクライエントの印象を伝えるならどう言うかとか，内省してみることにする．そうすると，いろいろな言葉が私のなかに次々と湧いては消え，湧いては消え，という作業が繰り返される．たとえば，「いじらしい」と「いたいけのない」などは一見似た言葉であり，一般的にはどちらでもよいのかもしれないが，そのクライエントに本当に適切な表現は，どちらかしかありえない．

　この反すう作業の挙げ句に，「板ばさみ」「一人芝居」といったような，私がクライエントの特徴的な対人状況について抱く印象や，「低空飛行中」「スライディング・セーフ」のような状態像や，「余震」「夕立か」「毛利［衛：宇宙飛行士］さん状態」のように，面接がある程度進展した2人にしか通じないような言葉がため息と共につぶやかれる．（p.170）

　ここで津川（1994）の言う「つぶやき」とは，カウンセラーが自分自身の体験過程と直接照合し，意識化する過程から生まれてくることがよく分かる．さらに津川（1994）は，こうした「つぶやき」＝内省を利用すること，すなわち体験過程の現実化について，次のように続ける．

　そして，そのつぶやきと共にクライエントと自分の全体状況が明確になり，闇にふいっと湧いた微かな光のように，自分が臨床家として，いま何をすればよいのかを教えてくれる指針となる．この瞬間は，クライエントといる真っ最中に訪れることもあるし，1人でクライエントを思っている時に訪れたり，誰かに相談している時に訪れたりと，訪れる時期は様々であるが，一旦得られてしまえば，即刻臨床に活かせるのが特徴である．
　……
　これらは〈つぶやき〉であって，いわゆる専門用語の提案ではない．たとえば，「このクライエントには投影性同一視があるな」と臨床家の頭の中

で理解できたとしても，相手に「あなたには投影性同一視があるようですね？」とは言えないし，他の臨床家に伝える際にも，投影性同一視という用語の定義が使用者によって微妙に異なれば，それから先は単なる理論的論争になってしまう恐れがある．それに対して，〈つぶやき〉では，「あー，勘ぐるな……この人は」と臨床家が思い当たれば，すぐに面接で，「そういうとこ，勘ぐっちゃうんだね」というように使用でき，クライエントが，「そうなんですよ！　そういうとこ勘ぐって困っちゃうんですよね！」となれば，あとは「勘ぐる自分」について2人で語り合い，感じ合っていくという治療的作業ができることになる．（pp. 170-171）

こうしてクライアントの印象を内省し，みずからの体験過程と照合し，意識化する努力によって，その事例に対する理解が深まり，それを踏まえて具体的に自分がどう動いたらよいかの見通しが立ってくる．こうして第2のレベルの検討が可能になる．そうすることによって，それこそ「物語り」（河合，1992）や「ストーリ」（土居，1992）という喩えで言えば，何回かの面接過程に小見出しがつくようなまとまりが見えてきて，章立てがつくような状態が生まれてくる．

3　カウンセラーの内閉的自罰的反省

ところが実際は，自分自身の記録の段階でさえ，例えば投影性同一視といったような第3のレベルの記述が混入しやすい．そうした記録に基づいた検討は，自分自身においても，もちろんスーパーヴィジョンやケースカンファレンスにおいても，第3のレベル，すなわち，高度に抽象的・一般的なレベルでの検討を招いてしまう結果につながりやすい．そうした検討は，悪くすれば単なることば遊びに終わり，何ら実践的に生産的なものになりえないのは自明の理である．しかし，初学者ほどそうした落とし穴に陥りやすいところがある（新しい概念を身につける，すなわち，体験を新しい見方で見ようと努力し始めるとき，やみがたく起こることかもしれないが）．

より具体的に言えば，こうした初学者の第3のレベルの実践的に非生産的な事例検討の中で起こりやすいことの1つが，カウンセラーの内閉的自罰的反省

であろう．近藤（1983）は，保坂（1983b）の報告した「中断」事例に対して，「クライアントの姿がぼやけてしまい，反省がクライエントと治療者の間ではなく，"治療者がとるべきであった態度"と"それに副い得なかった自分"という枠の中だけで，自己運動を始めてしまう」と指摘し，「クライエント—方法（態度）—治療者というコンテクストの中から，いつのまにかクライアントの姿が消え失せ，治療者に要請される態度（方法としての）と治療者の現実の態度とのギャップにだけ視野が限られる時……『精神主義的タテマエ的自罰的反省』があらわれてくる」(p. 61) とコメントしている．

つまり，実践的に生産的な第2のレベルにおける検討は，何よりも具体的なその事例固有のクライアントの臨床像をつかんだうえで，そのクライアントとカウンセラーとしての自分との関係というコンテキストの中でこそ行われるべきものである．津川（1994）の言う「つぶやき」は，こうした中においての体験過程との照合・意識化を前提としていると言ってよい．しかし，初学者ほど，現実に目の前に居るクライアントの臨床像を的確につかむことができずに，関係の中での検討ではなく，カウンセラーとしてあるべき姿（当然抽象的一般的な理想像）と自分の取っていた態度との比較検討に陥りやすい（これまたある態度を身につける，すなわち，みずからを新しいありようで生きようと努力し始めるとき，やみがたく起こることかもしれないが．先にあげた保坂の事例報告（1983b）に対する近藤コメント（1983）の他，渡辺の事例報告（1980）に対する村瀬コメント（1980），池村の事例報告（1981）に対する近藤コメント（1981）参照）．

スーパーヴィジョンやケースカンファレンスにおいても，常に個別の事例から遊離した抽象的な検討に陥らないように注意したい．指導者のありようがこうしたことを加速することがあることは，すでに第2部第2章第1節1(2)「第2次学習」で述べた通りである（第3部3章3「ケースカンファレンスのありよう」も参照）．

4 事例検討の目指すもの

それでは，第2のレベルの検討とはどのようなものか．次のような2つの方向が考えられよう．

第 4 章　事例を検討することの意味　　　261

(1)　臨床像

1つは，第1部第3章「理論の意味するもの」で取り上げた，クライアントの臨床像にかかわる問題である．

「このクライアントの今のキーワードは何かとか，スタッフの誰かに一言でこのクライアントの印象を伝えるならどう言うかとか，内省してみる……反すう作業」(津川, 1994, p. 170)，すなわち，みずからの体験過程と照合し，意識化する過程から生まれる「つぶやき」は，ここで言う臨床像の1つの形と言えよう．

現象学的アプローチと両立し，それを助けるほどに柔軟な臨床像をもつということがどのようにして可能なのか，また，それに基づく見立てとはどのようなものなのかについて，初学者はまったくゼロの状態からスタートする．実際に事例を担当し，その検討を行うことによって，初めてこうしたことを学ぶことになる．あらかじめの理論学習はそれへのウォーミングアップとして位置づけられ，それのみをいくら重ねても到達しえない．

だからこそ，まず記録することが必須なのであり，こうした臨床像を生み出す過程を援助するスーパーヴィジョンやケースカンファレンスがセットになって必要なのである（第1部第3章「理論の意味するもの」，第3部第3章1「記録の重要性」参照）．

(2)　自己理解に裏打ちされた「訓練された主観性」

第2のレベルの検討のもう1つは，そうした臨床像をつかむための前提条件としてのカウンセラーの主観性を訓練していくことにかかわる問題である．記録していくうえで重要であると繰り返し強調してきた印象や内省，体験過程への照合・意識化・現実化など，すべてカウンセラーの主観性にほかならない．この主観性が，本書全体を通しての主題とも言える自己理解に裏打ちされたところに専門性がある．そして，実習の場合は必然的に事例を通じての自己理解となり，それは具体的にカウンセリングにかかわる自分を考えていく過程にほかならない．

この点に関して，「訓練された主観」(Erikson, 1964, p. 53) という概念を導入したい．西平 (1993) は，「臨床科学の方法論的基礎づけ」としてエリクソンの

方法論を詳細に検討していく中で，次のように述べている．

　　観察者は，相手との関係に丸ごと自分をのめり込ませながらも，そのようにのめり込んでゆく自分を，どこかでコントロールするもう1人の自分を同時に保持し続け，言い換えれば，自分自身が観察の道具でありながら，同時にその道具を使いこなす当人でもあり，〈反応しつつ自分の反応を対象化する〉という意味で，常に二重性を生きることを強いられている．
　　臨床科学における観察者がそうした二重性をもつが故に，その主観性は〈自己対象化を伴う主観性〉となることが可能であって，そうした「観察者の研ぎ澄まされた洞察」を伴った主観性のことを，エリクソンは「訓練された（しつけられた）主観性」(disciplined subjectivity) と名付けている．
　　そして，この「訓練された主観性」が精神分析的な治療関係の根幹であったからこそ，精神分析のトレーニングには教育分析（自己分析）が不可欠になる．
　　話をさらに広げて言えば，この点こそエリクソンが，フロイト理論の真髄として受け取った点……であった．精神分析［は］……常に自分自身を反省的に対象化しながら他者と関わる方法，自分自身を相対的＝関係的（relative）に見ながら実践する方法，……状況の内側で在りつつその外側でも在るような，両義的な位置に自らを意識的に置くことによってはじめて成り立つ実践の仕方なのである．
　　こうしてみてくるならば，〈参与的〉であり〈主観的〉であるところのエリクソンのものの見方は，しかし同時に，自分自身を〈反省的〉に対象化しつつ，自らもその一部である関係全体の内側から〈相対的＝関係的〉に自分自身を見る，ものの見方でもあった．つまり，〈reflective〉にして〈relative〉でありながら，しかも〈participant〉にして〈subjective〉であるような，そうした二重性を抱え込んだものの見方こそがエリクソンの方法論の要点であり，また，……エリクソン思想の基本旋律なのである．(pp. 20-21)

　この，エリクソンがフロイト理論の真髄として受け取った「訓練された主観性」こそは，すぐれて個別的なものであり，個々のカウンセラーの独自性に基

づくべきものであろう．そして，これは第1部第3章2「フィールドワーク」で取り上げたサリヴァン（1953）が言うところの「関与しながらの観察」や，佐治（1989），神田橋（1994）らが伝えようとしているものと，基本的に同じものを指していることに気づかされる．われわれはここに自分らしさを活かしたカウンセリングの基礎を置きたい．クライアントにどのようにかかわる特徴があるかという自己理解を踏まえた訓練された主観性こそ，他のクライアントに向かう際に役立つ原理・原則の第1である．そして，これを第2部「体験学習編」で課題としたカウンセラー形成論につながるものとして位置づけたい．

5 真の事例研究

第1部「理論学習編」，第2部「体験学習編」いずれにおいてもその末尾において今後の課題とした，事例検討を通して他のカウンセラーにも役立つ「何かの新しい発見，新しい発見の確認，理論の展開といったことを内包」（鑪・名島，1991, p. 285）すべき事例研究は，こうした事例検討のさらに先にある課題である．例えばその1つが，第1部第2章第3節2「『専門的知識，診断』の否定」で取り上げたジェンドリン（1967 伊東訳，1972）の治療内行動についての3つの範疇であろう．

加えてここでは，いま1つの例をあげておきたい．土居（1992）は先に述べたように（第3章1(3)「カウンセリング学習としての記録を取り，まとめること」），「精神科的面接をストーリを読むことに喩え」「そのストーリの内容は，ストーリの主人公である本人が自分の話を聞いてほしいと思っているか否かに左右されるといってよいであろう」と述べ，「わかってほしいという願望の有無とその程度を確かめることは，面接者にとって最重要の課題であるといわなければならない」と指摘している（pp. 51-53）．そして，これに基づいて，図4のような分類を提案している．

この図中，「わかってほしいという願望を持つ一群，すなわち神経症群」は，次のように説明されている．

　　このグループに入る人たちは，わかってほしいという願望を持つぐらいであるから，進んでいろいろ自分のことを面接者に語るものである．した

わかってほしい

わかられている　わかっている　わかりっこない

わかられたくない

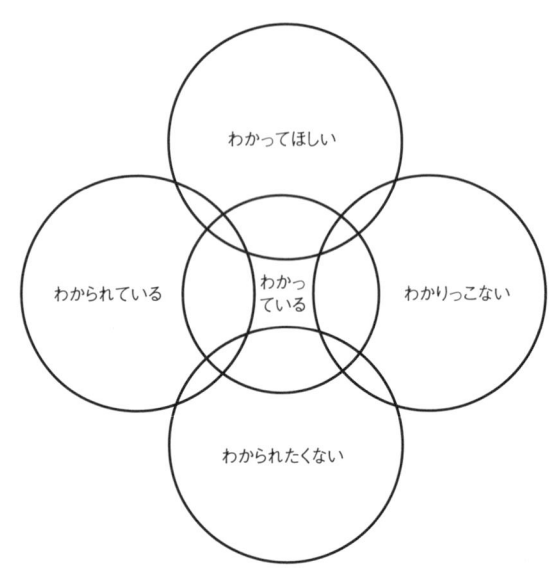

わかっている＝パラノイア圏　　わかってほしい＝神経症圏
わかられている＝分裂病圏　　　わかられたくない＝精神病質圏
わかりっこない＝躁鬱病圏

図4　土居の用いている分類方法（土居，1992, p. 123）

がって話を聞く方もついつりこまれて，本当はまだよくわからない中に，わかったような気持になって相槌を打ちかねない．殊に相手の訴えが，自分にも若干憶えがあるようなことである時は，なお更，そういうことは誰にでもあるものだ，などと言いたくなる．このことはもちろん相手を励ますためであり，よい効果こそあれ，害のありようはずはないと考えられるかもしれないが，しかしここに1つの重大な危険が潜んでいる．それというのは，このような接し方をすると，相手が本当は何を訴えようとしているのか，何をわかってほしいのか，という点がわからなくなってしまうことである．相手が直接訴えている症状は，実は表面のことであって，必ずその裏に何かがあると考えねばならない．とすると本人は本当はそのことをわかってほしいのであろうと考えたくなるところだが，本人自身その点を充分には自覚していないという矛盾が非常にしばしば見られる．すなわちわかってほしいという気持は強いが，何をわかってほしいのかというこ

とになると，本人もそのことがよくわかっていないという点にこのグループの特徴があるということができるのである．（pp. 54-55）

また，残りの「わかってほしいという願望がないように見えるグループ」は，更に次のように分類される．

　この群のものは，当然のことながら以上のべて来た群と比較してはるかにわかりにくいという印象を与える．例えば，話をするにはするが，幻聴や妄想の類で，さっぱりまとまらなかったり，また一向に話したがらなかったりする．しかしこのようにわかりにくい場合でも，しばらく耳を澄ませて聞いていると，一体何を言おうとしているのかがわかって来るから妙である．それは大体次の4つの場合にわけられると思う．第1に，自分のことが，自分の意図とは無関係に，あるいは自分の意図に反して，すでにわかられていると信じ込んでいる場合がある．第2に，ふつうはわかるはずのないことを，実際に調べたわけでもなく確たる証拠もないのに，自分ではわかっていると信じ込んでいる場合がある．第3に，自分のことは誰にもわかりっこないときめてしまっている場合がある．このような場合は自分のことを進んでは話したがらない．第4に，自分のことを誰にもわかられたくないと思っている場合がある．この場合は当然言を左右にして尻尾を摑まれないようにするだろう．（pp. 56-57）

そして，「第1が分裂病［引用者注：統合失調症］に，第2が妄想病（パラノイア）に，第3が躁鬱病に，第4が精神病質にそれぞれ対応すると考えられる」（p. 57）と指摘している．

　この分類について，土居（1992）みずから，「被面接者の面接者に与える印象の違いを正確に記述することを以て分類の根拠とした点」が「新機軸」（p. 123）であると述べているが，印象の違いを正確に記述するためには，このすぐれた一臨床家なりの訓練された主観性が前提となっていることは言うまでもない．そのうえで，豊富な臨床経験を検討する中から普遍性をもつ臨床像を産み出すのが正に真の事例研究であろう．臨床科学はこうした真の事例研究を積み重ね

た先に，新たなる臨床の知としての類型論的アプローチ，すなわち，理論構築を目指していかねばならない．

終章 カウンセラーのありよう
——カウンセラーとしてクライアントに会いながら考えてきたこと——

　われわれは，カウンセリングと本気になって取り組んで5年くらい経つと漸く何かが見えてくる，10年くらい経って何とか自分でもやれそうだという感じがつかめるようになる，このあたりでようやくまわりからも一人前として見られるようになる，と感じている．したがって，本書でたびたび使ってきた初学者ということばは，カウンセリングの学習を始めて5年，10年くらいまでの人たちをイメージしてきた．しかし同時に，カウンセリングの実践はカウンセラーにとって，正しい意味でカウンセリングの学習過程，すなわち，終わることのない理論学習と体験学習とをセットした過程にほかならないがゆえに（第2部第3章1「カウンセリングの学習過程」），カウンセリングを学習し続けているすべての人に，われわれの考えてきたこと，考えていることを伝えてみたいとも願っている．そうした意味で，最後に，われわれがカウンセラーとしてクライアントに会いながら考えてきたカウンセラーのありようについての若干をことばにして締めくくりたい．

　われわれは，カウンセラーはいろいろな自分の内部にある心性，こころのありようを，自分なりに同時にもっている，と感じている．遊戯療法を例に考えてみよう．プレイセラピストは子どもを相手にするとき，一方で，その子どもと同じくらいの年齢の心性を自分の中にもう一度甦らせられながら遊んでいる．そのときは，今いっしょにいるその子どものこころのありようと同じようなレベルに，少なくとも，気持ちのうえではなっている．また一方で，当然大人であり，プレイセラピストである自分がいる．専門家としてのプレイセラピストは，その場を理論的に構造的に捉えている．また，この子のお母さんはこの子にどう対応しているのか，お父さんはどう見ているのかなど，親としての

対応の仕方，見方，感じ方というものを同時にもつ．さらには，学校の先生など周囲の大人はこの子をどのように見ているのかと，周囲の大人の立場でこの子を問題視する仕方というものも考える．つまり，自分の中に，子どもであり，大人であり，セラピストであり，それから親でもあり，先生でもあり，そういうものがすべて共存している（佐治，1990, pp. 5-6）．

　さらには，自分の中に自分の統合失調症性を感知できるから統合失調症のクライアントとかかわれる，自分の中に自分の境界例性を感知できるから境界例のクライアントとかかわれるなどなど，同じものは同じものによってのみ知られる，というギリシヤ以来の叡智をあらためて確認したいとも思う．これを欠如したかかわりは単なるいじくり回しだ，とあえて言うことさえできるかもしれない（岡村，1993, p. 31）．

　ギリシヤの哲学者，新プラトン学派の祖プロティノス（Plotinos）の次のような美しい一節には，こころに強く訴えてくるものがある．

　　　しかし魂の眼が悪の目やにかすんで清らかさを獲得していなければ，あるいは，その視力が弱ければ，見ようとしてもしりごみを覚えて，素晴らしく輝くものを眺めることができない．たとい見えるものがすぐ眼前にあることを他人が指摘してくれても，何一つ見ることができない．すなわち，見るものたる眼は見られるものたる対象と同族化し，類似化した上で，観照にのりだすべきなのである．その理由は，眼がもし太陽と似ていなければ，眼は断じて太陽を見ることができないし，魂もそれ自身が美しくなっていなければ，美を見ることがかなうまいという点にある．神を観，美を見ようとするものは，誰でもまず何よりも神に類似していなければならない．美しき自己になっていなければならない．（斎藤，1976, pp. 194-195）

　そして，この一節に感動したゲーテは，『色彩論』において次のように歌った．「眼が太陽に似ることがなければ，光を眺める術もあるまじ．人の内にて神自らの力の生動することなければ，神々しきものの人を魅することもあるまじ．人の内にて神自らの力の生動することなければ，神々しきものの人の魅することもあるまじ．」（斎藤，1976, p. 195）．これは，カウンセラーはいろいろな自分の

内部にある心性，こころのありようを，自分なりに同時にもっている必要がある，という考えに直結する．

そうした意味でカウンセラーは，よく周辺人あるいは境界人と規定されたりする．つまり，「カウンセラーとか言われる人たちは，いつも自分をどこかに固定し，そこで実体化してしまうのではなくて，それを離れて自分をさすらい人にし，周辺人にし，境界人にする必要がある」（佐治，1990, p. 6）．

われわれは，われわれの実践の基盤となり，あるいは実践を支え，あるいはわれわれの考えをよりよく表現していると思える引用を，原典に直接当たってほしいという願いを込めて惜しみなく行なってきたが，次が最後の長い引用となる．われわれは，援助するということについてのフィールドワーク，異文化間交流の大切さを指摘したが（第1部第3章2「フィールドワーク」，第3部第3章2(2)「ケースカンファレンスにおけるディスカションの方向性」），フィールドワーカーの佐藤（1992）は次のように言う．

> フィールドワークというのは，何よりもまず……自分のなじんできた文化とは異質の文化と接触し，それにともなって生じるストレスと当惑の体験，すなわちカルチャー・ショックを通して異文化を学んでいく作業です．……フィールドワーカーは，自国と調査地の両方の社会にとって「異人（ストレンジャー）」になるのです．もしかしたら，彼は最後まで調査地の生活でも居心地の悪さを感じるし，また自文化でも同じように居心地の悪さを感じるようになるかもしれません．……しかし，実は，この「居心地の悪さ」を感じることこそ，「文化」を知るための最良の方法なのです．……フィールドワークには，もう1つ大切な面があります．異文化での生活を体験しそこで居心地の悪さを感じカルチャー・ショックを受けることによって，ふだんはなかなか目に見えてこない自文化の姿を，今までとは別の目で見ることができるようになるのです．そして，こういう繰り返しのなかで，ある時には人間に居心地のよさを，別の時には居心地の悪さを感じさせる「文化」一般というものがそもそもどのようなものであるかを学ぶことができるかもしれません．（pp. 36-39；ゴシックを傍点化）

適宜，カウンセリング，人間，クライアント，カウンセラーなどにことばを置き換えれば，その意味するところは明らかだ．カウンセラーはクライアントという異文化との接触に伴うカルチャーショック体験の中で，クライアント，カウンセラー自分自身，そして人間という3つを発見する．そして，佐藤（1992）は，「フィールドワーカーは……『よそ者』であることを稼業とする人であり，『プロの異人』であり，カルチャー・ショックの達人（プロ）なのです」(p. 39)と断言する．

こうした観点から言えば，われわれは自分に対して，人間とは何か，カウンセリングとは何か，カウンセラーとは何か，という問いをいつも柔軟に投げかけ続けるという点で，常に青年でありたいと思う．このことは一方で，なかなか成熟できないというマイナスの面，こういう考え方でカウンセリングをやればいいという一定の価値観や見方がいつまでも定まらない不安定さを持ち続けるということになる．しかし，人間が人間のありようを模索しているのがクライアントの姿だと考えるとき，今自分がどこをさすらっているのかを考え，さすらい方を学んでいるクライアントに会うということになると，1つの価値観をもってある地点で固まってしまっているカウンセラーは，そのようなクライアントとともに内面の旅をし続けることは難しい．当然こうした点で，カウンセラーのありようは，大人でもなく子どもでもない，大人でもあり子どもでもあるなど，まさに境界的存在である青年期の心性と共通するところがあると言えよう．カウンセラーはいつまでもそれぞれの年齢なり，成熟なりに青年期心性を持ち続けていることが必要ではないか．われわれはカウンセラーとしてクライアントに会いながらそのように考えている．

引用文献

American Psychiatric Association 2000 *Diagnostic and statistical manual of mental disorders*. 4th ed. Text Revision. American Psychiatric Association.
（アメリカ精神医学会　高橋三郎・大野　裕・染矢俊幸（訳）　2004　DSM-Ⅳ-TR 精神疾患の診断・統計マニュアル　新訂版　医学書院）

Atwood, G. E. & Stolorow, R. D. 1993 *Faces in a cloud : Intersubjectivity in personality theory*. 2nd ed. Jason Aronson.

Axline, V. M. 1947 *Play therapy*. Chuchill Livingstone. Houghton Mifflin.
（アクスライン　V. M.　小林治夫（訳）　1972　遊戯療法　岩崎学術出版社）

Axline, V. M. 1964 *Dibs : In search of self*. Penguin Books.
（アクスライン　V. M.　岡本浜江（訳）　1972　開かれた小さな扉——ある自閉症児をめぐる愛の記録——　日本リーダーズダイジェスト社）

Baldwin, M. 1987 Interview with Carl Rogers on the use of the self in therapy. In M. Baldwin & V. Satir（Eds.）, *The use of self in therapy*. Haworth Press. pp. 45-52.

Balint, M. 1968 *The basic fault : Therapeutic aspects of regression*. Tavistock Publications.
（バリント　M.　中井久夫（訳）　1978　治療論から見た退行——基底欠損の精神分析——　金剛出版）

Barrineau, P. 1990 Chicago revisited : An interview with Elizabeth Sheerer. *Person-centered Review*, **5**, 416-424.

Bateson, G. 1972 *Steps to an ecology of mind*. Harper & Row.
（ベイトソン　G.　佐藤良明（訳）　2000　精神の生態学　第2版　新思索社）

Bruch, H. 1974 *Learning psychotherapy : Rationale and ground rules*. Harvard University Press.
（ブルック　H.　鑪　幹八郎・一丸藤太郎（訳編）　1978　心理療法を学ぶ——インテンシブ・サイコセラピーの原則——　誠信書房）

Casement, P. J. 1991 *Learning from the patient*. The Guilford Press.
（ケースメント　P.　松木邦裕（訳）　1991　患者から学ぶ——ウィニコットとビオンの臨床的応用——　岩崎学術出版社）

近田輝行　1995　カウンセラーがフォーカシングを学ぶことの意味　村瀬孝雄・日笠摩子・近田輝行・阿世賀浩一郎　フォーカシング事始め——こころとからだにきく方法——　金子書房　pp. 215-230.

土居健郎　1992　方法としての面接——臨床家のために——　新訂版　医学書院

Ellenberger, H. 1970 *The discovery of the unconscious : The history and evolution of dynamic psychiatry*. Basic Books.
（エレンベルガー　E.　木村　敏・中井久夫（監訳）　1980　無意識の発見——力動精神

医学発達史―― 弘文堂　2巻)

Erikson, E. H. 1964 Insight and responsibility : Lectures on the ethical implications of psychoanalytic insight. W. W. Norton.
(エリクソン　E. H.　鑪　幹八郎 (訳)　1971　洞察と責任――精神分析の臨床と倫理――(人間科学叢書 1)　誠信書房)

Fromm-Reichmann, F. 1959 On lonliness.In D. M. Bullard (Ed.), *Psychoanalysis and psychotherapy : Selected papers of Frieda Fromm-Reichmann*. University of Chicago Press. pp. 325-336.
(フロム-ライヒマン　F.　早坂泰次郎 (訳)　1963　孤独感について　早坂泰次郎 (訳)　人間関係の病理学　誠信書房　pp. 407-424.)

藤本隆志　1990　哲学入門　東京大学出版会

福山清蔵　1993　ピア・カウンセリング　現代のエスプリ, **310**, 221-228.

伏見陽児・麻柄啓一　1993　授業づくりの心理学　国土社

Gendlin, E. T. 1961a Experiencing : A variable in the process of therapeutic change. *American Journal of Psychotherapy*, **15**, 233-245.
(ジェンドリン　E. T.　村瀬孝雄 (訳)　1981　体験過程――治療による変化における一変数――　村瀬孝雄 (訳) 体験過程と心理療法　ナツメ社　pp. 19-38.

Gendlin, E. T. 1961b Subverbal communication and therapist expressivity : Trends in client-centered psychotherapy with schizophrenics. Discussion Papers. No. 17. Wisconsin Psychiatric Institute.
(ジェンドリン　E. T.　村瀬孝雄 (訳)　1981　言語下のコミュニケーションと治療者の自己表明性――分裂病者との来談者中心の心理療法におけるすう勢――　村瀬孝雄 (訳) 体験過程と心理療法　ナツメ社　pp. 190-206)

Gendlin, E. T. 1964 Schizophrenia : Problems and methods of psychotherapy. *Review of Existential Psychology and Psychiatry*, **14**(4), 168-179.
(ジェンドリン　E. T.　村瀬孝雄 (訳)　1981　精神分裂病――心理療法の問題と方法――　村瀬孝雄 (訳) 体験過程と心理療法　ナツメ社, pp. 161-181)

Gendlin, E. T. 1967 Therapeutic procedure in dealing with schizophrenics. In C. R. Rogers, E. T. Gendlin, D. J. Kiesler, & C. B. Truax (Eds.), *The therapeutic relationship and its impact : A study of psychotherapy with schizophrenics*. University of Wisconsin Press. pp. 369-400.
(ジェンドリン　E. T.　伊東　博 (訳)　1972　分裂病者とのセラピィの手つづき　伊東博 (編訳) ロージャズ全集 21　サイコセラピィの実践――分裂病へのアプローチ――　岩崎学術出版社　pp. 77-139)

Gendlin, E. T. 1970 A short summary and some long predictions. In J. T. Hart, & T. M. Tomlinson, (Eds.), *New directions in client-centered therapy*. Houghton Mifflin. pp. 547-550.

Gendlin, E. T. 1974 Client-centered and experiential psychotherapy. In D. A. Wexler, & L. N. Rice (Eds.), *Innovations in client-centered therapy*. John Wiley & Sons. pp. 211-246.

引用文献　273

Gendlin, E. T. 1978 *Focusing*. Everest House.
　（村山正治・都留春夫・村瀬孝雄（訳）　1982　フォーカシング　福村出版）
Gendlin, E. T. & Rogers, C. R. 1967 The conceptual context. In C. R. Rogers, E. T. Gendlin, D. J. Kiesler, & C. B. Truax（Eds.）, *The therapeutic relationship and its impact : A study of psychotherapy with schizophrenics*. University of Wisconsin Press. pp. 3–21.
　（ジェンドリン　E. T.・ロジャーズ　C. R.　手塚郁惠（訳）　1972　概念上の位置づけ　友田不二男（編）ロージャズ全集19　サイコセラピィの研究——分裂病へのアプローチ——　岩崎学術出版社　pp. 13–47）
Gill, M. M. 1982 *Analysis of tranceference*. Vol. 1. *Theory and practice*. International Universities Press.
　（ギル　M. M.　神田橋條治・溝口純二（訳）　2006　転移分析——理論と技法——　金剛出版）
Gill, M. M. & Hoffman, I. Z. 1982 *Analysis of tranceference*. vol 2. *Studies of nine audio-recorded psychoanalytic sessions*. International Universities Press.
グラバア俊子　1988　ボディー・ワークのすすめ——からだと自己発見——　創元社
Gordon, T. 1970 *P. E. T. : Parent effectiveness training*. Peter W. Wyden.
　（ゴードン　T.　近藤千恵（訳）　1980　親業——新しい親子関係の創造——　新版　サイマル出版会）
Hackney, H. & Goodyear, R. K. 1984 Carl Rogers's client-centered approach to supervision. In R. F. Levant & J. M. Shlien（Eds.）, *Client-centered and person-centered approach : New direction in therapy, research, and practice*. Praeger. pp. 278–296.
畠瀬直子・畠瀬　稔・村山正治（編）　1986　カール・ロジャーズとともに——カール＆ナタリー・ロジャーズ来日ワークショップの記録——　創元社
羽間京子　2002　治療的Splittingについて——非行少年の事例を通して——　心理臨床学研究，**20**(3)，209–220.
羽間京子・羽間平人　1994　保護観察対象少年への心理療法的アプローチ　犯罪心理学研究，**32**(1)，1–14.
間　直之助　1972　サルになった男　雷鳥社
東山紘久　1986　カウンセラーへの道——訓練の実際——　創元社
東山紘久　1992　教育カウンセリングの実際　培風館
東山紘久　1994　箱庭療法の世界　誠信書房
樋口和彦・岡田康伸（編）　2000　ファンタジーグループ入門　創元社
平木典子・福山清蔵　1977　ロール・プレイング　柳原　光（監修）Creative O. D. ——人間のための組織開発シリーズ——2　プレスタイム社　pp. 201–249.
保坂　亨　1983a　エンカウンター・グループにおけるファシリテーターの問題　心理臨床学研究，**1**(1)，30–40.
保坂　亨　1983b　朋君どうしてますか？——中断事例をふりかえって——　東京大学教育学部心理教育相談室紀要，**6**，53–61.
保坂　亨　1991　各学派から見た青年期治療——来談者中心療法の立場から——　馬場謙

一（編）青年期の精神療法　金剛出版　pp. 237-252.
保坂　亨　1990　コメントをふりかえって　季刊精神療法，**16**，307-308.
保坂　亨・岡村達也　1986　キャンパス・エンカウンター・グループの発達的・治療的意義の検討——ある事例を通して——　心理臨床学研究，**4**(1)，15-26.
市川　浩　1975　精神としての身体　勁草書房
飯塚銀次・関口和夫　1977　カウンセリング代表事例選　学苑社
池村嘉浩　1981　もう一つうまく行かなかった母親面接　東京大学教育学部教育相談室紀要，**4**，55-62.
井村恒郎　1973　臨床精神医学の方法——関与しながらの観察——　井村恒郎　1984　井村恒郎著作集 3　分裂病家族の研究　みすず書房　pp. 389-401.
伊東　博（編訳）1966　ロージャズ全集 4　サイコセラピィの過程　岩崎学術出版社
伊藤良子　1990　誌上での事例報告とコメント——〈他者〉の場における対話——　季刊精神療法，**16**，311-312.
伊藤義美　1997　ロジャーズとクライエントたち——ハーバート・ブライアン，グロリア，キャシー，ジャン——　村瀬孝雄・村瀬嘉代子（編）2004　ロジャーズ——クライエント中心療法の現在——　日本評論社，pp. 24-38.
岩川直樹　1994　教職におけるメンタリング　稲垣忠彦・久冨善之（編）日本の教師文化　東京大学出版会　pp. 97-107.
Jourard, S. M. 1971 *The transparent self*. Litton Educational Publishing Inc.
　（ジュラード S. M. 岡堂哲雄（訳）1974　透明なる自己　誠信書房）
Kahn, M. 1997 *Between therapist and client : The new relationship*. 2nd ed. Freeman.
　（カーン M. 園田雅代（訳）2000　セラピストとクライエント——フロイト，ロジャーズ，ギル，コフートの統合——　誠信書房）
神田橋條治　1989　精神療法　神経症　神田橋條治　2004　発想の航跡 2　岩崎学術出版社　pp. 9-60.
神田橋條治　1994　精神科診断面接のコツ　追補　岩崎学術出版社
Kanner, L. 1972 *Child psychiatry*. 4th ed. Charles C. Thomas.
　（カナー L. 黒丸正四郎・牧田清志（訳）1974　カナー児童精神医学　第 2 版　医学書院）
河合隼雄　1967　ユング派の分析の体験　河合隼雄　ユング心理学入門　培風館　pp. 301-317.
河合隼雄　1970a　カウンセリングの実際問題　誠信書房
河合隼雄　1970b　日本におけるロージャズ理論の意義　河合隼雄　1975　カウンセリングと人間性　創元社　pp. 187-198.
河合隼雄　1976　事例研究の意義と問題点——臨床心理学の立場から——　河合隼雄　1986　心理療法論考　新曜社　pp. 288-296.
河合隼雄　1977a　心理療法における「受容」と「対決」　河合隼雄　1986　心理療法論考　新曜社　pp. 112-121.
河合隼雄　1977b　カウンセラーの訓練——ロール・プレイをめぐって——　河合隼雄

　　　　　1985　カウンセリングを語る（上）　創元社　pp. 93-140.
河合隼雄　1983　概説　飯田　真・笠原　嘉・河合隼雄・佐治守夫・中井久夫（編）岩波講座精神の科学6　ライフサイクル　岩波書店　pp. 1-54.
河合隼雄（編）　1990　事例に学ぶ心理療法　日本評論社
河合隼雄　1992　心理療法序説　岩波書店
河合隼雄・佐治守夫・成瀬悟策　1977　鼎談「臨床心理学におけるケース研究」　臨床心理学ケース研究編集委員会（編）臨床心理ケース研究1　誠信書房　pp. 231-254.
Kirschenbaum, H. 1979 *On becoming Carl Rogers*. Delacorte Press.
岸田　博　1990　来談者中心カウンセリング試論　道和書院
小林　和　1990　教育分析をめぐって――日本での経験より――　季刊精神療法，**16**，9-14
小林孝雄　2004　「状態」としての共感的理解の定義を再考する――ロジャーズの記述の比較検討――　人間科学研究（文教大学人間科学部），**26**，67-75.
Kohut, H. 1984 *How does analysis cure?* The University of Chicago Press.
　　（コフート H. 本城秀次・笠原　嘉（監訳）　1995　自己の治癒　みすず書房）
國分康孝　1981　エンカウンター――心とこころのふれあい――　誠信書房
近藤邦夫　1975　カウンセリング過程におけるカウンセラーの経験について　順天堂大学文理学部紀要，**18**，16-22.
近藤邦夫　1981　コメント　東京大学教育学部教育相談室紀要，**4**，63-65.
近藤邦夫　1983　コメント　東京大学教育学部心理教育相談室紀要，**6**，61-64.
Korchin, S. J. 1976 *Modern clinical psychology: Principles of intervention in the clinic and community*. Basic Books.
　　（コーチン S. J. 村瀬孝雄（監訳）　1980　現代臨床心理学――クリニックとコミュニティにおける介入の原理――　弘文堂）
小谷英文　1972　Rogersのカウンセリング技法論の再構成とその発展的考察　広島大学大学院教育学研究科修士論文抄，99-103.
小谷英文　1976　セラピィ関係の変化過程　広島大学総合科学部紀要，**3**，93-108.
小谷英文　1981　カウンセラーのための応答構成――訓練プログラム――　日本・精神技術研究所
小谷英文　1987　集団精神療法に関する訓練法の開発――シナリオロールプレイ法の展開――　集団精神療法，**3**，179-185.
久能　徹　1996　ロジャーズとロジャーリアン　日本カウンセリングセンター
丸田俊彦　1988　Dr. Mへの手紙――サイコセラピー練習帳II――　岩崎学術出版社
丸田俊彦（編）　1994　理論により技法はどう変わるか――自己心理学的治療の実際――　岩崎学術出版社
丸田俊彦　1997　ロジャーズ・ストロロウ・コフート――精神分析の立場から――　村瀬孝雄・村瀬嘉代子（編）　2004　ロジャーズ――クライエント中心療法の現在――　日本評論社　pp. 172-174.
増田　実　1986　「共感」の体験的演習――エンパシー・ラボラトリー――　畠瀬直子・

畠瀬　稔・村山正治（編）　カール・ロジャーズとともに──カール＆ナタリー・ロジャーズ来日ワークショップの記録──　創元社　pp. 67-95.

Masterson, J. F. 1983 *Countertranceference and psychotherapeutic technique : Teaching seminars of the borderline adult*. Brunner/Mazel.
（マスターソン J. F. 成田善弘（訳）　1987　逆転移と精神療法の技法──成人境界例治療の教育セミナー──　星和書店）

McGaw, W. Jr. 1968 *Journey into self*. 16 mm film. Western Behavioral Sciences Institute.
（マクゴー W. Jr. 畠瀬　稔（監修）　1977　出会いへの道──あるエンカウンター・グループの記録──　日本・精神技術研究所）

McGaw, W. Jr. 1973 *The steel shutter*. 16 mm film. Center for Studies of Person.
（マクゴー W. Jr. 畠瀬　稔（監修）　1999　鋼鉄のシャッター──北アイルランド紛争とエンカウンター・グループ──　KNC（関西人間関係研究センター））

Mearns, D. 1994 *Developing person-centred counselling*. Sage Publications.［2nd ed. 2003］
（メアンズ D. 諸富祥彦（監訳）　2000　パーソンセンタード・カウンセリングの実際──ロジャーズのアプローチの新たな展開──　コスモス・ライブラリー）

Mearns, D. & Thorne, B. 1988 *Person-centred counselling in action*. Sage Publications.［2nd ed. 1999］
（メアンズ D.・ソーン B. 伊藤義美（訳）　2000　パーソンセンタード・カウンセリング　ナカニシヤ出版）

Miller, S. D., Duncan, B. L., & Hubble, M. A. 1997 *Escape from Babel : Toward a unifying language for psychotherapy practice*. W. W. Norton.
（ミラー S. D,・ダンカン B. L,・ハブル M. A. 曽我晶祺（監訳）　2000　心理療法・その基礎なるもの──混迷から抜け出すための有効要因──　金剛出版）

溝口純二　1990　スーパーヴィジョンの経験　小川捷之・鑪　幹八郎・本明　寛（編）臨床心理学大系 13　臨床心理学を学ぶ　金子書房　pp. 218-232.

村瀬孝雄　1965　カウンセリングにおける診断の問題──投影法の新しい意義をめぐって──　中野良顕他　カウンセリングの展望　誠信書房　pp. 20-51.

村瀬孝雄　1980　親と会うことのむつかしさ　東京大学教育学部教育相談室紀要, **3**, 11-13.

村瀬孝雄　1984　いかに為すべきか，いかにあるべきか（The way to do, the way to be）──ロジャーズの人間観について──　村瀬孝雄・野村東助・山本和郎（編）心理臨床の探求──ロジャーズからの出立──（有斐閣選書 R 19）有斐閣　pp. 21-40.

村瀬孝雄　1988　来談者中心療法の発展　村瀬孝雄　1995　自己の臨床心理学 1　臨床心理学の原点──心理療法とアセスメントを考える──　誠信書房　pp. 187-201.

村瀬孝雄　1989　青年のカウンセリング　清水将之（編）青年期の精神科臨床　改訂増補　金剛出版　pp. 311-322.

村瀬孝雄・日笠摩子・近田輝行・阿世賀浩一郎　1995　フォーカシング事始──こころとからだにきく方法──　金子書房

村山正治　1986　カウンセラーの自己訓練　村山正治　1992　カウンセリングと教育　ナ

カニシヤ出版　pp. 200-209.
無藤清子　1984　青年の安定と探求そして心理療法　村瀬孝雄・野村東助・山本和郎（編）心理臨床の探求──ロジャーズからの出立──（有斐閣選書 R 19）有斐閣　pp. 201-216.
中井久夫　1982　精神科治療の覚書（からだの科学選書）　日本評論社
中井久夫　1984　分裂病患者の回復過程と社会復帰　中井久夫　1991　中井久夫著作集──精神医学の経験──4　治療と治療関係　岩崎学術出版社　pp. 3-33.
中村雄二郎　1984　述語集──気になることば──（岩波新書（黄版）276）　岩波書店
中村雄二郎　1992　臨床の知とは何か（岩波新書（新赤版）203）　岩波書店
成田善弘　1981　精神療法の第一歩（精神科選書 7）　診療新社［改訂版，2000］
成田善弘　1989　青年期境界例　金剛出版［改訂新版，2004］
日本心理臨床学会カリキュラム検討委員会　1993　臨床心理士養成のための大学学部・大学院カリキュラム　心理臨床学研究，**11**，特別号．
西平　直　1993　エリクソンの人間学　東京大学出版会
西平　直　1997　魂のライフサイクル──ユング・ウィルバー・シュタイナー──　東京大学出版会
日精研心理臨床センター（編）　1986　独習入門カウンセリング・ワークブック　金子書房
日精研心理臨床センター（編）保坂　亨・岡村達也・佐治守夫・横溝亮一・加藤美智子　1995　シンポジウム《カウンセリングにおける体験学習について考える》　日本・精神技術研究所
西園昌之　1994　スーパービジョン論　季刊精神療法，**20**，3-10.
野村雅一　1996　身ぶりとしぐさの人類学──身体がしめす社会の記憶──　中公新書
越智浩二郎　1995　類型学的アプローチについて──保坂論文へのコメント──　臨床心理学研究，**33**(2)，51-52．
越智浩二郎　1997　自己実現──自分が感じられない人のために──（現代教養文庫 1609）社会思想社［原著 1982］
小川捷之・小此木啓吾・河合隼雄・中村雄二郎　1986　事例研究とは何か　心理臨床学研究，**3**(2)，5-37．
小倉　清・白橋宏一郎・野沢栄司・藤原　豪・村瀬嘉代子・山家　均・山中康裕・若林慎一郎　1980　全体討論──研究会をふり返って──　小倉　清・白橋宏一郎（編）児童精神科臨床 1　治療関係の成立と展開　星和書店　pp. 243-266.
大場　登　1990　心理療法の研修における「誌上コメント」の意義と限界　季刊精神療法，**16**，315-318．
O'Hara, M. 1995 Carl Rogers : Scientist and mystic. *Journal of Humanistic Psychology*, **35** (4), 45-53.
岡田康伸　1989　訓練の工夫　臨床心理事例研究──京都大学教育学部心理教育相談室紀要──，**16**，19-20．
岡田康伸　1993　箱庭療法の展開　誠信書房

岡村達也　1990　グループ体験　小川捷之・鑪　幹八郎・本明　寛（編）臨床心理学大系13　臨床心理学を学ぶ　金子書房　pp. 233-250.
岡村達也　1992　ロジャーズのパーソンセンタード・アプローチ　大貫敬一・佐々木正宏（編）心の健康と適応――パーソナリティの心理――　福村出版　pp. 55-76.
岡村達也　1993　わたしの心理臨床――わたしの前-心理臨床歴から，ひとつの＝わたしの考える心理臨床家「像」にふれて――　専修大学学生相談室報告書，**7**，28-43.
岡村達也　1995a　カウンセリング学習における体験学習のラショナル――カウンセリング学習における体験学習の諸問題（その1）――　専修人文論集，**57**，1-24.
岡村達也　1995b　カウンセリング学習におけるシミュレーション学習の位置づけと進め方をめぐって――カウンセリング学習における体験学習の諸問題（その2）――　専修大学心理教育相談室年報，**1**，6-19.
岡村達也　1995c　臨床心理学的実践の領域――教育の領域――　野島一彦（編）臨床心理学への招待　ミネルヴァ書房　pp. 184-188.
岡村達也　1996a　カウンセリングと心理療法における情動――精神分析とクライアント中心療法の場合――　専修大学人文科学年報，**26**，55-73．［岡村，2007 所収］
岡村達也　1996b　早期教育と現代青年像　高良　聖（編）警告！　早期教育が危ない――臨床現場からの報告――　日本評論社　pp. 137-156.
岡村達也　1996c　共感あるいは異文化間コミュニケーション――受容論の盲点――　このはな心理臨床ジャーナル，**2**，81-83.
岡村達也　1996d　パーソンセンタード・カウンセリングにおける"治療的人格変化の必要十分条件"論の展開――カウンセリングの第1条件としての"プレ・セラピィ"とカウンセラーの第4条件としての"いまここにいること"をめぐって――　専修人文論集，**59**，183-200.
岡村達也　1997　プリセラピー――パーソン中心療法の第1条件（心理的接触）をめぐって――．村瀬孝雄・村瀬嘉代子（編）2004　ロジャーズ――クライエント中心療法の現在――　日本評論社　pp. 39-66.
岡村達也　1998　分裂病青年の事例――Mr. Vac――　現代のエスプリ，**374**，148-157.［岡村，2007 所収］
岡村達也　1999a　カウンセリングの条件――純粋性・受容・共感をめぐって――　垣内出版［岡村，2007 所収］
岡村達也　1999b　遊ぶことと心理療法――アクスライン，ウィニコット，ベイトソン――　人間科学研究（文教大学人間科学部），**21**，25-34．［岡村，2007 所収］
岡村達也　2005　統合失調症とクライアント中心療法　臨床心理学，**5**(6)，784-791．［岡村，2007 所収］
岡村達也　2007　カウンセリングの条件――クライアント中心療法の立場から――　日本評論社
岡村達也・加藤美智子・八巻甲一（編）1995　思春期の心理臨床――学校現場に学ぶ「居場所」つくり――　日本評論社
小此木啓吾　1983　中年の危機　飯田　真・笠原　嘉・河合隼雄・佐治守夫・中井久夫

（編）岩波講座精神の科学6　ライフサイクル　岩波書店　pp. 211-254.
Picard, M. 1948 *Die Welt des Schweigens*. Eugen Rentsch Verlag.
　（ピカート M. 佐野利勝（訳）　1964　沈黙の世界　みすず書房）
Prouty, G. 1974 Pre-therapy : A method of treating pre-expressive psychotic and retarded patients. *Psychotherapy : Theory, Reseach and Practice*, **13**, 290-294.
Prouty, G. 1994 *Theoretical evolutions in person-centered/experiential therapy : Applications to schizophrenics and retarded psychoses*. Praeger.
　（プラウティ G. 岡村達也・日笠摩子（訳）　2001　プリセラピー――パーソン中心／体験過程療法から分裂病と発達障害への挑戦――　日本評論社）
Rice, P. 1978 *The steel shutter*. Dr. thesis in Psychology, International College.
　（ライス P. 畠瀬　稔・東口千津子（訳）　2003　鋼鉄のシャッター――北アイルランド紛争とエンカウンター・グループ――　コスモス・ライブラリー）
Rogers, C. R. 1931 *Measuring personality adjustment in children nine to thirteen*. Teachers College, Columbia University, Bureau of Publications.
Rogers, C. R. 1939 *The clinical treatment of the problem child*. Houghton Mifflin.
　（ロジャーズ C. R. 堀　淑昭（編）小野　修（訳）　1996　ロージャズ全集1　問題児の治療　岩崎学術出版社）
Rogers, C. R. 1942 *Counseling and psychotherapy : Newer concepts in practice*. Houghton Mifflin.
　（ロジャーズ C. R. 末武康弘・保坂　亨・諸富祥彦（訳）　2005　ロージャズ主要著作集1　カウンセリングと心理療法　岩崎学術出版社）
Rogers, C. R. 1949 The attitude and orientation of counselor in client-centered therapy. *Journal of Consulting Psychology*, **13**, 82-94.
Rogers, C. R. 1950 What is to be our basic professional relationship? *Annals of Allergy*, **8**, 234-239.
　（ロジャーズ C. R. 手塚郁恵（訳）　1968　われわれの基本的な専門の関係はどのようなものであるべきか？　友田不二男（編訳）ロージャズ全集16　カウンセリングの訓練　岩崎学術出版社　pp. 11-23.）
Rogers, C. R. 1951a *Client-centered therapy : Its current practice, implications, and theory*. Houghton Mifflin.
　（ロジャーズ C. R. 保坂　亨・諸富祥彦・末武康弘（訳）　2005　ロージャズ主要著作集2　クライアント中心療法　岩崎学術出版社）
Rogers, C. R. 1951b Where are we going in clinical psychology? *Journal of Consulting Psychology*, **15**, 171-177.
　（ロジャーズ C. R. 手塚郁恵（訳）　1968　臨床心理学においてわれわれはどこへ行くのであろうか？　友田不二男（編訳）ロージャズ全集16　カウンセリングの訓練　岩崎学術出版社　pp. 24-42）
Rogers, C. R. 1952 A personal formulation of client-centered therapy. *Marriage & Family Living*, **14**, 341-361.

（ロジャーズ C. R. 伊東　博（訳）　1967　クライエント中心療法の私的な記述　伊東　博（編訳）ロージャズ全集 14　クライエント中心療法の初期の発展　岩崎学術出版社　pp. 264–321）

Rogers, C. R. 1957a The necessary and sufficient conditions of therapeutic personality change. *Journal of Consulting Psychology*, **21**, 95–103.
　（ロジャーズ C. R. 伊東　博（訳）　2001　セラピーによるパーソナリティ変化の必要にして十分な条件　カーシェンバウム H.・ヘンダーソン V. L.（編）伊東　博・村山正治（監訳）ロジャーズ選集――カウンセラーなら一度は読んでおきたい厳選 33 論文――（上）　誠信書房　pp. 265–286）

Rogers, C. R. 1957b Training individual to engage in the therapeutic process. In C. R. Strother (Ed.), *Psychology and mental health*. American Psychological Association. pp. 76–92.
　（ロジャーズ C. R. 西園寺二郎（訳）　1968　セラピィの過程に従事しようとする人びとの訓練　友田不二男（編訳）ロージャズ全集 16　カウンセリングの訓練　岩崎学術出版社　pp. 130–151）

Rogers, C. R. 1958 The charicteristics of a helping relationship. In Rogers, C. R. 1961 *On becoming a person : A therapist's view of psychotherapy*. Houghton Mifflin. pp. 39–58.
　（ロジャーズ C. R. 末武康弘（訳）　2005　援助的関係の特質　諸富祥彦・末武康弘・保坂　亨（訳）ロジャーズ主要著作集 3　ロジャーズが語る自己実現の道　岩崎学術出版社　pp. 41–58.）

Rogers, C. R. 1959 A theory of therapy, personality, and interpersonal relationship, as developed in the client-centered framework. In S. Koch (Ed.), *Psychology : A study of a science*. Vol. 3. *Formulations of the person and the social context*. McGraw-Hill. pp. 184–256.
　（ロジャーズ C. R. 畠瀬　稔・阿部八郎・村山正治・西園寺二郎・酒井　汀・鑪　幹八郎・西村州衛男・二橋茂樹・藤本文朗（訳）　1967　クライエント中心療法の立場から発展したセラピィ，パースナリティおよび対人関係の理論．伊東　博（編訳）ロージャズ全集 8　パースナリティ理論　岩崎学術出版社　pp. 165–278.）

Rogers, C. R. 1960 Significant trends in the client-centered orientation. In D. Bower & L. E. Abt (Eds.), *Progress in clinical psychology*. Vol. 4. Grune & Stratton. pp. 85–99.
　（ロジャーズ C. R. 伊東　博（訳）　1967　クライエント中心的立場の特徴　伊東　博（編訳）ロージャズ全集 15　クライエント中心療法の最近の発展　岩崎学術出版社　pp. 129–155）

Rogers, C. R. 1961 *On becoming a person : A therapist's view of psychotherapy*. Houghton Mifflin.
　（ロジャーズ C. R. 諸富祥彦・末武康弘・保坂　亨（訳）　2005　ロジャーズ主要著作集 3　ロジャーズが語る自己実現の道　岩崎学術出版社）

Rogers, C. R. 1962 Some learnings from a study of psychotherapy with schizophrenics. *Pennsylvania Psychiartic Quarterly*, Summer, 3–15.

（ロジャーズ C. R. 伊東　博（訳）　1967　分裂症者とのサイコセラピィの研究から学んだこと　伊東　博（編訳）ロージャズ全集 15　クライエント中心療法の最近の発展　岩崎学術出版社　pp. 228-254）

Rogers. C. R. 1966 Client-centered therapy. In S. Arieti（Ed.）, *American handbook of psychiatry*. Vol. 3. Basic Books. pp. 183-200.
　　（ロジャーズ C. R. 伊東　博（訳）　1967　クライエント中心療法　伊東　博（編訳）ロージャズ全集 15　クライエント中心療法の最近の発展　岩崎学術出版社　pp. 255-297.）

Rogers, C. R. 1967a The findings in brief. In C. R. Rogers, E. T. Gendlin, D. J. Kiesler, & C. B. Truax (Eds.), *The therapeutic relationship and its impact : A study of psychotherapy with schizophrenics*. University of Wisconsin Press. pp. 73-93.
　　（ロジャーズ C. R. 手塚郁恵（訳）　1972　研究結果の要約　友田不二男（編）ロージャズ全集 19　サイコセラピィの研究——分裂病へのアプローチ——　岩崎学術出版社　pp. 133-167）

Rogers, C. R. 1967b Autobiography. In E. G. Boring & G. Lindzey (Eds.), *A history of psychology in autobiography*. Vol. 5. Appleton-Century-Croft. pp. 343-384.
　　（ロジャーズ C. R. 村山正治（訳）　1975　ロジャーズ　佐藤幸治・安宅孝治（編）現代心理学の系譜——その人と学説と——1　岩崎学術出版社　pp. 191-260.）

Rogers, C. R. 1969 *Freedom to learn : A view of what education might become*. Charles Merrill.
　　（ロジャーズ C. R. 友田不二男（編）伊東　博・古屋健治・吉田笄子（訳）　1972　ロージャズ全集 22　創造への教育（上）；友田不二男（編）手塚郁恵（訳）　1972　創造への教育（下）　岩崎学術出版社）

Rogers, C. R. 1970 *Carl Rogers on encounter groups*. Harper & Row.
　　（ロジャーズ C. R. 畠瀬　稔・畠瀬直子（訳）　1982　エンカウンター・グループ——人間信頼の原点を求めて——　創元社）

Rogers, C. R. 1973 My philosophy of interpersonal relationships and how it grew. In C. R. Rogers 1980 *A way of being*. Houghton Mifflin. pp. 27-45.
　　（ロジャーズ C. R. 畠瀬直子（訳）　1984　対人関係論の芽ばえと発展　ロジャーズ C. R. 畠瀬直子（監訳）人間尊重の心理学——わが人生と思想を語る——　創元社　pp. 26-44）

Rogers, C. R. 1974 In retrospect : Forty-six years. In C. R. Rogers 1980 *A way of being*. Houghton Mifflin. pp. 46-69.
　　（ロジャーズ C. R. 畠瀬直子（訳）　1984　46 年を回顧して　ロジャーズ C. R. 畠瀬直子（監訳）人間尊重の心理学——わが人生と思想を語る——　創元社　pp. 45-66）

Rogers, C. R. 1975 Empathic : An unappreciated way of being. In C. R. Rogers 1980 *A way of being*. Houghton Mifflin. pp. 137-163.
　　（ロジャーズ C. R. 畠瀬直子（訳）　1984　共感——実存を外側から眺めない係わり方——　ロジャーズ C. R. 畠瀬直子（監訳）人間尊重の心理学——わが人生と思想

を語る―― 創元社 pp. 128-152)

Rogers, C. R. 1977 *Carl Rogers on personal power : Inner strength and its revolutionary impact*. Constable.
（ロジャーズ C. R. 畠瀬 稔・畠瀬直子（訳） 1980 人間の潜在力――個人尊重のアプローチ―― 創元社）

Rogers, C. R. 1979 The foundation of a person-centered approach. In C. R. Rogers 1980 *A way of being*. Houghton Mifflin. pp. 113-136.
（ロジャーズ C. R. 畠瀬直子（訳） 1984 人間中心アプローチの形成 ロジャーズ C. R. 畠瀬直子（監訳）人間尊重の心理学――わが人生と思想を語る―― 創元社 pp. 108-127)

Rogers, C. R. 1980 *A way of being*. Houghton Mifflin.
（ロジャーズ C. R. 畠瀬直子（監訳）人間尊重の心理学――わが人生と思想を語る―― 創元社）

Rogers, C. R. 1986a A client-centered/person-centered approach to therapy. In H. Kirschenbaum, & V. L. Henderson（Eds.）1989 *The Carl Rogers reader*. Constable. pp. 135-152.
（ロジャーズ C. R. 中田行重（訳） 2001 クライエント・センタード／パーソン・センタード・アプローチ カーシェンバウム H.・ヘンダーソン V. L.（編）伊東 博・村山正治（監訳）ロジャーズ選集――カウンセラーなら一度は読んでおきたい厳選33論文――（上） 誠信書房 pp. 162-185)

Rogers, C. R. 1986b The Rust Workshop : A personal overview. In H. Kirschenbaum & V. L. Henderson（Eds.）1989 *The Carl Rogers reader*. Constable. pp. 457-477.
（ロジャーズ C. R. 岡林春夫・古屋健治（訳） 2001 ルスト・ワークショップ カーシェンバウム H.・ヘンダーソン V. L.（編）伊東 博・村山正治（監訳）ロジャーズ選集――カウンセラーなら一度は読んでおきたい厳選33論文――（下） 誠信書房 pp. 250-276)

Rogers, C. R. 1987a Rogers, Kohut, and Erickson : A personal perspective on some similarities and differences. In J. K. Zeig（Ed.）, *The evolution of psychotherapy*. Brunner/Mazel. pp. 179-187.
（ロジャーズ C. R. 村山正治（訳） 1989 ロジャーズ, コフート, エリクソン――ロジャーズからみた相似点と相違点の考察―― ゼイク J. K.（編）成瀬悟策（監訳） 21世紀の心理療法 I 誠信書房 pp. 303-320)

Rogers, C. R. 1987b Inside the world of the Soviet professional. In H. Kirschenbaum & V. L. Henderson（Eds.）1989 *The Carl Rogers reader*. Constable. pp. 478-501.
（ロジャーズ C. R. 増田 実（訳） 2001 ソビエトにおける専門職の内側 カーシェンバウム H.・ヘンダーソン V. L.（編）伊東 博・村山正治（監訳）ロジャーズ選集――カウンセラーなら一度は読んでおきたい厳選33論文――（下） 誠信書房 pp. 277-306)

Rogers, C. R. & Buber, M. 1960 Dialogue between Martin Buber and Carl Rogers. In H. Kirschenbaum & V. L. Henderson（Eds.）1989 *Carl Rogers : Dialogues*. Constable. pp.

41-63.

（ロジャーズ C. R.・ブーバー M. 浪花 博（訳） 1967 マルチン・ブーバーとカール・ロジャーズとの対話 村山正治（編訳）ロージャズ全集 12 人間論 岩崎学術出版社 pp. 139-173）

Rogers, C. R. & Dymond, R. F. (Eds.) 1954 *Psychotherapy and personality change.* University of Chicago Press.

（ロジャーズ C. R.・ダイモンド R. F.（編）友田不二男（編訳）ロージャズ全集 13 パースナリティの変化 岩崎学術出版社）

Rogers, C. R. & Farson, R. E. 1955 *Active listening.* The Industrial Relations Center of the University of Chicago.

（ロジャーズ C. R.・ファーソン R. E. 社団法人日本産業訓練教会（訳） 1967 積極的な聴き方 友田不二男（編訳）ロージャズ全集 11 カウンセリングの立場 岩崎学術出版社 pp. 305-332）

Rogers, C. R., Gendlin, E. T., Kiesler, D. J., & Truax, C. (Eds.) 1967 *The therapeutic relationship and its impact: A study of psychotherapy with schizophrenics.* University of Wisconsin Press.

（ロジャーズ C. R.・ジェンドリン E. T.・キースラー D. J.・トゥルアクス C. B.（編）友田不二男（編）手塚郁恵（訳） 1972 ロージャズ全集 19 サイコセラピィの研究——分裂病へのアプローチ——；古屋健治（編） 1972 ロージャズ全集 20 サイコセラピィの成果——分裂病へのアプローチ——；伊東 博（編訳） 1972 ロージャズ全集 21 サイコセラピィの実践——分裂病へのアプローチ—— 岩崎学術出版社）

Rogers, C. R. & Skinner, B. F. 1956 Some issues concerning the control of human behavior. *Sciences,* **124**, 1051-1066.

（ロジャーズ C. R.・スキナー B. F. 村山正治（訳） 1967 人間行動の統制に関する 2, 3 の問題点 村山正治（編訳）ロージャズ全集 12 人間論 岩崎学術出版社 pp. 205-243）

Rogers, C. R. & Truax, C. B. 1967 The therapeutic conditions antecedent to change: A theoretical view. In C. R. Rogers, E. T. Gendlin, D. J. Kiesler, & C. B. Truax (Eds.), *The therapeutic relationship and its impact: A study of psychotherapy with schizophrenics.* University of Wisconsin Press. pp. 97-108.

（ロジャーズ C. R.・トゥルアクス C. B. 手塚郁恵（訳） 1972 変化に先だつセラピィ的な諸条件——あるひとつの理論的な見解—— 友田不二男（編）ロージャズ全集 19 サイコセラピィの研究——分裂病へのアプローチ—— 岩崎学術出版社 pp. 171-193）

Rogers, C. R. & Wallen, J. L. 1946 *Counseling with returned servicemen.* McGraw-Hill.

（ロジャーズ C. R.・ウォレン J. L. 手塚郁恵（訳） 1967 復員兵とのカウンセリング 友田不二男（編訳）ロージャズ全集 11 カウンセリングの立場 岩崎学術出版社 pp. 1-170.）

斎藤忍随　1976　知者たちの言葉——ソクラテス以前——（岩波新書（青版）983）　岩波書店

佐治守夫　1966　カウンセリング入門（国土新書 15）　国土社

佐治守夫　1977　事例研究の意味　佐治守夫・水島恵一（編集代表）心理療法の基礎知識——基本理論と技法の理解——　有斐閣　pp. 202-203.

佐治守夫　1981　臨床随想二題　学士会会報，**752**，89-92.

佐治守夫　1985　治療的面接の実際——ゆう子のケース——　日本・精神技術研究所（オーディオテープとトランスクリプト）

佐治守夫　1989　心理治療にかかわる諸問題——カウンセラーとクライエントの関係を中心として——　佐治守夫　1996　カウンセラーの〈こころ〉　みすず書房　pp. 116-160.

佐治守夫　1990　カウンセリング実践の基本　佐治守夫　1996　カウンセラーの〈こころ〉　みすず書房　pp. 3-28.

佐治守夫　1992a　カウンセリング　改訂版　放送大学教育振興会

佐治守夫　1992b　治療的面接の実際——Tさんとの面接——　日本・精神技術研究所（ヴィデオテープとトランスクリプト）

佐治守夫　1992c　スーパーバイザーの機能——スーパービジョンの実践に当たって考えていること——　佐治守夫　1996　カウンセラーの〈こころ〉　みすず書房　pp. 265-278.

佐治守夫　1996　私のカウンセリング——カウンセラーの専門性とボランティアリズム——　カウンセリング，**27**(**2**)，1-16.

佐藤郁哉　1992　フィールドワーク——書を持って街へ出よう——　新曜社［増訂版，2006］

佐藤　学　2001　専門家像の転換——反省の実践家へ——　ショーン　D. A.　佐藤　学・秋田喜代美（訳）専門家の智恵——反省的実践家は行為しながら考える——　ゆみる出版　pp. 1-10.

Schwing, G. 1940 *Ein Weg zur Seele des Geisteskranken*. Rascher Verlag.（シュヴィング　G.　小川信男・船渡川佐知子（訳）　1966　精神病者の魂への道　みすず書房）

島薗　進　1996　精神世界のゆくえ——現代世界と新霊性運動——　東京堂出版

志村由紀枝　1995　事例検討会について——雑考——　専修大学心理教育相談室年報，**1**，20-23.

白石大介・立木茂雄（編著）　1991　カウンセリングの成功と失敗——失敗事例から学ぶ——　創元社

Shöne, D. A. 1983 *The reflective practitioner: How professionals think in action*. Basic Books.（ショーン　D. A.　佐藤　学・秋田喜代美（訳）　2001　専門家の智恵——反省的実践家は行為しながら考える——　ゆみる出版）

Schön, D. A. 1987 *Educating the reflective practitioner: Toward a new design for teaching and learning in the professions*. Jossey-Bass.

Shostrom, E. L. (Ed.) 1965 *Three approaches to psychotherapy*. Three 16 mm color motion pictures. Psychological Films.

（ショストローム E. L.（編）佐治守夫・平木典子・都留春夫（訳）　1980　グロリアと3人のセラピスト　日本・精神技術研究所（ヴィデオテープとトランスクリプト））
Singer, E.　1970　*Key concepts in psychotherapy*. Basic Books.
　　（シンガー E.　鑪 幹八郎・一丸藤太郎（訳編）　1976　心理療法の鍵概念　誠信書房）
Snyder, W. U.（Ed.）1947　*Casebook of non-directive counseling*. Houghton Mifflin.
　　（スナイダー W. U.（編）手塚郁恵（訳）　1968　実例と練習　友田不二男（編訳）ロジャーズ全集16　カウンセリングの訓練　岩崎学術出版社　pp. 153-422）
Sullivan, H. S.　1953　*Conceptions of modern psychiatry : The First William Alanson Memorial Lectures*. W. W. Norton.
　　（サリヴァン H. S.　中井久夫・山口 隆（訳）　1976　現代精神医学の概念　みすず書房）
Sullivan, H. S.　1954　*The psychiatric interview*. W. W. Norton.
　　（サリヴァン H. S.　中井久夫・秋山　剛・野口昌也・松川周悟・宮崎隆吉・山口直彦（訳）　1986　精神医学的面接　みすず書房）
砂上史子　2000　ごっこ遊びにおける身体とイメージ──イメージの共有として他者と同じ動きをすること──　保育学研究, **38**（2），41-48.
砂上史子・無藤　隆　1999　子ども仲間関係と身体性──仲間意識の共有としての他者と同じ動きをすること──　乳幼児教育学研究, **8**，75-84.
田畑　治　1982　カウンセリング実習入門　新曜社
田畑　治・西園寺二郎　1973　カウンセリングの学習方法. 倉石精一（編）臨床心理学実習──心理検査法と治療技法──　誠信書房　pp. 187-203.
高田　治・斎藤憲司・保坂　亨　1991　医療教育キャンプにおけるグループ体験の事例　教育相談事例集（千葉大学教育学部教育相談センター），**3**, 95-104.
竹内敏晴　1988　ことばが劈かれるとき（ちくま文庫）筑摩書房［原著1975］
竹内敏晴　1990　「からだ」と「ことば」のレッスン（講談社現代新書1027）講談社
鑪 幹八郎　1973　カウンセリング実習　倉石精一（編）臨床心理学実習──心理検査法と治療技法──　誠信書房　pp. 204-246.
鑪 幹八郎　1977　試行カウンセリング──臨床心理学実習その2──　誠信書房
鑪 幹八郎　1979　夢分析の実際──心の世界の探求──　創元社
鑪 幹八郎・名島潤慈　1991　事例研究法論. 河合隼雄・福島　章・村瀬孝雄（編）臨床心理学大系1　臨床心理学の科学的基礎　金子書房　pp. 271-288.
Thorne, B.　1992　*Carl Rogers*. Sage.
　　（諸富祥彦（監訳）　2003　カール・ロジャーズ　コスモス・ライブラリー）
Thorne, B. Developing a spiritual discipline. In D. Mearns, *Developing person-centered counselling*. Sage. pp. 44-47.
　　（ソーン B.　林　幸子（訳）　2000　スピリチュアルな訓練法を開発する　メアンズ D. 諸富祥彦（監訳）パーソンセンタード・カウンセリングの実際──ロジャーズのアプローチの新たな展開──　コスモス・ライブラリー　pp. 71-76）
友田不二男（編訳）　1967　ロージャズ全集10　成功・失敗事例の研究──サイコセラピ

ィへの科学的アプローチ―― 岩崎学術出版社
津川律子 1994 心理臨床学研究の方法論について思うこと――〈つぶやき〉の大切さ―― 心理臨床, **7**, 165-173.
津村俊充 1992 成長のためのフィードバック 津村俊充・山口真人（編）人間関係トレーニング――私を育てる教育への人間学的アプローチ―― ナカニシヤ出版 pp. 70-72.
氏原　寛 1985 カウンセリングの実践　誠信書房
氏原　寛・山中康裕（編） 1991 症例研究・寂しい女――フロイト派，アドラー派，ユング派による―― 人文書院
牛島定信・福島　章（責任編集） 1998 臨床精神医学講座 7 人格障害 中山書店
渡辺孝憲 1980 カウンセリングを拒否して去っていった父親の事例 東京大学教育学部教育相談室紀要, **3**, 3-11.
Weiner, M. F. 1978 *Therapist disclosure : The therapeutic use of self in psychotherapy*. Butterworth.
　（ワイナー M. F. 佐治守夫（監訳） 1983 人間としての心理治療者――自己開示の適用と禁忌――（有斐閣選書 R 13） 有斐閣）
Winnicott, D. W. 1971 *Playing and Reality*. Pelican Books.
　（ウィニコット D. W. 橋本雅雄（訳） 1979 遊ぶことと現実（現代精神分析叢書第Ⅱ期第 4 巻） 岩崎学術出版社）
山口真人 1992 ラボラトリーメソッドの誕生と構成要素 津村俊充・山口真人（編）人間関係トレーニング――私を育てる教育への人間学的アプローチ―― ナカニシヤ出版 pp. 11-15.
山本和郎 1986 コミュニティ心理学――地域臨床の理論と実践―― 東京大学出版会
柳原　光 1992 ジョハリの窓――対人関係における気づきの図解式モデル―― 津村俊充・山口真人（編）人間関係トレーニング――私を育てる教育への人間学的アプローチ―― ナカニシヤ出版 pp. 66-69.
横溝亮一 1994 カウンセリング学習の一方法としてのピア・カウンセリングについて 神奈川大学心理・教育研究論集, **12**, 68-84.
財団法人日本臨床心理士資格認定協会（監修） 2005 臨床心理士になるために 第 17 版 誠信書房

あとがき

　本書の1つの特徴は，3人の著者が分担執筆の形を取らずに，1人が先ず稿を起こし，それに他の2人が思いのままに加筆修正し，それをまた3人で合議し完成していくという過程を取ったことにあろう．こうした過程はそもそもわれわれ執筆者にとって，時間はかかったが非常に有意義なものであった．この形は当初からわれわれが意図したものであったのに対して，こうした過程で次第に明らかになったもう1つの特徴がある．それは，読者からすればある種の「読み応え」（「読みにくさ」という表現の方が適切かもしれない）があるだろう，ということである．われわれ執筆者の体験の熟成度の低さ，表現の拙さゆえの読みにくさもあろう．が，先に述べたように，何度も3人の手によって書き直され合議するうちに，われわれは自然と，あえてサラサラと読み流せるものにはしない，という合意に至った．カウンセリング自体，あるいはカウンセリングを学習すること自体，決してわかりやすいものではない．それを始めようとする他者にその真意を伝えることはきわめて難しい．もちろん，それをあえて簡潔にわかりやすく伝えることも可能かつ必要でもある．しかし，本書においては，そうした道を選ぶことはしなかった．

　カウンセリングとは何かをちょっとかじってみよう，覗いてみようという人にとっては，簡潔な読みやすさは必要なことかもしれない．しかし，本格的にカウンセリングを学んでみようと考えている者にとっては，それでは物足りないということもある．本書はそうした人たちを対象として，われわれの考えるカウンセリングというもの，そして，カウンセリング学習というものを伝えようとした．したがって，執筆者の思いではあるが，読者が本書を時間をかけて読みながら何度も立ち止まって考えたり，それこそ読書会形式のグループ学習で何人かで話し合いながら読んでいくことを願っている．

　本書は，佐治が東京大学在職中から構想され，その後，5年前にまず岡村が，続いて直ぐに保坂が加わり，3年半前から具体的な執筆に入って，ここにようやく完成した．ずっとただひたすら待ち続けてくれた編集の伊藤一枝さんに記して感謝の意を表します．

（1996年）

人名索引

あ　行

アクスライン（Axline, V. M.）　30, 180, 181, 188
阿世賀浩一郎（Asega, K.）　161
アトウッド（Atwood, G. E.）　23
飯塚銀次（Iizuka, G.）　118
池村嘉浩（Ikemura, Y.）　260
市川　浩（Ichikawa, H.）　84
伊藤良子（Ito, Y.）　152
井村恒郎（Imura, T.）　90
岩川直樹（Iwakawa, N.）　117
ウィニコット（Winnicott, D. W.）　104, 188, 190, 200
ウィリアムソン（Williamson, E. G.）　30
ウォレン（Wallen, J. L.）　62
牛島定信（Ushijima, S.）　211
氏原　寛（Ujihara, H.）　119, 135, 166
エリクソン（Erikson, E. H.）　38, 71, 261, 262
エレンベルガー（Ellenberger, H.）　23
大場　登（Oba, N.）　130
岡倉士朗（Okakura, S.）　123
岡田康伸（Okada, Y.）　106, 134, 140
岡村達也（Okamura, T.）　3, 9, 23, 40, 41, 66, 71, 77, 83, 92, 101, 103, 107, 113, 118, 138, 140, 191, 206, 233, 268
小川捷之（Ogawa, K.）　136
小倉　清（Ogura, K.）　133
小此木啓吾（Okonogi, K.）　35, 136
越智浩二郎（Ochi, K.）　97, 106
オハラ（O'Hara, M.）　68

か　行

カーン（Kahn, M.）　39, 160
加藤美智子（Kato, M.）　206, 233
カナー（Kanner, I.）　274
河合隼雄（Kawai, H.）　35, 45, 49, 51, 57, 58, 119, 123, 133, 134, 135, 136, 151, 154, 168, 169, 232, 259
神田橋條治（Kandabashi, J.）　10, 83, 93, 134, 191, 263
キースラー（Kiesler, D. J.）　36
岸田　博（Kishida, H.）　127
キルシェンバウム（Kirschenbaum, H.）　24, 30
ギル（Gill, M. M.）　134, 160
キルパトリック（Kilpatrick, W. H.）　29
久能　徹（Kuno, T.）　68
グッドイヤー（Goodyear, R. K.）　152
グラバア俊子（Glover, T.）　140
クレッチマー（Kretschmer, E.）　20
ケースメント（Casement, P. J.）　119, 136
ゲーテ（Goethe, J. W. v.）　226, 268
コーチン（Korchin, S. J.）　162
ゴードン（Gordon, T.）　30
國分康孝（Kokubu, Y.）　140
小谷英文（Kotani, H.）　42, 51, 72, 121, 122, 132, 169
小林　和（Kobayashi, K.）　150
小林孝雄（Kobayashi, T.）　47
コフート（Kohut, H.）　38, 104, 160
近藤邦夫（Kondo, K.）　63, 260

さ　行

サールズ（Searles, H. F.）　104
西園寺二郎（Saionji, J.）　131
斎藤憲司（Saito, K.）　180
斎藤忍随（Saito, N.）　268
佐治守夫（Saji, M.）　9, 20, 23, 41, 77, 93, 118, 134, 136, 151, 154, 209, 226, 263, 268, 269
佐藤郁哉（Sato, I.）　90, 269, 270
佐藤　学（Sato, M.）　163
サリヴァン（Sullivan, H. S.）　30, 82, 92, 93,

104, 130, 152, 263
シアラー(Sheerer, E.)　67
ジェンドリン(Gendlin, E. T.)　36, 43, 60, 62, 63, 70, 160, 164, 165, 169, 263
島薗　進(Shimazono, S.)　68
志村由紀枝(Shimura, Y.)　246
シュヴィング(Schwing, G.)　69, 91, 92
ジュラード(Jourard, S. M.)　143
ショーン(Shöne, D.)　162, 163
ショストローム(Shostrom, E. L.)　38, 65, 118, 119
白石大介(Shiraishi, D.)　119
シンガー(Singer, E.)　189
スキナー(Skinner, B. F.)　35
ストロロウ(Stolorow, R. D.)　23
スナイダー(Snyder, W. U.)　122
砂上史子(Sunagami, F.)　84
関口和夫(Sekiguchi, K.)　118
ソーン(Thorne, B.)　37, 66-68, 145

た　行

ダイモンド(Dymond, R. F.)　34
高田　治(Takada, O.)　180
竹内敏晴(Takeuchi, T.)　123
鑪幹八郎(Tatara, M.)　104, 106, 120, 123, 127, 134, 263
立木茂雄(Tachiki, S.)　119
田畑　治(Tabata, O.)　118, 127, 131, 134
ダンカン(Duncan, B. L.)　49, 50
近田輝行(Chikada, T)　160, 161
津川律子(Tsugawa, R.)　230, 257-261
津村俊充(Tsumura, T.)　144
デューイ(Dewey, J.)　29, 37
土居健郎(Doi, T.)　96, 133, 232, 259, 263-265
トゥルアクス(Truax, C. B.)　36, 42, 43, 56
友田不二男(Tomoda, F.)　119

な　行

中井久夫(Nakai, H.)　156, 206
中村雄二郎(Nakamura, Y.)　94, 95, 136
名島潤慈(Najima, J.)　263

成田善弘(Narita, Y.)　141, 212, 227
成瀬悟策(Naruse, G.)　136
西園昌之(Nishizono, M.)　215
西平　直(Nishihira, T.)　68, 71, 163, 261
日精研心理臨床センター(Nisseiken Psycho-Clinical Center)　122, 133, 134
日本心理臨床学会(The Association of Japanese Clinical Psychology)　118, 120
日本臨床心理士資格認定協会(Japanese Certification Board for Clinical Psychologist)　151, 154, 175-177, 217, 218, 221, 224
野村雅一(Nomura, M.)　84

は　行

羽間京子(Hazama, K.)　169, 226
羽間平人(Hazama, H.)　169
畠瀬直子(Hatase, N.)　38
畠瀬　稔(Hatase, M.)　38
ハックニー(Hackney, H.)　152
ハブル(Hubble, M. A.)　49, 50
バリノー(Barrineau, P.)　67
バリント(Balint, M.)　104, 203
ピカート(Picard, M.)　129
日笠摩子(Hikasa, M.)　161
東山紘久(Higashiyama, H.)　106, 118, 120, 122, 125, 134, 135, 147, 168
樋口和彦(Higuchi, K.)　140
ヒポクラテス(Hipocrates)　20
平木典子(Hiraki, N.)　123
ファーソン(Farson, R.)　122
ブーバー(Buber, M.)　35, 116
フェダーン(Federn, P.)　92
フェレンツィ(Ferenczi, S.)　215
福山清蔵(Fukuyama, S.)　123, 127
伏見陽児(Fushimi, Y.)　253, 257
藤本隆志(Fujimoto, T.)　107
福島　章(Fukushima, A.)　211
プラウティ(Prouty, G.)　23, 75, 76, 79, 85, 169
ブルック(Bruch, H.)　134, 135, 152
フロイト(Freud, S.)　20, 23, 28, 35, 68, 72, 91, 117, 152, 160, 262

人名索引

プロティノス(Plotinos)　268
フロム-ライヒマン(Fromm-Reichmann, F.)　69, 70
ヘレン(Elliot/Rogers, H.)　24-26, 33
ベイトソン(Bateson, G.)　112
ボールドウィン(Baldwin, M.)　66
保坂　亨(Hosaka, T.)　40, 63, 103, 139, 152, 180, 260
ホフマン(Hoffman, I. Z.)　134

ま　行

麻柄啓一(Magara, K.)　253, 257
マクゴー(McGaw, W. Jr.)　36
マスターソン(Masterson, J. F.)　134
増田　実(Masuda, M.)　126
丸田俊彦(Maruta, T.)　119, 122, 163
溝口純二(Mizoguchi, J.)　209
ミラー(Miller, S. D.)　49, 50
無藤清子(Muto, K.)　4, 141
無藤　隆(Muto, T.)　84
村瀬孝雄(Murase, T.)　43, 63, 68, 72, 73, 96, 135, 136, 161, 260
村山正治(Murayama, S.)　38, 135
メアンズ(Mearns, D.)　37, 73, 75, 84-86, 140, 145
メスメル(Mesmer, F. A.)　23

や　行

柳原　光(Yanagihara, H.)　142, 143
八巻甲一(Yamaki, K.)　206, 233
山口真人(Yamaguchi, M.)　138
山中康裕(Yamanaka, Y.)　119
山本和郎(Yamamoto, K.)　155, 240
ユング(Jung, C. G.)　20, 28, 35, 68, 72, 152
横溝亮一(Yokomizo, R.)　124, 126, 132, 136, 147

ら行・わ行

ランク(Rank, O.)　32
ロジャーズ(Rogers, C. R.)　1, 3, 4, 9, 17, 18, 21, **23-32**, 34-44, 46-62, 64-75, 83, 85, 86, 89, 95, 104, 109, 113, 116, 117, 119, 122, 130, 131, 133, 138, 147, 148, 152, 160, 163, 165-169, 174, 184, 188, 189, 205, 232
ワイナー(Weiner, M. F.)　16
渡辺孝憲(Watanabe, K.)　260

事項索引

あ 行

あいづち　61
アクスラインの8つの基本原則　188, **189**
アクティング・アウト　224
あたかも……かのように　46
ありよう（カウンセラーの）　4, 12, 13, 37, 41, 43, 45, 51, 59, 69, 83, 92, 94, 109, 112, 113, 121, 124, 125, 126, 128, 135, 136, 142, 147, 152, 161, 162, 167, 168, 169, 199, 205, 206, 207, 249, 250, 251, 267
医学モデル　11, 23, 87
一致　32, 34, 35, 40, 41, 56, 83, 147, 160,
　→純粋性
異文化間コミュニケーション（異文化間交流）　246, 248, 269
今-ここに-存在すること　65, 66, 67, 68, 69, 70, 73, 74, 85, 90, 92
ウィスコンシン・プロジェクト　36, 52, 53, 64, 70, 75, 85, 165
ヴォランティア活動　106, 174
内側からの視点（内的照合枠）　19, **21**, 40, 44, 87, 88, 92
うなずき　61, 63
エンカウンター・グループ　2, 36, 38, 53, 137, 139, 140
　構成型──　140
　非構成型──　140
『エンカウンター・グループ』（ロジャーズ, 1970年）　37
援助　9, **11**, 13, 17, 22
　──的関係　13, 17, 36, 39, 48, 130, 245
　──的交流（──的コミュニケーション）　12, 17, 109,
　──を求めているサイン　10
「援助的関係の特徴」（ロジャーズ, 1958年）　49
エンパシー・ラボラトリー　**126**

か 行

応答構成（小谷英文）　119, 129, 132, 169
おうむ返し　62, 76, 78, 83, 164, 166
畏れ（カウンセラーの）　4, 141, 250
親業（ゴードン）　30

解釈　61, 165, 188
カウンセラー　**9**, 13
　──についてのクライアントの知覚　47, 74, 167, 168, 169
　──の基本的態度（姿勢）　11, 51, 61, 62, 64, 71, 72, 76, 169, 189
　──の性急な期待（働きかけ）　13
　──の積極性　**14**, **16**
　──の第1の態度条件　70
　──の第4の態度条件（ゾーン）　66, 70
　──用語（──臭さのあることば, ──的なことば）　222, 223, 258
カウンセリング　9, 11, 13, 21
　──の実例　**191**
　──のチャンネル（通路）　9, 17, 49, 52, 61, 62, 76, 84, 162, 168
　──の定義　9, 39,
　──の目標　9
　間主観的知の営みとしての──　**20**
　相互的人間成長の場としての──　**13**, 17, 191
　フィールドワークとしての──　92, 94
カウンセリング学習　287
　──のヴァリエーション　106, 174
　──の落とし穴　**162**
　──の核としての体験過程　102, **159**, 232
　──の過程　102, **159**, 267
　──の焦点　**108**
　──の初期の目標　159
　──のタイプ　**101**, 110, 137

『カウンセリングと心理療法』(ロジャーズ, 1942 年)　24, 31, 37, 39, 133
かかわりの3つの方向(求心的, 求関係的, 遠心的)　**244**, 248
学習者(の主体性)　**4**, 148, 159
学習プログラム　102, 149, 209
　　──の柔軟性　5, 148
過程理論　36, 160
環境療法　28
関係療法(ランク)　28
間主観的知　19
感情の反射　→反射
関与しながらの観察(サリヴァン)　30, **92**, 93, 94, 146, 263, →出たり入ったり論(佐治守夫)
危機介入　155
聴くこと(相手そのものを)　**14**
技法理解(カウンセリング学習の焦点としての)　108, 109, 110, 136, 137
逆転移　43, 58, 87, 152, 199, 202, 213, 215
『逆転移と精神療法の技法』(マスターソン, 1983 年)　134
客観的知／間主観的知　19
教育カウンセリング　2, 105, 114, 138, 141, **151**, 213, 216, 217, 250, 262
　　──の意味　**152**
　　──の現状　**150**, 154
　　──を受ける時機　**154**
教育分析　→教育カウンセリング
共感　91, 167, 168, 183, 184, 188, 202, 218, 219, 220, 221, 226, 231, 245
　　──的理解　21, 40, **45**, 47, 49, 50, 55, 56, 57, 59, 61, 96, 146, 210
　　過程としての──　46
　　状態としての──　46
記録(カウンセリング学習としての──を取ること)　232, 257
　　──における客観的事実の切り取り　229
　　──における主観の記載　230
　　──の重要性　**229**, 248, **257**, 261
クライアント　9, **10**, 24

　　──のカウンセラーについての知覚　**47**, 55, 74, 167, 168
クライアント中心　23, 24
「クライアント中心の立場から発展した治療, 人格, 対人関係の理論」(ロジャーズ, 1959 年)　39
クライアント中心療法　1, 22, 28, 37, **39**, 50, 151, 164, 165, 166
　　──における理解偏重　73
　　──の課題　**52**, 86, 165
　　──の基本的な考え方　**37**
　　──の誕生　**28**, 119
　　──の展開　53, **64**, 90
　　──批判(河合隼雄)　**50**, 168, 169
　　態度としての──　32
　　日本的な意味での──　168
　　理想論としての──　50, 72
　　理念としての──　**70**, 71, 72
『クライアント中心療法』(ロジャーズ, 1951 年)　32, 38, 39, 41
グループ・アプローチ　132, 137
　　──の種類　**139**
　　──の定義　**139**
　　集中型──　139
　　分散型──　139
グループ学習　114, 122, 129, **130**, 138, 139, 141, 147, 287
グループ体験　2, 104, 105, 107, 114, 132, 133, **137**, 146, 147, 148, 150, 161
　　──の位置づけ　**140**
　　集中的──　130, 138
『グロリアと3人のセラピスト』(ショストローム, 1965 年)　38, 65, 119
訓練された主観性(エリクソン)　**261**, 265
ケースカンファレンス　2, 104, 105, 114, 173, 187, **229**, 230, 232, 259, 260, 261
　　──におけるスーパーヴァイザーの役割　250
　　──のありよう　**246**
　　──の実例　**233**
　　相互スーパーヴィジョンとしての──　106

ケース・プレゼンテーション　120
ゲシュタルト心理学　18
原始治療　23
現実との接触　75, 77, 82
現象学　97
　——的世界　18, 59, 93
　——的見方(——的アプローチ)　**88**, 89, 90, 95, 96, 97, 183, 226, 261
　——的場(現象の場)　17, 21, 87, 88
現存在分析　37
『現代臨床心理学』(コーチン, 1976)　162
行動主義　35, 37
子どもらしさ(シンガー)　189, 190
コミュニケーションとの接触　75, 77, 79, 82
コンサルテーション　240, 244
コンダクタ　139

さ　行

再体験療法(ギル)　160
財団法人日本臨床心理士資格認定協会　151, 154, 175, 217, 218, 221, 224
催眠　23
『色彩論』(ゲーテ)　268
試行カウンセリング　104, **126**
自己開示　143
自己実現　9, **11**, 13, 23, 32, 109, 164
自己受容　145
自己心理学(コフート)　160
自己表明(カウンセラーの)　16, 17, 41, 42, 43, 53, 58, 62, 63, 66, 227
自己理解
　——と他者理解　108
　カウンセラーの——　2, 261, 262
　カウンセリング学習の焦点としての——　108, 110, 133, 137, 138, **140**, 142, 145, 148, 152, 156
　クライアントの——　22
示唆　13
資質(カウンセラーの)　i , 62
指示的アプローチ(指示的カウンセリング)　31

時熟(待つ姿勢, 待つこと)　154, 243
静かなる革命(ロジャーズ)　38
実現傾向　28, 35, 39, 68, 73, 188,
実習　1, 22, 102, 104, 105, 106, 137, 154, **171**, 173, 174, 175, 183
実存主義　35
実存分析　37
失敗(事例), ——に学ぶ　119, 156
質問
　カウンセラーの——　61, 63
　クライアントの——　165
指定大学院　217, 218, 221, 224
シナリオロールプレイ法　**122**, 137
シミュレーション学習　2, 102, 104, 110, **111**, 112, 121, 122, 124, 131, 134, 137, 141, 147, 148, 149, 150, 161
　——における観察・間接体験　**117**
　——における観察・直接体験　**118**
　——における参加・間接体験　**118**
　——における参加・直接体験　**123**
　——における指導者の問題　114, 130, 148
　——の位置づけ　**111**
　——の進め方　**127**
　——のメニュー　**116**
　実践の雛形体験としての——　112
　実践への橋渡しとしての——　112
集団心理療法　139
集中的グループ体験　130, 138
自由で漂い流れる注意(フロイト)　154
周辺人(としてのカウンセラー)　224, 226, 269
自由連想(法)　51, 61
守秘義務　174
受容　44, 45, 49, 55, 56, 66, 167, 168,
　→無条件の積極的関心
受理面接　178, **191**, 233
純粋性　16, 32, 34, 35, **41**, 44, 54, **55**, 58, 59, 74, 83, 85, 103, 147, 160, 162, 164, 167, 188, 189, 190, 232, 233, →一致
　——と無条件の積極的関心(受容)　45, 56, 57

事項索引 295

状況反射　77
条件つきの関心　48, 55, 58
象徴化　46, 77
　体験の――　18
情動との接触　75, 77
ジョハリの窓　142
事例研究(法)　64, 74, 97, 169, 217, **263**
事例検討　136
　――の3つのレベル　**253**
　――の意味　**253**
　――の目指すもの　**260**
　――会議　→ケースカンファレンス
　非生産的な――　259
真実性　16, 41, 65, 160, 188, 210
身体反射　77, 78
診断　96, 169
　――無用論　50, **58**, 61, 89, 184
信頼(カウンセラーのクライアントへの――)
　11, 57, 73
心理的コミュニケーション　9, **14**, 17
心理的接触　39, 41, 74, 75, 76, 82, 84, 85
　→プリセラピー
心理療法　→カウンセリング
『心理療法とパーソナリティ変化』(ロジャーズ, 1954年)　34
新霊性運動(新霊性文化)　68
『親和力』(ゲーテ)　226
スーパーヴァイザー　2, 56, 58, 187
　――としての学習仲間(集団)　105
　――の留意点　**214**
　内なる――　136
　ケースカンファレンスにおける――の役割　250
スーパーヴァイジー　2, 206
スーパーヴィジョン　2, 30, 104, 105, 110, 114, 136, 163, 165, 173, 174, 175, 183, 185, 191, 209, 230, 232, 259, 260, 261
　――の機能　**209**
　――の実例　**216**
　――の目的と方法についての考え方　214, **215**
　――の目標　213

――を受ける姿勢　**206**
　内なる――　136
　グループ――　105, 217
　個人――　105
　セルフ――　136
　相互――としてのケースカンファレンス　106
ストーリー　232, 259, 263
図と地　18, 128
『精神病者の魂への道』(シュヴィング, 1940年)　92
精神分析　18, 23, 24, 27, 28, 31, 37, 43, 51, 58, 61, 104, 139, 150, 190, 262
成長グループ　139
積極的傾聴　**14**, 17
『積極的な聴き方』(ロジャーズ, 1955年)　122
接触
　――機能　76
　――行動　76, **77**
　現実との――　75, 76, 82
　コミュニケーションとの――　75, 77, 79, 82
　情動との――　75, 76
　→心理的――
接触反射　**76**, 79
　状況反射　76, 77, 78
　身体反射　77, 78
　逐語反射　76, 78
　反復反射　76, 78
　表情反射　76, 78
セルフ・セレクション　141, **147**, 149
専門的知識　109
　――無用論　49, 50, **58**, 61, 89, 167, 184
『創造への教育』(ロジャーズ, 1969年)　38

た　行

第2次学習(ベイトソン)　112, 211, 251, 260
対決　45, 57
体験学習　i, 1, 22, 49, 52, **99**, 104, 106, 114,

130, 134, 138, 139, 148, 150, 152, 156, 159, 165, 166, 169, 173, 174, 263, 267
　——の位置づけ　101
　——の基礎，——の心理的条件　160
　——の実際　111
　狭義の——　101, 102, 110
　広義の——　101
体験過程　i , 42, **43**, 61, 69, 74, 76, 127, 129, 135, 143, 145, 146, 159, 162, 199
　——との照合　42, 44, 45, 57, 63, 108, 109, 110, 112, 115, 116, 128, 135, 148, 149, 156, 159, 160, 161, 207, 232, 257, 258, 259, 260, 261
　——の現実化　42, 43, 54, 58, 62, 64, 112, 160, 161, 232, 257, 258, 261
　——の意識化　42, 43, 45, 56, 108, 109, 110, 112, 148, 156, 160, 161, 207, 232, 257, 258, 259, 260, 261，→体験の意識化
　核としての——　102, **159**, 232
体験過程療法(ジェンドリン)　36
体験の意識化(カウンセラーの)　16, 38, 41, 42, 83，→体験過程の意識化
体験の世界　18
体験の特質(カウンセラーの)　49, 50, 51, 70, 74
第三勢力　39
対人関係(望ましい固有な)　9, 11, **17**, **21**, 87
他者理解(カウンセリング学習の焦点としての)　108, 110, 137, 138, 141, **146**, 152
　自己理解と——　108
たたえる　44，→とうとぶ
逐語記録　118, 134, 137, 165, 230
　——づくり(——の作成)　136
　——の検討　119, **133**, 136, 166
逐語反射　76
『治療関係とそのインパクト』(ロジャーズ, 1967年)　36, 53
治療グループ　139
「治療的人格変化の必要十分条件」　19, 32, 36, **39**, **50**, 72, 74, 75, 83, 167
　——再考(再検討)　45, 47, 53, 68, 74, 85, 166, 174
治療的な過程が起こるための条件　→「治療的人格変化の必要十分条件」(ロジャーズ, 1957年)
「治療によりパーソナリティ変化が生じるための必要かつ十分な諸条件」(ロジャーズ, 1957年)　→「治療的人格変化の必要十分条件」
沈黙　**15**, 53, 66, 85, 129, 203, 204
つぶやき(カウンセラーの——)　16, 231, 257, 260, 261
『出会いへの道』(1968年)　36
DSM-IV-TR　211
Tグループ　137, 139, 140
抵抗　15, 18, 153, 213,
出たり入ったり論(佐治守夫)　93
デモンストレーション・インタヴュー　120
転移　19, 61, 87, 134, 152, 153, 213, 215
doing(何をなすか)　74
統合失調症　36, 47, 53, 54, 55, 58, 59, 62, 66, 70, 74, 79, 85, 265
　緊張病型——　79
とうとぶ　56，→たたえる
動物磁気(メスメル)　23
透明性　16, 41, 160, 188, 210
トレーナー　139
トンネル現象(佐治守夫)　201, 202

な 行

内省的実践家(ショーン)　162, **163**, 165
内的照合枠　→内側からの視点
内閉的自罰的反省(カウンセラーの)　207, **259**
仲間集団(カウンセリング学習の)　103, 130, 147, 148
人間観(カウンセラーの)　4, 11, 35, 39, 41, 142
人間性回復運動　37
人間性心理学　35
『人間の潜在力』(ロジャーズ, 1977年)　38

は 行

パーソン中心アプローチ(パーソン中心カウンセリング)　35, **37**, 49, 51, 53, 86
ハーバート・ブライアンのケース　31, 122
陪席　120
励まし(励ます)　13, 205, 219, 264
ハムレットの原理　206
反射　76, 85, →接触──
　　感情の──　61, 63, 83, 85, 162, 164, 165, 166
反復反射　77
ピア・カウンセリング　**126**, 132
being(いかにあるか)　74
ビギナーズ・ラック　166
非指示的アプローチ(非指示的カウンセリング)　31, 37, 61, 162, 165
　　技法としての──　32, 61
非防衛性(カーン)　160, 190
表情反射　76, 78
『開かれた小さな扉』(アクスライン, 1964年)　188
ファシリテータ(促進者)　36, 64, 105, 139
ファンタジー・グループ　140
フィードバック　124, 125, 142, **144**
　　──の留意点　144, 148
フィールドワーク　69, **90**, 92, 94, 245, 263, 269
不一致　40, 44
　　自己構造(自己概念)と体験との──　41
フォーカシング(ジェンドリン)　36, 160, **161**, 169
プリセラピー(プラゥティ)　**75**, 90, 166, 169
　　──の位置づけ　83
　　──の概念　76
　　──の実際(佐治守夫)　77
　　──の実際(プラゥティ)　79
プレイセラピー　→遊戯療法
プレイセラピスト(の目標)　**188**
presence(プレゼンス)　→今-ここに-存在すること

ま 行

変性意識状態　64
防衛　21, 143
ボディ・ワーク　140

「まず害するなかれ」　156
見立て　61, 62, 74, 96, 169, 183, 184, 185, 187, 201, 248, 261
無条件の積極的関心(無条件の肯定的配慮)　40, **44**, 47, 55, 58, 146, →受容
　　──(受容)と純粋性　45, **56**, 57
明確化　61
メンター(メンタリング)　116, **117**, 130
もう1つの態度条件(カウンセラーの)　**64**, 92, →今-ここに-存在すること
物語り(物語る)　232, 259
『問題児の治療』(ロジャーズ, 1939年)　30

や 行

遊戯療法　30, 173, 267
　　──の実例　**175**
　　→アクスラインの8つの基本原則
要約　61, 63
抑圧　18

ら 行

理論学習　1, **7**, 22, 101, 102, 104, 107, 110, 130, 134, 138, 147, 150, 159, 173, 174, 247, 261, 263, 267
臨床心理士(の資格)　217, 218, 221, 224
「臨床心理士教育・研修規定」　151
「臨床心理士資格審査規定」　151
「臨床心理士倫理綱領」　175, **176**
臨床の知　**94**, 97, 153, 173, 266
倫理(倫理的責任, 倫理的要請, 倫理性, カウンセラーの)　i, 2, 120, 156, 173, 175, →「臨床心理士倫理綱領」
類型論　19, **20**, 59, 61, 74, 87, 88, 97
　　──的見方(──的アプローチ, ──的理解)　**88**, 89, 90, 95, 97, 179, 183, 184, 185, 187, 226, 266

ロールプレイ(ロールプレイング)　1, 104, 106, 111, **123**, 127, 134, 137, 138
「ロジャーズ，コフート，エリクソン」(ロジャーズ，1987年)　38
『ロジャーズが語る自己実現の道』(ロジャーズ，1961年)　37

わ　行

わかって欲しいという願望　263

著者略歴

佐治守夫（さじもりお）
1924 年　山形県に生まれる
1948 年　東京大学文学部心理学科卒業
1952 年　国立精神衛生研究所精神衛生部厚生技官，心理室長を経て
1967 年　東京大学教育学部助教授（教育心理学科）
1969 年　東京大学教育学部教授
1984 年　日本・精神技術研究所心理臨床センター所長
　　　　 東京大学名誉教授
1996 年 11 月 9 日　逝去
主　著　『カウンセリング入門』（1966，国土社）
　　　　『落ち着きがない子・乱暴な子』（1985，岩波書店）
　　　　『カウンセリング』（1988，放送大学教育振興会）
　　　　『カウンセラーの〈こころ〉』（新装版，2006，みすず書房）
　　　　『臨床家　佐治守夫の仕事』（全 3 巻，2007，明石書店）

岡村達也（おかむらたつや）
1954 年　新潟県に生まれる
1985 年　東京大学大学院教育学研究科教育心理学専攻第 1 種博士課程退学
1985 年　東京都立大学学生相談室助手
1990 年　専修大学文学部講師，助教授（心理学科）を経て
現　在　文教大学人間科学部教授（心理学科）
主　著　『思春期の心理臨床―学校現場に学ぶ「居場所」つくり』（共著，1995，日本評論社）
　　　　『子どもの成長　教師の成長―学校臨床の展開』（共編，2000，東京大学出版会）
　　　　『臨床心理の問題群』（編，2002，批評社）
　　　　『カウンセリングの条件―クライアント中心療法の立場から』（2007，日本評論社）
　　　　『カウンセリングのエチュード―反射・共感・構成主義』（共著，2010，遠見書房）

保坂 亨（ほさか とおる）
1956 年　東京都に生まれる
1983 年　東京大学大学院教育学研究科教育心理学専攻第 1 種博士課程退学
1983 年　東京大学学生相談所相談員
1989 年　千葉大学教育学部講師（教育心理学研究室），助教授を経て
現　在　千葉大学教育学部附属教員養成開発センター教授（教育臨床部門）
主　著　『心理学マニュアル　面接法』（共編，2000，北大路書房）
　　　　『学校を欠席する子どもたち』（2000，東京大学出版会）
　　　　『子どもの成長　教師の成長』（共編，2000，東京大学出版会）
　　　　『ロジャーズを読む』（分担執筆，改訂版，2006，岩崎学術出版社）
　　　　『日本の子ども虐待（第 2 版）』（編著，2011，福村出版）
　　　　『いま，思春期を問い直す』（2010，東京大学出版会）
　　　　『移行支援としての高校教育』（共編，2012，福村出版）

カウンセリングを学ぶ［第2版］——理論・体験・実習

1996 年 12 月 5 日	初　版第 1 刷
2007 年 5 月 23 日	第 2 版第 1 刷
2017 年 2 月 24 日	第 2 版第 5 刷

［検印廃止］

著　者　佐治守夫・岡村達也・保坂　亨
発行所　一般財団法人　東京大学出版会
代表者　吉見俊哉
　　　　153-0041 東京都目黒区駒場 4-5-29
　　　　電話 03-6407-1069　振替 00160-6-59964

印刷所　株式会社平文社
製本所　牧製本印刷株式会社

Ⓒ 2007 Morio Saji, Tatsuya Okamura, and Toru Hosaka
ISBN 978-4-13-012045-6　Printed in Japan

[JCOPY]〈(社)出版者著作権管理機構　委託出版物〉
本書の無断複写は著作権法上での例外を除き禁じられています．複写される場合は，そのつど事前に，(社)出版者著作権管理機構（電話 03-3513-6969，FAX 03-3513-6979，e-mail: info@jcopy.or.jp）の許諾を得てください．

実践の基本　—臨床心理学をまなぶ②	下山晴彦著	A5・2900円
臨床に活かす基礎心理学	坂本・杉山・伊藤編	A5・3000円
認知臨床心理学入門	ドライデン，レントゥル編／丹野義彦監訳	A5・4000円
臨床心理学の倫理をまなぶ	金沢吉展著	A5・3200円
教育臨床心理学	横湯園子著	A5・2900円
心理学研究法入門	南風原朝和・市川伸一・下山晴彦編	A5・2800円
教育心理学Ⅰ　—発達と学習指導の心理学	大村彰道編	A5・2500円
教育心理学Ⅱ　—発達と臨床援助の心理学	下山晴彦編	A5・2900円
統合失調症の臨床心理学	横田・丹野・石垣編	A5・3600円
抑うつの臨床心理学	坂本・丹野・大野編	A5・3400円
不安障害の臨床心理学	坂野・丹野・杉浦編	A5・3600円
臨床社会心理学	坂本・丹野・安藤編	A5・3800円
臨床認知心理学	小谷津・小川・丹野編	A5・3600円
臨床ストレス心理学	津田・大矢・丹野編	A5・3800円
個人療法と家族療法をつなぐ	中釜洋子著	A5・4000円

ここに表示された価格は本体価格です．御購入の際には消費税が加算されますので御了承下さい．